JN441156

민 변호사의 조용한 외침

민 경 한 변 호 사 의 칼 럼 모 음 집

민 변호사의 조용한 외침

아름다운 휴[休]

아름다운 휴[休]

민 경 한 변 호 사 의 칼 럼 모 음 집
민 변호사의 조용한 외침

1판 1쇄 인쇄 2006년 1월 23일
1판 1쇄 발행 2006년 1월 27일

지은이 / 민경한
펴낸곳 / 도서출판 휴休
펴낸이 / 한유진
등록 / 2004년 12월 1일
주소 / 광주광역시 남구 양림동 201-14번지 401호
전화 / 062-655-3522
팩스 / 062-655-3533

ISBN 89-956021-2-0 03070

• 책값은 뒤표지에 있습니다.
• 잘못된 책은 교환해 드립니다.

발간에 붙여

지천명을 바라보는 나이가 되었습니다. 그러나 하늘의 뜻을 알아 그에 순응하기는 한참 부족한 것 같습니다. 사법연수원 시절을 포함하여 법조인의 생활을 시작한 지도 만 18년이 되었습니다. 변호사로서의 생활에는 충실했는지, 셰익스피어가 그토록 증오했던 그런 법률가처럼 살지는 않았는지 자문해볼 때 두려움이 앞섭니다.

나는 문장력이 별로 좋은 편은 못되지만 글 쓰기를 좋아합니다. 내가 글을 쓰는 이유는 글로나마 불합리한 제도나 관행, 문화 등을 개선해보려는 나의 작은 외침인 것입니다. 한편으로는 법조인으로서 원칙을 지키려는 나의 굳은 다짐이자 고민한 결과를 실천하려는 노력입니다. 또 하나의 이유는 일부에게는 나의 작은 외침이 공허한 메아리로 들릴지 모르지만 많은 지인들이 나의 외침에 공감하고 '누군가는 해야 할 말을 내가 속시원히 대신해 주어서 고맙다' 는 성원과 격려를 해주기 때문입니다. 글 내용이 현학적이지 않고 쉽게 쓰여져 매우 읽기 편안하다는 말도 자주 듣곤

합니다.

나는 그 동안 대한 변협신문의 '2000자 칼럼', 법률신문의 '목요일언', 광주일보의 '월요광장', 전남일보의 '전일시론' 등에서 칼럼니스트로도 활동했습니다. 칼럼을 통해 나는 법조개혁과 사회개혁의 당위성을 강조해 왔습니다. 광주 지방변호사회 회보 등 여러 잡지, 아이들 학교 담임선생님 등으로부터 원고청탁을 받고 기고한 글, 내가 자진해서 기고한 글들도 있습니다. 나는 여행을 좋아하여 많은 여행을 하였으며 초창기 여행시에는 기행문을 쓰지 않았으나 최근에 여행하면서 틈틈이 여행기를 쓰곤 하였습니다. 이 책에는 나의 칼럼, 여행기, 변론경험담, 개인적인 글(축사, 시민단체 대표연설, 인터넷에 기재한 글 등) 들을 실었습니다. 나는 변호사가 되기 전까지 글을 틈틈이 써왔으나 잦은 이사를 하면서 짐을 최소화 하다보니 글을 모아놓은 몇 권의 노트를 잃어 버렸습니다. 지난날의 내 모습이 담긴 사색의 편린들이어서 아깝기 그지없습니다. 분실을 예방하고 서울로 사무실을 이전하게 되면서 지금까지 써온 글을 모아서 내가 걸어온 길을 반추해 보고 앞으로 살아갈 방향에 대해서 마음을 다잡는 계기로 삼고자 글 모음집을 발간하게 되었습니다.

이 책의 제 1장에서는 법조개혁을 주장하는 법조의 창을, 2장에서는 사회개혁을 외치는 사회 광장을, 3장에서는 평소 변론하면서 느낀 소회를 기록한 변론 경험담을, 4장에서는 여행기를, 5장에서는 나의 개인적인 글을 싣게 되었습니다. 나의 글 내용 중 일부는 법과 제도, 관행이 개선되어 현재와는 맞지 않는 것도 있을 지 모릅니다. 또 일부는 내가 개선을 주장했던 내용이 실현되고 있는 것도 있습니다. 여행기는 가이드의 말에 의존하고 확인하지 않은 것도 있으므로 사실과 다른 점이 있을 것입니다. 그리고 솔직하게 내부비판을 하며 쓴 글이 다소 거슬리거나 불편하게 느껴지는 분들이 있을 수도 있습니다. 그 분들에겐 개인적으로 매우 송구스런 마음 금할 수 없습니다. 그러나 우리 사회 특히 법조사회의 변화와 개혁을 바라는 민 변호사의 조용한 외침이라고 너그러이 이해해 주시길 바랍니다.

나의 인생에 많은 가르침을 주시고 1994. 10. 작고하신 선친, 결혼생활 16년 동안 나의 삶의 방식을 존중해 주고 잘 내조해 준 나의 사랑하는 아내, 많은 시간을 함께 보냈고 서로 격려하고 믿음을 갖는 인천의 최재호 변호사와 광주의 이상갑 변호사, 이 책의 출판에 있어 많은 도움을 주신 이상옥 전 광주일보 기획본부장님께 감사를 드립니다.

2006. 1.

광주 지산동 사무실에서

삶의 이력

나는 전남 화순의 두메 산골에서 빈농의 3남 3녀 중 장남으로 태어났습니다. 가난과 허약한 체질, 노력 부족 및 불운한 시험 운 등으로 1987년 사법시험에 합격하기까지 정말 시련의 연속이었습니다. 그러나 어려운 환경 속에서도 오랫동안 지탱해올 수 있었던 것은 선친으로부터 가르침이었습니다. 아무리 어려운 상황에 처하더라도 불의와 타협하지 말고 정직하고 소신껏 살라는 것이었습니다. 정의는 불의를 반드시 이긴다는 가르침이었습니다. 나는 그것을 실천하려고 노력하여 왔습니다. 그러다 보니 어렸을 때부터 불합리한 제도나 관행, 언행 등을 접하게 될 때 이의 시정을 요구하고 건의하느라 가끔씩 주위 사람들과 충돌과 갈등이 있었습니다. 어떤 조직이나 사회의 발전을 위해서는 끊임없는 자기성찰과 반성이 필요하고, 그 구성원들의 날카로운 비판과 개혁을 위한 노력이 반드시 필요합니다. '관행이라 어쩔 수 없다', '나 혼자 깨끗하다고 하여 사회가 개선되느냐' 라는 안이한 생각과 변화를 두려워하는 자세는 퇴보와 실패만을 남길 뿐입니다.

변화와 개혁은 그 대상들의 집요한 저항과 방어본능 때문에 무척이나 힘들다는 것을 많은 역사에서 배워왔고 보수적인 법조생활에서 몸소 체험해 왔습니다. 성실한 사람, 정도를 걷는 사람이 대접받는 사회가 되어야 한다고 구호는 난무하지만 모든 분야에서 실제상황은 전혀 다른 것 같습니다. 술수에 능하고 정도를 걷지 않으며 현실과 적당히 타협하는 사람이 소위 너무 '잘 나가는' 것은 정말 잘못된 것입니다. 모든 분야에서 정도를 걷고 성실한 사람이 잘 살고 존중받는 사회가 되어야 합니다.

나는 개혁을 외치고 이를 실천하기 위해 노력해 왔습니다. 그러다 보니 내 자신의 일상생활이 가끔은 힘들고 피곤한 면도 있습니다.

과거 의정부 법조비리사건 이전에는 소정외 변론이 일반화되어 있을 때라 나도 몇 차례 형사사건의 소정외 변론을 하던 적이 있었습니다. 그러나 1998년 초 의정부 법조비리 사건이후 법원에서 형사사건의 소정외 변론을 금지하여 나는 지금까지 8년 동안 형사사건에 있어서 판사실에 출입은 물론이요, 담당판사에게 단 한 번의 전화통화도 해 본 적이 없습니다. 1990년 6월 이후 지금까지 단 한 건의 사건에 대해서도 사건 소개비를 지급해 본 적이 없으며, 사건을 사무장에게 맡기지 않고 내가 직접 관장해왔습니다. 의뢰인에게 진행 과정이나 변론 상황을 자세히 설명해주고 의논해 가면서 재판진행을 하여 변호사 실의 문턱을 낮추려고 노력해 왔습니다. 아주 친한 대학친구가 부장판사로 부임해왔는데 마침 그 친구가 형사부를 담당하게 되어 개혁을 외쳐온 사람으로서 주위의 괜한 오해를 살까봐 그 친구와 2년 동안 사적으로 저녁식사 한번 밖에 하지 못했습니다. 그 친구로부터 정말 정도를 걷는 변호사라고 칭찬을 듣기는 했지만 가족과 떨어져 관사에서 혼자 사는데 저녁식사 정도는 할 수 있었을텐데 하는 미안한 마음이 있습니다.
아무리 자본주의 사회라고 하지만 자신의 집 한 채나 점포 한 칸 이외에는 실소유자가 아닌 자가 소유하면 부동산 가격이 상승하고 실수요자가 소유하기가 어렵게 된다는 생각을 가져왔습니다. 나는 과거 인천에서도 지금 광주 에서도 아파트 한 채 이외에는 땅 한 평 소유해 본 적이 없습니다. 소득에 대한 세무 신고는 정확하다고는 할 수 없으나 세무사에게 기장대리 시키지 않고 내가 직접 기장하면서 최대한 성실하게 신고하려고 노력하였습니다.

원칙과 개혁, 거창하고 어렵게 느껴질 수도 있습니다. 그러나 우리 모두 자신부터 원칙과 철학을 가지고 소신껏 인간다움을 회복해 간다면 정의가 강물처럼 넘쳐흐르는 사회가 도래하고 법치사회가 구현될 것이라고 굳게 믿으며 앞으로도 지금까지와 같이 그렇게 살아가려고 노력하렵니다.

차 례

법조의 창

한손에 저울, 한손에 칼을

변호사 수첩

사회광장

아름다운 원칙

정의가 살아 숨쉬는 사회

변론경험담

초록빛 아프리카

삶의 편린들

법조의 창

'천칭'의 의미를 되새겨 보자

법의 양대 이념은 정의와 형평이고 법을 상징하는 조형물이나 뺏지 등에 천칭이 들어가는 것은 형평성이 너무도 중요하다는 뜻일 것이다.

최근에 불법으로 금품을 수수한 일반 공무원과 정치인에 대한 처벌기준이 현저히 형평성을 잃고 있다. 일반 공무원의 경우 300만원만 수수하여도 구속되었으나 국회의원 등 정치인들은 수 천만원 이상 심지어 33억원을 받고도 대가성이 없고 정치자금 또는 떡값으로 받았다고 부인하면 대부분 불구속 처리되고 현역 의원들은 온갖 핑계를 대며 법정에 출두마저 않고 있다. 또 같은 뇌물죄의 경우에도 사안이나 피의자에 따라 구속, 불구속이 되기도 하는데 검찰은 한보사건 때 1억원 이상을 받은 정치인 5명은 구속하고 1,000만원 내지 5,000만원을 받은 정치인 8명은 불구속 기소했다.

96년 4월 전 청와대 부속실장 비리사건에서는 수뢰액수가 무려 27억

6,000만원이었으나 이중 6억 2,000만원에 대해서만 알선수재 혐의가 적용됐고 21억 4,000만원은 '대가성 없는 떡값' 이라는 이유로 처벌대상에서 제외됐다. 게다가 국민의 대표기관이라는 국회마저도 표적수사 운운하며 비리 정치인을 비호하기 위해 방탄용 임시국회를 상습적으로 열어 이에 동조하고 있으니 국회의 불체포 특권을 폐지해야 한다고 주장하는 어느 변호사의 글도 정말 수긍이 간다.

정치인의 불법적인 금품수수는 받을 당시 직무와 관련된 청탁 또는 대가성이 있느냐의 여부에 따라 뇌물 관련 죄와 정치자금법 위반으로 나누어진다.

법원이 '포괄적 대가관계' 라는 개념을 도입하여 직무관련성을 폭넓게 인정하고는 있으나 현실적으로는 뇌물과 정치자금의 구별이 애매한 경우도 있다. 설사 뇌물죄의 입증이 어렵더라도 정치자금법 위반이 명백하다면 정치자금법에 의하더라도 3년 이하의 징역에 처한다고 되어 있으므로 사안이 무거우면 구속도 가능할 것이나 97년 법 개정이후 정치자금법 위반으로 정치인을 구속한 예는 단 한 건도 없다. 수천만원 또는 수억원을 받은 정치인에 대해서는 '정치자금' 이라는 면죄부를 주어 불구속하고 비난 가능성이 훨씬 적은 300만원을 받은 하위직 공무원은 구속을 하는 것은 법의 형평성을 현저히 위배하는 것이다.

얼마 전 국가보훈처 하위직 공무원 및 보훈병원 직원들이 300만원 내지 500만원씩 수령한 죄로 구속되어 2, 3회의 보석이 기각된 후 8개월 이상 구속되었다가 항소심에서야 겨우 집행유예로 석방되었다. 이들을 변호한 변호인으로서 한계를 느꼈고 법의 형평성이 존재하는지 다시금 생각하게 해주었다.

뿐만 아니라 비리 정치인의 경우 대부분이 처벌 후 2~3년이 지나면 특별사면 및 복권되었는데 한보사건과 관련하여 뇌물을 받은 정치인 중 형이 확정된 정치인은 대부분 작년 8·15 특별사면에서 사면 복권되었다. 검찰, 법원, 변호사 등 법조인 모두 기준이 모호하거나 결정에 고민이 생길 때 또는 평소 법조생활을 하면서 천칭의 의미를 되새겨 보자. (법률신문 1999. 10. 28.자 목요일언)

바람직하지 못한 검찰의 업무처리 관행

관행이란 오랫동안 수많은 사건의 처리결과에 따라 축적된 일정한 틀이나 사실상의 규범으로서 바람직한 관행이라면 이를 준수하는게 당연시되고 권장되어야 하겠지만 논리적 근거도 미약하고 수긍하기 어려운 바람직하지 못한 관행이라면 과감히 탈피하여야 할 것이다. 실무상 경험한 검찰의 바람직하지 못한 관행의 몇 가지만 열거해 보겠다.

첫째 행정법규 위반자에게는 기소유예를 하지 않는다.

몇 년 전 70세가 넘은 노인 2명이 건축법 위반과 산림법 위반으로 각 벌금 20만원과 30만원의 처분을 받아 정식재판 청구를 한 사건의 국선변호인이 된 적이 있다. 이들의 범죄사실은 몇 십년 동안 살았던 한옥의 지붕이 새어 개축허가를 받지 않고 지붕 약간을 고쳤다는 것이며, 식목허가를 받아 자신의 산에 나무를 심었는데 1년 뒤에 말라죽어서 허가 없이 죽은 나무를 뽑고 다시 나무를 심었다는 것이다.

이들을 접견하여 보니 70평생 법 한번 어기지 않고 성실하게 살아왔고 법을 몰라 사소한 위반을 하였는데 위 정도의 사안으로 벌금을 물어야 하는 범법자가 되어야 한다니 너무도 억울하다는 것이다. 이들은 벌금을 납부하는 것을 큰 죄인이라고 생각하고 있었다. 나중에 사석에서 검사에게 이 정도의 사안이면 기소유예를 해도 되지 않느냐고 물었더니 행정법규 위반자는 기소유예를 하지 않는 게 검찰의 관행이라 어쩔 수 없다고 하였다. 이들에게 기소유예 처분을 하여 죄 한번 짓지 않고 인생을 마무리했다는 자부심을 갖게 했으면 얼마나 좋았을까.

둘째, 구속 적부심에서 기각되면 구약식 처분을 하지 않는다.

몇 년 전 야간에 신호등 없는 횡단보도를 지나는 보행자를 치어 6주 상해를 입힌 초범인 피의자가 구속된 뒤 합의가 되어 구속적부심 청구를 하였으나 기각되었다. 담당 검사가 구속 적부심에서 기각되면 벌금형의 처분을 안 하는 것이 검찰의 관행이라며 기소하려고 하였다. 변호인인 내가 유사한 사건이 구약식(벌금 청구) 처분된 2건의 사례를 참고자료로 제출하며 이 사건들과의 형평성을 위해서도 구약식 해야되지 않느냐고 강력히 요구했다. 그러나 담당 검사가 자신은 관행을 따를 수밖에 없다며 구속 만기일에 기소를 하겠다고 하여 "검사생활을 10년이나 하신 분이 이 정도의 사안을 소신껏 처리 못하고 좋지 못한 관행을 따른 다는 게 이해할 수 없다"고 말하며 나왔으나 정말 납득하기가 힘들었다. 그러나 최근에는 많이 완화되었다고 하니 다행이다.

셋째, 검사가 인지하여 구속한 사건은 검찰에서 석방하지 않는다.

검사가 인지한 사건은 경찰송치 사건보다는 조금은 계획적이고 피해액이 크고 사안이 중대한 경우가 많을 것이다. 하지만 경찰에서 신청한 구속사건도 검사 자신이 구속여부를 결정한 뒤 영장청구를 한 것이므로 검사가 직접 인지한 사건과 전혀 다를 바 없다. 검사가 인지하여 구속한 사건도 사정변경이 있거나 무죄의 가능성이 있는 경우 과감히 석방을 하여야 할 것이다. 이러한 사건을 석방치 않는 주된 이유는 상부에 인지한다고 보고까지 한 뒤 구속해 놓고 스스로 석방하는 것이 검사의 체면을 손상시키고 자존심이 상한다고 생각해서 일 것이다.

그렇게 관행을 중시한 검찰이 처음에 12. 12. 사건에 관하여 범죄사실을 자백하지도 않고 피해자들과 합의도 되지 않았으며 개전의 정이 전혀 없는 전두환, 노태우 피의자에게 기소유예 처분을 한 것이나 최근에 김현철 사건의 경우 사면의 정당성 여부는 논외로 하고 실형이 확정되었는데 20여일 씩이나 형의 집행을 하지 않는 것을 보면 기존의 관행에 현저히 어긋나고 다른 사건과 형평성이 전혀 맞지 않는 것이다. 올바른 관행이라면 모든 사건에 철저히 적용하고 바람직하지 못한 관행이라면 과감히 탈피하는 게 검찰신뢰를 회복하는 지름길일 것이다. (법률신문 1999. 8. 26.자 목요일언)

신속한 민사재판을 위해 지혜를 모아보자

재판의 신속은 재판의 공정, 경제 못지 않게 소송의 중요한 이념이며 소송지연만큼 사법의 신뢰를 해치는 것은 없다. 1심에서 1년 넘게 진행되는 사건도 상당수이고 상고 후 판결 선고까지 1년이 넘는 경우도 너무나 많다. 소송지연의 주된 이유는 대리인 및 당사자들의 증거절차 지연 및 뒤늦은 공격 · 방어방법의 제출, 사실조회 회보 및 감정결과의 늦은 도착, 잦은 변론기일 연기 및 재개, 인사이동으로 인한 재판부의 잦은 변동, 법관수의 절대부족 등 여러 요인이 있는데 이의 시정을 위해 그동안 생각해 보았던 방안을 제시해 본다.

첫째, 준비절차를 적극적으로 활용하자.

현재는 제 1회 기일까지 원고는 소장만 제출하고 피고는 원고 청구를 기각한다는 것에 약간의 내용만 덧붙인 답변서 하나 제출한 뒤 아무런 주장 입증이 없는데도 몇 개월 만에 첫 기일이 지정되기도 하는데 제 1회 기일까지 너무도 시간이 낭비된다. 준비절차를 단독 사건에까지 확대하고 양 당사자에게 제 1회 변론기일 전에 변론에서 주장 또는 제출하고자 하는 일체의 공격 방어방법 특히 증거신청을 명확하게 하고(증거의 인부만을 위해 기일이 속행되는 경우가 너무나 많음)상대방의 진술에 대한 응답을 완전히 하도록 하여 제 1회 기일 전까지 쟁점을 정리한 뒤 화해 및 조정에 회부할 사건과 변론을 진행할 사건을 구분하고 변론을 진행하는 사건도 꼭 필요한 증인신문만 마친 뒤 2~3회의 기일로 변론을 종결시킨다.

둘째, 실기한 공격 방어방법의 각하규정을 적극적으로 활용하자.

이 규정을 엄격히 적용하면 소송의 촉진은 도모되지만 실체적 진실의 발견이 희생되고 소송대리인의 준비 부족이 주원인인데 그 태만을 당사자의 불이익으로 돌리는 것은 가혹하다 하여 실무상 거의 활용되지 않고 있다. 그러나 5, 6기일 지난 뒤의 뒤늦은 주장, 항변, 증거제출, 반소제기 등 소송지연 전략에 철퇴를 가하고 소송촉진의 중요한 규정인 이 제도의 활성화를 위해서 입법론적 재검토가 요망되며 실무상으로도 적극적으로 활용하면 좋을 것 같다.

셋째, 감정이 많이 실시되는 분야 즉 측량 및 임료 감정, 건물하자, 의료, 문서의 진위 등을 감정하는 전문가를 의료, 문서감정 등은 서울 1곳에, 측량 및 임료 감정, 건물하자 등은 지방법원별로 2~3명씩 특별공무원으로 채용하여 감정을 전담하게 하고 상응하는 자격수당 등을 지급하며 당사자가 부담하는 감정비용 등으로 충당하면 충분할 것이다. 그러면 감정비용도 대폭 절감되고(특히 건물하자 감정비는 너무도 비싸다) 감정 결과도 신속히 수령할 수 있어 공전되는 기일을 현저히 줄일 것이다.

그 밖에 직권에 의한 원칙적 가집행 선고, 소구채권의 지연손해금에 대한 년 25%의 법정이율의 적극적 적용, 인증등본 송부촉탁에 대한 수사기관 등의 적극적인 협조, 법관의 증원, 재판부의 잦은 이동금지 등도 소송의 신속을 위해 일조를 할 것이다. (법률신문 1999. 9. 30.자 목요일언)

훈시규정도 지켜져야 한다.

각종의 절차를 정한 규정 가운데서 훈시규정이라는 이유로 지켜지지 않는 경우가 상당수 있는데, 훈시규정이므로 지키지 않아도 된다면 그 규정의 입법취지를 몰각하게 되고 법치주의의 근간인 예측가능성과 법적 안정성을 해치고 국민들의 준법의식을 희박하게 한다. 법령상의 어떤 규정이 훈시규정인지 효력규정인지의 구별기준도 애매할 뿐더러 일반인이 효력규정인지의 여부를 판단하기는 더더욱 어려운 일이며, 설사 훈시규정이라 할지라도 법령으로 제정 · 공포된 이상 철저하게 지켜져야 한다.

형사사건의 변호인으로 선임되어 보석청구를 한 뒤 그 허부 결정이 오랫동안 나오지 않아 피고인, 그 가족 등이 귀찮을 정도로 그 허부에 대해서 자주 묻고 곤혹을 치른 경험이 있는 변호사가 많을 것이다. 형사소송규칙 제 55조에 의하면「검사의 의견서 제출일 로부터 7일 이내에 보석의 허부를 결정하여야 한다」고 규정되어 있으므로 특별한 사정이 없는 한 의견서 제출일로부터 7일 이내에 보석 허부를 결정하는 것이 여러 가지 면에서 피고인 및 그 가족, 변호인을 위해서 바람직하다고 생각한다.

공직선거 및 선거부정 방지법 제 270조에 의하면「선거범과 그 공범에 관한 재판은 다른 재판에 우선하여 신속히 하여야 하며, 그 판결의 선고는 제1심에서는 공소가 제기된 날로부터 6월 이내에, 제 2심 및 제 3심에서는 전심의 판결선고가 있은 날로부터 각각 3월 이내에 하여야 한다.」고 규정되어 있는데 그 취지는 의원의 신분상실 여부를 신속히 종결하여 선거구 주민들간의 갈등을 해소하고 의정 공백을 방지하기 위함일 것이다.

그러나 96. 4. 실시된 국회의원 선거에 관한 재판에 있어서 서울 송파나 인천 계양 · 강화지역의 경우 99. 3.경에야 확정되었으므로 일부 파기 환송되었더라도 거의 3년 가량이 걸렸고 의원직을 상실하게 될 의원들이 3년 간이나 의정활동을 하였다는 것은 정의 관념이나 선거구민의 의사에도 배치되는 것이다.

2000년에 실시될 국회의원 선거에 있어서 의원정수, 선거구 통합 등의 문제에 대해 여야 간에 이해관계가 첨예하게 대립되어 당론도 확정되지 않은 상태이고 언제쯤 선거구 획정안이 마련될지 불투명하다. 그러나 위 같은 법 제 24조 제 4항에 의하면「선거구 획정안은 당해 국회의원의 임기만료에 의한 총선거의 선거일전 1년까지 국회의장에게 제출하여야 한다.」고 규정되어 있으므로 위 규정에 따른다면 내년 국회의원 총선거 전 1년이 훨씬 경과하였으므로 선거구, 의원정수의 논쟁을 할 필요성이 없는 것이다.

위 규정을 직접 제정한 국회의원 자신들이 불가피한 사정이 있었던 것도 아닌데 자신들의 첨예한 이해관계 때문에 위 규정을 지키지 않으면서 국민들에게 자신들이 제정한 제 법규를 준수케 한다는 것은 너무도 설득력이 없는 것이 아닐까.

악법도 법이라는데 하물며 입법취지가 훌륭한 훈시규정의 경우 법률가

들부터 솔선 수범하여 이를 준수하여 법의 정당성을 확보하고 국민의 준법의식을 고취하는데 앞장서야겠다. (법률신문 1999. 7. 22.자 목요일언)

불합리한 법정형을 정비하자

범죄가 성립되면 형벌이 과해지는데 판사는 법정형에 대하여 가중, 감경을 한 처단형의 범위 내에서 최종 선고형을 결정하므로 법정형에 벌금형, 자격정지형이 있느냐의 여부, 하한선이 어느 정도인지에 따라 형의 종류와 집행유예 유무 등이 결정되므로 피고인에게는 신분 유지나 석방 유무 등에 엄청난 차이가 있다.

형벌이란 범죄자에게 범죄에 대한 해악, 고통을 가하는 응보적인 면도 있지만 개선 · 교육시키는 중요한 목적도 가지고 있다.

불합리한 법정형 때문에 피고인이 신분을 상실하거나 장기간 수형생활을 하여 피고인의 사회복귀 등에 치명적인 고통을 주고 수사과정이나 재판 진행시에도 시간과 정력을 낭비하여 불필요한 주장, 입증을 어쩔 수 없이 하고 있다.

도주차량의 경우 법정형에 벌금형이 없어 공무원이나 전문직의 경우 신분을 상실하거나 자격이 정지된 경우가 상당히 있다. 뺑소니로 보기에 너무도 애매한 경우가 많고 상해가 2주 정도로 경미한 경우에도 벌금형이 없어 공무원 등이 신분을 상실한 경우 너무도 안타깝다.

강도상해의 경우 법정형이 7년 이상이어서 다른 법률상 감경 사유가 없으면 집행유예 처분을 할 수가 없어 최소한 3년 6월의 형을 살아야 한다.

실무상 죄명은 강도상해이지만 강도상해로 보기에 무리가 있는 사건도 너무나 많다. 대학생이 야간에 귀가하던 중 술에 취해 비틀거리는 행인을 호기심으로 또는 극히 우발적으로 주먹으로 3~4회 때려 입술에 2주 상해를 입히고 돈을 뺏은 경우 다른 법률상 감경 사유가 없어 작량 감경한 3년 6월의 형을 선고해야 한다면 너무도 가혹하지 않은가. 심신미약으로 인한 법률상 감경을 하기 위해 피고인이 만취하였다는 억지 주장을 하는 경우가 얼마나 많은가.

폭력행위의 경우 위험한 물건을 소지하거나 야간에 죄를 범한 경우 하한이 3년 및 5년 이상의 중형을 규정하고 있다. '위험한 물건' 이라는 추상적인 규정 때문에 공소장 변경을 위해 무익한 시간 · 정력이 낭비되고, 야간이라고 하여 법정형의 하한을 굳이 높여야 할 합리적인 이유가 없다.

악질적인 뺑소니 차량, 흉악한 강도범, 야간에 흉기를 소지하고 폭행을 하는 경우 엄벌에 처해야 하는 것은 당연하다. 그러나 정상참작 사유가 많고 뺑소니나 강도로 보기 애매한 경우, 피해정도가 경미하고 신분을 유지할 필요성이 있는 경우 등엔 피고인에게 관대한 처분을 하여 가정과 사회에 복귀시키는 것도 형벌의 중요한 목적 중의 하나다.

특가법 위반(도주차량)에 벌금형을 신설하고 강도상해죄의 하한선을 3년 정도로 낮추고 폭력행위 등 처벌에 관한 법률 제 3조 제 1항, 제 2항은 삭제하고 같은 법 제 2조를 적용하여도 여러 가지 양형 인자를 고려하여 악질적이고 흉악한 범죄자는 얼마든지 엄벌에 처할 수 있다. 하루빨리 위와 같이 불합리한 법정형을 정비하여 무익하고 불필요한 주장, 입증을 위한 시간, 정력 낭비를 줄이고 관대한 처분을 할 필요성이 있는 피고인에게는 가정과 사회에 복귀할 수 있는 길을 열어놓자. (법률신문 1999. 12. 23.자 목요일언)

대법관 인선파동을 보고

최근의 대법관 추천파동과 관련한 기고 요청을 받고 민감한 문제인데다 의견이 다양하고 귀추가 주목되어 망설였으나 전 국민의 관심사인데다 사법개혁을 외쳐온 법조인의 한사람으로서 평소의 생각을 피력해 본다. 대법원은 헌법상 최고법원으로서 국민의 기본권을 보장하고 최종적인 법률해석을 통하여 법적 안정성을 보장하는 중요한 역할을 하는 기관이며, 따라서 구성원인 대법관은 그 역할이 매우 중요하다.

대법관은 최고법원의 구성원인 만큼 해박한 법률지식이 필요한 것은 물론이지만 이에 못지 않게 개혁성, 도덕성, 투철한 인권의식 등도 중요하다고 생각되며, 성이나 기수, 서열, 재조, 재야는 그렇게 중요한 것은 아니라고 여겨진다. 성, 기수, 서열 등을 완전히 파괴한 강금실 법무부 장관의 임명시 법조인들의 반발이 무척 심했고 우려했지만 잘하고 있고 여러개의 팬클럽까지 생길 정도다. 모든 분야에서 변화와 개혁은 진통이 따르게 마련이며 더 넓은 안목으로 발상을 조그만 전환해보자.

최근에 법원내의 일부 판사들, 대한변협, 시민단체들이 대법관 인사제도의 개선을 요구하였고, 일부에서는 설문 조사 등을 통하여 개혁성, 도덕성, 전문성 등을 겸비한 것으로 평가된 후보를 추천하기도 하였고, 대법원에서도 의견을 수렴하는 절차를 거쳐 많은 국민들이나 판사들이 대법원의 변화될 모습을 지켜보았다. 그러나 대법관 제청 자문회의는 활발한 논의를 하기보다는 기존의 관행대로 서열과 기수에 따라 추천한 후보 3명을 자문위원들에게 일방적으로 통보하고 요식적인 절차로 진행하는데 그쳐 자문회의에서 법무부 장관과 대한 변협회장이 퇴장하고 자문위원직을 사퇴하기에 이르렀다.

또한 대법원이 국민들과 판사들의 개혁과 변화에 대한 기대를 져버리고 기존의 방법을 고수하자 현직 부장판사가 사표를 내고 150여명의 판사들이 대법원장의 재고를 촉구하는 연판장을 작성하여 제출하고 상황에 따라 대법원장 퇴진 운동까지 할지도 모른다는 보도가 있을 정도로 파문이 증폭되고 있다.

그 동안 대법관 임명이 지나치게 서열과 기수 위주로 관료적이고 폐쇄적으로 선임되었으나, 사법 개혁에 대한 국민의 요구는 거스를 수 없는 대세가 되었다. 시대에 부합하지 않는 인사 관행을 타파하고 우리 사회의 변화된 현실과 사회적 다양성을 담아내기 위한 완전히 새로운 기준과 방식으로 선임되어야 한다. 즉 여성, 인권의식이 투철하고 소수자의 인권보호에 노력해온 재야 변호사, 진보성향을 가진 신망 받는 법조인등 사회적 다양성을 반영할 수 있는 법조인들도 등용하여야 한다. 흑인, 여성, 진보, 보수성향을 가진 사람을 적절히 배분하여 다원화된 사회 구성원들로 구성한 미국의 연방 대법원은 참 바람직한 모습인 것 같다. "현재와 같이 동질적인 연령, 배경, 경험을 가진 법조인들로만 구성되고 보다 다양하고 폭넓은 인적 구성을 갖지 못한 대법원은 보수적인 것이 아니라 퇴행적이라는 비판을 받을 것" 이라는 소장판사들의 성명서의 구절을 깊이 음미해 보아야 할 것이다. 대법원의 개혁적이고 열린 마음을 기대해 본다. (광주일보 2003. 8. 19.)

대법원의 선거재판 유감

지난 15대 국회의원 선거에 관한 재판에서 H, L의원의 경우 3년이 다 된 1999. 3.경에야 형이 확정되어 1년여의 임기를 남겨두고 재선거가 실시된 적이 있었다. 다른 국회의원이나 자치 단체장의 경우도 재판이 2년 이상 걸린 경우가 허다하였다. 당시의 공직선거 및 선거부정 방지법(이하 공선법이라 한다.)에도 선거범의 신분상실 여부를 신속히 종결하여 의정 및 행정공백을 방지하고 주민들간의 갈등을 해소하기 위하여「선거범과 그 공범에 관한 재판은 다른 재판에 우선하여 신속히 하여야 하며, 그 판결의 선고는 제 1심에서는 공소가 제기된 날로부터 6월 이내에, 제 2심 및 제 3심에서는 전심의 판결선고가 있은 날로부터 각각 3월 이내에 하여야 한다.」고 분명히 규정되어 있었으나 거의 지켜지지 않았다.

위 규정이 훈시규정이냐 강행규정이냐에 대해서 법조인들 사이에도 의견 대립이 있다. 선거 사범도 2심에서 당선 무효형을 선고받으면 직위를 최대한 유지하려고 대법관 등 고위직 출신 변호인을 선임하여 가능한 한 상고심의 재판기간을 최대한 끌려고 하였다.

이러한 부작용과 해석상의 의문을 없애기 위해 2000. 2. 16. 선거법을 개정하면서 공선법 제 270조의 제목을 '선거범의 재판기간에 대한 강행규정' 이라고 정하였고 내용도 종전 규정과 같이 '… 6월, 3월, 3월 이내에 하되 반드시 하여야 한다.' 고 강행규정으로 규정하였다. 또한 개정된 공선법 제 35조는 국회의원 및 지방자치 단체장의 보궐선거 또는 재선거 등은 그 선거의 실시사유가 전년도 10월1일부터 3월 31일까지의 사이에 확정된 때에는 4월중 마지막 목요일에 실시하고 4월1일부터 9월 30일까지의 사이에 확정된 때에는 10월 중 마지막 목요일에 실시하도록 되어 있어, 경우에 따라서는 재판이 확정된 뒤로 거의 6개월이 다 된 후에야 재선거가 치러지는 경우도 발생하므로 더 더욱 위 강행규정은 지켜져야 한다.

더군다나 내년에는 국회의원 총선이 4월에 실시되므로 2003. 10. 1.이후에 사유가 발생한 경우는 지방자치 단체장의 재선거 등은 2004. 6월 중순경에 실시될 예정이라고 한다.

전라남도의 경우 3명의 군수가 공선법에 의한 항소심 재판결과 당선무효형의 선고를 받아 모두 상고하였다. J군의 경우 2002. 7. 6 기소→ 2003. 1. 7. 1심 판결 선고→ 2003. 4. 10. 항소심 선고→2003. 10. 9 대법원의 상고기각 판결이 있었고, K군의 경우 2002. 7. 15 기소→ 2003. 2. 26. 1심 판결 선고→ 2003. 7. 18. 항소심 선고→ 아직 대법원의 선고가 이루어지지 않고 있다.

H군의 경우 2002. 7. 15 기소→ 12. 9. 1심 판결 선고→ 2003. 4. 17 항소심에서 집행유예 선고 (군수의 직무 정지)→ 당일 상고되었으나 아직까지 대법원의 판결이 선고되지 않고 있다. H군의 경우 군수에 대한 재판이 1년 6개월간 진행되고 있고 군수의 직무가 정지되어 부군수가 직무내행을 한 지가 8개월이 되어간다.

이들 군은 재판결과에 대한 온갖 억측만 난무하여 공무원들은 재판결과에만 촉각을 곤두세우고 있어 업무를 제대로 수행할 수가 없다고 한다. 더군다나 장기적인 계획이나 중요 사업 등은 도저히 수행할 수가 없다고 하는데 파행적인 행정, 업무 공백, 공무원끼리의 갈등, 군민들의 행정 불신 등은 명약관화한 것이 아닌가.

또한 J군의 경우 공선법 제 35조를 고려하여 10여 일만 앞당겨 9. 30. 이전에 선고를 하였다면 10.30. 재선거를 실시하였을 것이며 내년 6월 중순 후임 군수가 뽑힐 때까지의 8개월 간의 군정공백을 막을 수도 있었을 것이나, 9. 30.을 9일 초과한 10. 9. 선고하는 바람에 J군은 판결이 선고된 후로도 8개월 여를 군수가 없이 지내야하는 엄청난 피해를 보고 있는 것이다. 사실심인 1, 2심에서는 될 수 있는 한 위 규정을 지키기 위해서 최선을 다하고 있고 초과하더라도 1개월 이내에 선고를 하고 있다. 그러나, 법률심이자 국민생활에 지대한 영향을 미치고 있는 대법원이 이러한 강행규정을 위배하고 그것도 몇 개월씩을 초과하고 있으며 공선법 제 35조를 전혀 고려하지 않고 있는 모습을 볼 때 대법원의 직무유기가 아닌가 생각이 된다.

1년에 2만여 건이 상고되고 한 재판부의 주심판사당 1,000여 건이 배당될 정도로 대법관들이 격무에 시달리고 있다는 것은 이해를 한다. 하지만 선거재판의 지연은 그 피해가 과중하고 법에도 강행규정으로 규정되어 있는 만큼 최소한 법을 지키고 국민들의 피해를 최소화하기 위해 선거재판은 다른 어떤 사건보다도 최우선적으로 선고해 줄 것을 기대해 본다.
(법률신문, 2003. 12. 4.자 법조광장, 화순 군민신문 2004. 1. 자)

법조인의 침묵, 과연 능사인가?

법조인 특히 판사들이 금과옥조처럼 여기고 있는 법언 중에 '판사는 판결로만 말해야 한다' 라는 말이 있다. 당해 사건을 담당하는 판사는 재판진행 중 예단이나 편견을 가지거나 섣불리 결론을 말해서는 안되고 여론이나 외부의 영향이나 간섭에 구애받지 않고 오직 법률과 양심에 따라 판결로 말해야 한다는 뜻으로 해석하고 싶다. 따라서 구체적인 사건에 있어서는 지극히 당연한 말이고 꼭 지켜져야 한다고 생각한다.

그러나 위 법언이 구체적인 사건에 대한 재판 뿐만 아니라 재판제도나 인사, 사법제도 개혁 등 사법전반에 대해 적용되고 있고 적용되기를 요구하는 데에는 의문이 간다. 재판업무에 종사하는 판사라 할지라도 구체적인 사건에 대한 재판이외에 재판제도나 자신이 소속되어 있는 사법부나 대법원의 인사 또는 사법제도 전반에 대하여 집단적으로나 개인적으로 얼마든지 의견표명을 할 수 있다고 본다.

작년 대법관 인선때 150여명의 법관들이 연판장을 돌리며 대법관 인선에 관하여 의견표명을 하였을 때 일부 법관들이나 법조인들은 판사들이 판결로만 말해야지 대법관 인사에 관여하고 집단으로 의견표명을 하는 것은 잘못된 것이라고 지적하였다. 또한 1988년 5, 6월경 소장법관들과 당시 연수원생들 중 상당수가 모 대법원장의 국회임명 동의를 앞두고 반대하는 서명을 한 적이 있었다. 당시 나는 연수원에 다닐 때인데 지도교수가 판사들은 판결로만 말하는 것이지 인사에 대해 간섭하고 집단으로 서명을 하며, 예비법조인인 연수생들이 무엇을 안다고 인사문제에 대해 서명을 하였느냐면서 우리들을 호통을 쳤다. 그때 내가 판사나 예비 법조인들도 사법부의 구성원으로서 사법부의 개혁을 위해서 사법부의 수장임명에 대해 의견표시를 할 수 있는 것이 아니냐고 말했다가 심하게 꾸지람을 당한 적이 있다.

또한 얼마 전 대통령에 대한 국회 탄핵안 가결 직후 광주 지방변호사회 일부 회원들이 광주 지방변호사회 명의로 탄핵에 대한 의견표명을 해야 하지 않느냐고 하여, 광주지방변호사회 총무이사로 있는 내가 광주 지방변호사회 명의로 탄핵에 대한 입장발표를 할 것인지 여부에 대해 12명의 회원들로부터 의견수렴을 한 적이 있다. 6명은 찬성하였고 3명은 반대하였으며 3명은 답변을 유보하여 성명서까지 작성하여 놓았으나 입장발표를 하지 않게 되었다. 그런데 반대 및 유보하는 회원들의 논거는 탄핵의 적법 및 정당성 유무는 헌법재판소에서 결정을 할 것인데 법률가 단체인 변호사회에서 굳이 탄핵에 대한 입장발표를 해야 할 필요성이 없을 것 같고 오히려 헌재에 영향을 줄 수 있으며 민감한 문제라 답변을 하기가 곤란하다는 것이었다.

그러나 대통령 탄핵문제의 적법성 및 정당성 여부는 전 국민의 지대한 관심사이고 국가의 장래와 깊은 관련이 있는 사안이고, 또한 사실관계를 대부분 알고 있으며 국민들의 활발하고 다양한 의견개진이 절대적으로 필요한 것이다. 법률 전문가들로 구성된 대한변호사협회나 지방변호사회가 탄핵소추에 대해 당연히 법적 견해를 표시할 수 있는 것이고 의견을 표시해야 하는 것은 공익을 대표하는 법조단체로서 너무나 당연한 것이고 전문가로서의 책무가 아닐까 생각해 본다. 설사 진행중인 사건에 대하여 국민들의 활발한 토론 등이 진행되고 성명이 발표되는 경우 헌법재판소나 담당 재판부는 약간은 부담이 될지 모르지만 여론에 구애받음이 없이 일반 사건과 마찬가지로 오직 법률가의 지식과 양심에 따라 소신껏 결정을 하면 될 것이다.

최근에도 로스쿨 도입 문제, 법조 일원화, 국가보안법 개폐, 고위공직자비리조사처 설치, 전관출신 변호사의 개업지 및 형사사건 수임제한 문제 등 사법개혁 및 법조인 모두와 직접적인 관련이 있고 이해관계가 대립되는 현안문제가 많이 있다. 이러한 사법부 내부의 문제점이나 개혁방향 및 대안 등은 사법부의 구성원들이 누구보다도 더 잘 알고 올바른 방향을 제시할 수 있을 것이다. 따라서 구체적인 사건에 관해서는 판결로만 말한 것이 지극히 당연하겠지만 대법관이나 대법원장 인선 등을 포함한 사법제도 전반이나 이들 제도의 존치 여부나 시행에 있어서 국민 누구보다도 그 필요성이나 문제점을 잘 알고 있고 논의의 한 중심에 있는 법조인들이 활발한 논의의 장을 펼치고 적극적으로 의견을 개진하여야 할 것이다. 또한 열린 마음으로 시민단체, 법학교수, 외부인들의 의견도 귀담아 듣고 취사 선택하면 될 것이다. 법조인들이여! 침묵만이 능사는 아니다. (대한변협신문 2004. 8. 30. 자 시론)

'유전무죄 무전유죄'에 대한 오해

오래 전에 탈주범 지모씨가 인질극을 벌이며 경찰과 대치하던 도중 '유전무죄 무전유죄' 라는 말을 남긴 뒤로 사법부에 대한 불신이나 법조비리 등을 이야기 할 때마다 이 말이 단골로 등장하곤 한다.

또한 얼마 전 각 매스컴마다 10월 19일 광주 고·지법에 대한 국회법사위 국정감사의 결과를 보도하면서 지난 98년 9월부터 2년 동안 광주지법에서 불구속 피고인 중 실형이 선고된 피고인은 변호인이 있는 경우 18.4%, 변호인이 없는 경우는 81.9%였는데, 법정구속 피고인도 같은 기간 동안 변호인이 있는 경우 15.4%에 그쳤으나 변호인이 없는 경우는 84.6%에 달해 변호사를 선임한 경우와 그렇지 않은 피고인의 실형 선고율과 법정 구속율이 각 4~5배 가량 차이가 난다는 것이다. 이는 날이 갈수록 변호사를 선임하면 재판에서 결정적으로 유리한 결과를 얻을 수 있으며 우리사회에 만연되어 있는 '유전무죄 무전유죄' 라는 인식을 단적으로 증명해 보이는 전형적인 현상이라고 지적하고 있다.

변호인이 선임된 피고인이 실형 선고율이나 법정 구속율이 훨씬 적은 것은 사실이나 이는 당연한 결과이다. 단지 그 수치만을 보고 '유전무죄 무전유죄' 라고 단정하는 것은 형사소송에서의 변호사의 역할과 양형 절차 및 내용 등 기초사실에 대한 잘못된 이해에서 비롯된 것이다.

형사사건에서 피고인의 진술태도는 범죄사실을 모두 자백하고 여러 가지 딱한 사정이 있으니 실형을 면해주거나 형을 적게 해 달라는 경우와 범죄사실을 전면 부인하거나 일부 부인하고 또한 범죄사실은 인정하나 죄명이 다르거나 공소장 변경을 해 달라는 경우로 크게 나누어 질 수 있다. 형사재판에 있어서 양형 인자로는 범죄사실에 대한 자백 여부, 피해자와의 합의 여부, 전과유무, 범행동기 및 내용, 피고인의 살아온 내력·가족 및 직장관계, 법정 태도, 반성 여부, 재범의 우려 등 여러 가지 요소가 있다.

그런데 위 첫 번째의 경우 즉 피고인이 범죄사실을 모두 자백하는 경우 변호인은 정상변론을 하면서 피해자와 합의를 유도하고 여러 양형 요소 중 피고인에게 유리한 정상 참작사유를 최대한 부각시키기 위해 무척 노력을 한다. 이렇게 여러 가지 유리한 양형 인자가 부각된 피고인과 그렇지 않은 피고인 사이에는 양형에 있어서 당연히 차이가 있을 수밖에 없다.

두 번째의 경우는 더욱 더 변호인의 역할이 중요해진다.

헌법이나 형사소송법의 이념에 비추어 보면 피고인은 무죄가 추정되므로 유죄의 입증책임이 검사에게 있다고 할 수 있지만, 형사소송의 현실은 피고인이 무죄입증을 위해 엄청난 노력을 하여야 한다. 피고인이 무죄를 주장하거나 더 가벼운 죄로 인정받기 위해서는 알리바이를 입증하고 유죄의 증거로 사용될 가능성이 있는 조서나 증언 등을 철저히 탄핵해야 한다. 또한 범죄의 3요소인 구성요건 해당성, 위법성, 책임성 등을 조각(저지)시키기 위해서 여러 가지 법률적인 주장을 하고 많은 증거를 제시하는 등 엄청난 노력을 한다.

상황에 따라서는 무죄의 증거를 제시하기가 너무도 어려운 경우 억울하기는 하지만 어쩔 수 없이 자백을 하고 반성을 하는 전략을 세우기도 하는 등 피고인에게 유리한 결과를 얻어내기 위해 온갖 전략과 전술을 동원하기도 한다. 변호인이 없는 경우 이러한 노력을 기울일 능력이나 의사가 없는 경우가 많고 노력을 기울이더라도 전문가가 아닌 만큼 핵심은 비켜가고 주변만 맴도는 경우도 많기 때문에 변호인이 있는 경우와 없는 경우 그 결과에 많은 차이가 난다. 환자가 전문가인 의사에게 가서 치료를 받는 경우와 단방약을 쓰거나 경험도 없는데 혼자 책을 보고 연구해 가며 치료를 하는 경우 그 효과가 다를 것은 너무도 뻔하지 않는가.

한편 법정구속의 경우 실형이 선고되어 구속되는 경우도 있지만 정당한 이유도 없이 2~3회 이상 법정에 출석하지 않거나 자백을 하여 불구속하였는데 갑자기 부인하는 경우 도주우려 및 증거인멸을 이유로 구속하는 경우가 상당수 된다. 변호인이 있는 경우 법정구속이 되는 경우가 적은 것은 이러한 것을 미연에 방지하기 위해 철저히 출석을 담보하고 자백하다가 무죄의 증거도 없는데 함부로 부인하지 않는 전략을 쓰므로 피고인이 법정구속이 될 가능성이 훨씬 적은 것이다.

또한 변호인이 없는 피고인의 경우 변호인 선임비용이 없어서 선임하지 못한 경우도 있지만 집행유예 기간 중이거나 전과가 많거나 중죄여서 실형을 면치 못할 것 같아서 변호인을 선임하지 않는 경우도 많고 또는 1심에서는 석방이 어려울 것 같으니 항소심에서 변호인을 선임하는 경우 등이 상당수 있다.

이러한 경우 변호인이 없어서가 아니라 불리한 양형 인자를 많이 가지고 있기 때문에 실형 선고율이 높을 수밖에 없다.

따라서 변호인이 선임된 피고인의 법정 구속율, 실형 선고율과 '유전무죄, 무전유죄' 등과는 많은 상관관계가 있는 것은 아닌 것이다.

인간 사회이니까 전관예우가 없다고 볼 수는 없다. 전관예우를 악용, 조장하는 변호사들도 잘못되었지만 전관예우를 기대하고 비싼 선임료를 지불하며 전관출신 변호사만 고집하는 시민들의 의식도 개선되어야 할 것이다.

국선변호인, 당직변호사, 전관이 아니지만 적은 수임료를 받고 성실히 변론해 주는 변호사도 수없이 많으므로 좋은 변호사들을 잘 활용하면 큰 도움이 될 것이다. (법률신문 2000. 11. 20자, 법조광장)

민사조정제도의 남용과 문제점

민사사건에서 조정이 필요한 경우는 여러 경우가 있다. 부자 및 형제간 등 가족 간의 분쟁이나 이해관계가 대립되는 다수 당사자들 사이에 감정이 첨예하게 대립되어 후유증이 예상되고 일도 양단적인 판결보다는 조정이 바람직한 경우가 있다. 가사 소송에서도 조정이 바람직한 경우를 자주 보게 되고 손해액 산정이 매우 곤란하거나 감정비용이 과다하게 예상되는 경우도 조정이 효율적일 수 있다. 승패가 불투명한 경우 양 당사자가 시간, 비용을 절약하며 적정한 선에서 조정을 하는 것이 소송 기술상으로도 좋을 것이다. 기타 조정이 필요한 경우가 있을 것이나 현실적으로 민사조정 제도가 원래의 취지에 반해 남용되고 있는 경우를 자주 보게 된다.

첫째, 조정에 합당하고 조정에 친한 사건을 조정하도록 노력하자.

몇몇 재판부는 대부분 판결로 하면서 누가 봐도 조정이 타당하고 생각되는 경우만 조정에 회부하고 있으나 재판부에 따라서는 조정과 친하지 않거나 조정이 부적절한 사건을 조정에 많이 회부하고 있다.

교사가 과로와 스트레스로 인한 우울증으로 자살하여 유족보상금을 청구한 사건에서 양 당사자가 조정의사가 별로 없다고 하였으나 법대 교수와 마취과 의사를 조정위원으로 하여 2차례나 조정을 시도하였다. 조정에 친하지 않은 사건 일 뿐아니라 처음부터 조정의사가 없었으므로 조정이 될 리가 없고 시간낭비와 기일만 지연될 뿐이었다. 재판부가 바뀐 뒤에 원고 승소로 확정되었다.

버스회사의 근로자들이 해고되었다가 복직된 후 임금 청구한 두 개의 사건에서 임금포함 여부를 다투는 항목이 4, 5개 되었는데 두 건 모두 하급심에서는 판정되었지만 항소법원에서는 조정으로 종결되었다. 처음 재판시 임금포함 여부가 판정되었다면 2년 뒤의 두 번째 사건은 제기되지 않았을 것이다. 당사자들이 유사사건의 반복제소를 방지하기 위해서나 임금의 범위를 명확히 가리기 위해 조정을 거부하였지만 임금포함 여부의 판정이 너무나 곤란하다면서 재판부에서 조정을 강하게 권유하여 조정하게 되었다. 이 회사는 동일한 사례의 경우 또다시 소가 제기될 수밖에 없다.

항소심에서 서면공방이 끝난 뒤 항소인에게 소송비용은 각자 부담으로 하고 항소를 취하하라는 내용으로 조정을 권유하는 경우가 자주 있다. 소송비용 예규에 의하면 소송비용은 별로 많지 않고 1심 판결에 불복하여 변호사까지 선임하여 항소한 당사자가 판결도 받지 않고 항소를 취하하려는 경우는 거의 없다. 항소심에서는 가능한 한 1심 판결에 대한 예단을 갖지 말고 항소인의 주장, 입증에 귀 기울여주었으면 좋겠다. 이런 말을 들으면 당사자나 대리인의 의욕이 상실되고 당사자에 따라서는 대리인이나 재판부에 심한 불신을 갖기도 한다. 작년에 모 재판부가 거의 모든 사건을 조정에 회부하고 또 어떤 재판부는 예비판사가 조정을 하여 회원들의 불만이 매우 많아 당시 변호사회 집행부에서 법원장을 2번이나 찾아가 회원들의 불만사항을 건의하였으나 거의 시정되지 않았다.

둘째, 가능한 한 조정위원의 조정은 피하였으면 좋겠고 조정위원들이 충분히 사건을 파악하여 조정에 임해야한다.

조정위원 중에는 가사 사건이나 가족 간의 분쟁, 집단 이해관계 소송 등에서 인품과 경륜을 살려 원만한 조정을 하는 경우도 있다. 그러나 상당수의 조정위원은 복잡한 사건에서 소장이나 준비서면 달랑 들고 나와 복잡한 사실관계 및 법적 쟁점이나 입증정도는 거의 모른 채 감정적인 접근을 하면서 조정을 강요하고 또 어떤 경우는 재판부의 입장을 그대로 전달하는 전달자에 불과한 모습도 자주 보게 된다.

쟁점정리를 10여 회 이상 할 정도로 쟁점이 매우 복잡한 건축하자로 인한 손해배상 청구 소송에서 건축사와 교수가 조정위원으로 나와 내용도 잘 모른 채 정말 무의미한 조정을 시도한 적이 있었다.

산재사고로 인한 손해배상 청구사건에서 시민단체 간부와 의료인 출신의 나이든 여성 두 분이 조정위원으로 나와 쌍방 대리인들을 조정실 밖으로 나가게 한 뒤에 임의조정을 해버렸다. 원고가 휴업급여 수령이후부터 일실수입을 청구하고 장해급여는 선공제 하였으므로 원고가 근로복지공단으로부터 수령한 보험급여를 공제할 수 없음에도 불구하고 법률지식이 부족한 조정위원들이 복지공단으로부터 수령한 보험급여 등을 공제한 액수로 임의조정을 해버렸다.

조정위원들이 법적 지식이나 사실관계, 증거관계 등에 대한 지식이 매우 부족한 상태에서 자신이 마치 재판장인양 당사자를 윽박질러서 조정을 시도하는데 이는 국민의 법관에 의한 재판 받을 권리에 대한 중대한 침해이다. 가능한 한 조정위원의 조정은 피하였으면 좋겠고 조정위원의 선정 시 신중을 기해야 하고 조정위원이 조정에 임하기 전에 충분한 시간을 가지고 사실관계나 증거 등을 면밀히 파악하고 조정에 임해야 할 것이다.

셋째, 강제조정에 불복한다고 하여 불이익을 주면 안 된다.

화해 권고나 강제 조정을 하면서 불복하는 쪽에 불이익을 주겠다고 말하고 실제적으로 불복하는 경우 과실비율이나 위자료, 기타 등에서 불이익을 주는 경우가 자주 있다. 화해나 조정에 비해서 재판이 더 진행되고 사실관계나 증거관계에 있어서 훨씬 논리적이고 자세히 설시된 판결에 대해서도 수없이 불복을 하고 있고 불복을 하는 것은 당사자의 권리이다. 그런데 판결보다 훨씬 그 근거나 증거 관계 등이 불분명한 화해나 조정에 대해서 얼마든지 불복할 수 있는 것이고 판결을 받으려고 하는 것은 헌법상의 권리이다. 불복하였다는 이유로 조정 때보다 과실비율 및 위자료를 증감하고 기타 불이익을 주는 것은 지양해야 할 것이다.

넷째, 조정은 때로는 우리 국민의 법감정이나 정서에도 반한다.

대부분의 사람들은 경제적 가치를 중시하지만 사람에 따라서는 경제적 가치보다 자존심이나 명예를 최우선시 하는 사람도 있다. 적당한 액수로 조정을 권유받는 경우 그 금액의 다과에 대한 불만보다 자신이 거짓말을 하였거나 약속을 이행하지 않은 사람, 잘못을 한 사람으로 인정되는 것을 도저히 용납할 수 없어 옳고 그름이나 잘못 여부를 판단 받아 자신의 정직과 결백함을 밝히고 싶은 사람도 상당수 있다. 사건이나 사람에 따라서는 조정만이 능사는 아니다. 자존심이나 명예도 경제적 가치보다 훨씬 보호해 주어야 할 상위 가치일 수도 있기 때문에 금액이 적은 소송이나 단순한 사건이라고 하여 조정을 강권할 일은 아니다.

다섯째, 소송대리인이 조정이나 화해에 적극 관여해야 한다.

재판부에 따라서는 조정시 소송대리인이 있으면 조정이 잘 안 된다고 하면서 대리인을 배세시키려고 하고, 당사자는 조정을 하려고 하는데 소송 대리인이 반대하는 경우 대리인이 조정을 반대한다고 화를 내기도 한다.

자주 사용하는 조정 방법 중 하나가 한쪽 당사자만 있게 한 뒤에 그 당사자에게 유리한 점과 불리한 점을 이야기하면서 특히 사소한 것이라도 불리한 점을 부각시킨다. 그러나 당사자는 법적 지식이 부족하므로 변호사를 선임하였고, 그 사건의 법적 쟁점이나 입증 정도를 모르므로 재판장이 사소한 불리한 점을 부각시키면 마치 패소하거나 금액이 크게 증감될 것이라고 잘못 판단하여 조정에 응하려고 할 수도 있다. 그러나 그 사건에 대해 잘 알고 있고 당사자의 이익을 위해 변론을 하고 있는 소송대리인은 당사자의 잘못된 판단을 시정해주어야 할 권리와 의무가 있다. 승패가 불확실하고 금액이 합리적이라고 생각되는 경우 어떤 대리인이 당사자가 응하는 조정을 반대하겠는가.

여섯째, 조정 결정시 이자나 소송비용 등이 반영되어야 한다.

재판부에 따라서 지연이자나 소송비용 등을 반영하여 화해권고 금액을 산정하고 있는데 이는 매우 바람직한 것 같다. 그러나 상당수의 재판부는 화해권고를 하는 경우 채무 불이행시로부터 조정시까지 3, 4년이 경과하여도 전혀 지연이자를 감안하지 않고 있는데 지연이자, 상당한 액수의 감정비용이나 기타 소송비용, 한쪽 당사자만 변호사가 있는 경우 변호사 보수 등도 참작하는 것이 합리적이고 공정하다고 할 것이다.

조정이 긍정적인 측면도 있지만 사건이나 당사자에 따라서 부정적인 측면도 많이 있으므로 이를 간과해서는 안되고 정의관념에 부합하도록 하고 신중을 기해야 한다. (법률신문 2005. 12. 19. 자, 법조광장)

연대보증 제도의 폐해

사무실에서 법률상담을 할 때나 소송을 수행하면서 가장 안타까운 것 중의 하나는 연대보증인 자신이 꼭 책임을 다 져야하는지, 책임을 져야 한다면 유일한 재산인 자신의 부동산이나 월급 등을 은닉, 처분하여 책임을 면할 수 있는 방법은 없는 지를 물어올 때다. 연대보증 계약을 체결함에 있어 하자가 없으니 책임을 져야 하고, 재산을 은닉, 처분하려고 하거나 이미 하였더라도 사해행위 취소제도를 통하여 원상회복 된다는 설명을 해주면 너무나 실망을 하고 체념을 한 것을 보면 안타깝기도 하고 이해가 된다.

연대보증 제도의 의미를 잘 알며 합리적이고 냉정한 사람은 연대보증 부탁을 받을 때 대부분 거절할 것이다. 그러나 정에 약한 선량하고 순박한 서민들은 가까운 친, 인척이나 친구가 연대보증 부탁을 하면 약간 망설이다가 훗날 피해가 올지 모른다는 일말의 불안감은 있지만 그 놈의 정 때문에 박절하게 거절하지 못하고 연대보증을 서 준다. 그러다가 주채무자가 제때에 채무를 이행하지 못하면 몇 년 뒤에 갑자기 채권자인 금융기관이나 사채업자로부터 변제 독촉이 오다가 월급이나 아파트에 가압류를 하고 소송을 제기하여 온다. 그러게 되면 얼마 전까지 가까웠던 주채무자와 감정대립이 있게 되고, 월급 전액으로도 생활이 힘든데 얼마 되지 않은 월급의 반밖에 수령하지 못하니 생활은 더욱 더 힘들어진다. 아파트가 전 재산인데 아파트가 가압류되었으니 가정불화는 잦아지고 공무원은 구조조정의 우선 순위가 되는 등 정신적, 경제적 고통은 이루 말할 수 없게 된다.

나의 이익을 위해서가 아니라 가까운 친척이나 친구 도와주려고 연대보증을 섰고, 연대보증계약을 체결하였다고는 하지만 연대보증인에게 아무런 잘못도 없고 연대보증인이 약속을 어긴 것도 아니며, 1원 한푼 못 만져보고 수천만원, 수억원의 채무를 지게 되었으니 세상에 연대보증인 만큼 억울한 경우도 드물 것이다. 똑같이 여러 명이 연대보증을 섰더라도 다른 연대보증인들이 자력이 없으면 자력이 있는 연대보증인 혼자서 전액을 책임져야 하고, 채권자에게 잘못이 있더라도 다른 손해배상 채무와는 달리 과실상계나 책임제한도 되지 않으니 더더욱 억울한 것이다.

내 주변만 보더라도 공무원인 친척이 7년 전 다른 사람 대출받을 때 연대보증을 섰다가 소송을 당하여 전 재산인 시골에 있는 조그만 아파트와 퇴직금의 절반을 날리게 될 상황에 놓이게 되어 가정불화가 잦고 너무도 큰 고통을 겪고 있다. 의사인 친구는 사업하는 친척의 연대보증을 섰다가 많은 보증채무 때문에 병원폐업을 하는 등 우리 주변에는 연대보증으로 인한 피해자가 너무도 많고 피해의 정도는 매우 심각한 상태이다.

민법 개정안에서는 연대보증인의 기명날인이나 서명이 있고 책임 액수가 명시되어야 보증의 효력이 발생하도록 하여 보증계약의 책임 소재나

범위에 대한 시비를 없애고, 채권자는 주 채무자가 3개월 이상 채무를 불이행한 경우 채무불이행 상황을 보증인에게 알리도록 하여 이를 통보하지 않을 경우 보증인이 이자에 대한 책임을 지지 않도록 하고 있으나 약간의 피해는 줄일 수 있을지 모르지만 연대보증인의 폐해를 예방하는 근본적인 해결책은 못 된 것 같다.

선진국에서 대출을 할 때 채무자의 개인 신용위주로 대출을 하고 연대보증제도는 거의 이용되지 않는 것처럼 OECD 가입국인 우리나라도 이젠 선진 금융기법을 도입해야 할 때가 되었다. 채무자에게 인적 및 물적 담보의 요구보다는 철저히 개인신용 위주로 대출정책을 펼쳐야 할 것이고 가능한 한 연대보증 제도는 없애거나 제한하는 방향으로 나아가야 할 것이며, 굳이 연대보증 제도를 이용하더라도 상한액을 대폭 낮추어 연대보증으로 인한 피해자 양산을 막아야 할 것이다.

한가지 덧붙이자면 연대보증을 부탁 받은 경우 주채무자와의 인간적인 관계 때문에 정에 이끌려 쉽게 연대보증을 선 뒤 나중에 후회하지 말고 연대보증 계약의 정확한 의미를 숙지하고 어쩔 수 없이 연대보증을 서는 경우라도 주채무자가 채무를 이행치 않은 경우에 자신이 감당할 수 있는 금액 범위 내에서만 연대보증을 서는 것이 가정과 직장을 지키는 길임을 명심해야 할 것이다. (광주일보 2004. 7. 자, 월요광장)

혼란스러운 국가보안법 존폐 논란

지난 8월 24일 국가 인권위원회에서 국가보안법(이하 국보법) 폐지 권고를 하면서 국보법 존폐 논란이 촉발됐다. 이틀 뒤 헌법재판소는 국보법 제7조 제 1항, 5항에 대해 합헌결정을 내렸고, 대법원은 9월 2일 한총련 대의원에 대한 국보법 위반 상고심에서 유죄를 확정하면서 종전과 달리 국보법 폐지론을 정면으로 비판하는 등 국보법의 존치 필요성을 강조하였다. 이어 대통령은 폐지를 주장하고 여, 야는 국보법 존폐에 대해서 첨예하고 대립하고 있으며, 언론들도 연일 국보법 존폐 문제로 지면을 장식하며 국론분열을 조장하고 있다. 이제는 종교지도자들까지 국보법 논란에 가세하고 나서면서 국민들은 정말 혼란스러울 뿐이다.

국보법 개폐논쟁은 수 십년 진행되어 온 것인데 대법원과 헌법재판소가 민감한 시기에 법리적 판단이나 의견개진 단계를 넘어 정치적 의사표현을 한 것은 좀 지나친 감이 있다. 국보법에 조금이라도 관심이 있는 사람이라면 국보법은 죄형 법정주의에 위배되고 사상과 양심의 자유, 표현의 자유 등 인간의 존엄성을 해하는 요소가 많고, 그 동안 국보법 위반자들이 수사과정에서 극심한 가혹행위를 당하는 등 인권침해가 심각했으며,

그간의 정권에 의하여 정치적 반대세력을 탄압하는데 얼마나 악용되어 왔는지는 금방 알 수 있는 것이다. 인권위원회에서 지적하였듯이 국보법이 폐지되더라도 국가안보 관련사안은 형법이나 관련법률 등으로 처벌이 가능하고 미흡한 부분이 있다면 형법의 관련조문을 개정, 보완하면 충분한 것이다.

그러나 일부 국민들은 국보법의 많은 문제점이나 폐해는 인식하지 못한 채 군사 독재정권과 일부 그릇된 언론에 의해서 세뇌를 당해서인지 국보법이 폐지되면 국가안보가 흔들리고 국보법은 빨갱이를 처벌하고 척결하여 국가의 번영을 이루는데 많은 공헌을 한다고 잘못 생각하고 있다. 남한체제를 전복하려 하고 북한의 적화통일 노선에 협력하며 간첩행위를 하려는 자들을 방치하자는 것이 아니다. 당연히 처벌해야 하는데 국보법 말고도 얼마든지 다른 법으로 처벌이 가능한 것이므로 인권침해 소지가 많고 악용되어 온 국보법을 폐지하자는 것이다.

지난 1998년부터 2003년 2월까지 국보법 위반으로 구속된 1,058명 중 91.7 %인 971명에게 적용된 대표적인 악법조항인 제 7조를 한번 살펴보자. 이 조항의 찬양 · 고무행위, 이적단체, 이적표현물 등의 개념은 모호하기 짝이 없어 수사기관이 자의적으로 적용하여 부당한 인권침해 사례가 빈번히 발생하였다.

세계적인 고전이 된 칼 막스의 '자본론', 많은 지식인들이 애독하였던 한완상의 '민중과 지식인', 이영희의 '전환시대의 논리' 만 소지하여도 이적표현물 소지죄로 처벌하였다. 진주 경상대 교수가 교양교재로 사용한 '한국사회의 이해', 광주대 박지동 교수의 강의교재 '진실인식과 논술

방법' 에 이적표현물을 적용하여 구속 기소하였고, 6.15 남북 정상회담 축하를 위해 현수막에 태극기, 인공기, 한반도기를 그렸다고 동조죄를 적용하여 대학생을 구속하였다. 자신의 불법주택을 무자비하게 철거하는 철거반원에게 '공산당보다도 더 잔인한 놈들' 이라고 욕설을 했다거나 철도역장이 직원들에게 훈시를 하면서 '공산주의의 목적은 나쁘나 그 방법은 나쁘지 않다' 는 발언만으로 처벌을 받아야 했다. 공원, 외판원, 종업원 등 하층 민중들이 술에 취하여 단순하고도 우발적으로 북한군가를 제창하고 불평 섞인 말을 했다고 찬양, 고무죄로 처벌하는 이런 법이 민주사회에서 있을 수 있는 일인가.

국보법은 애초에 여순 사건을 진압하고 남로당 세력을 제거하기 위해 한시적으로 제정된 법이었다. 실질적인 개선 없이 50년 동안 유지되어 온 현행 국보법은 제정 당시부터 국민의 기본권을 침해하고, 규정이 모호하여 죄형법정주의에 어긋나며 정치적으로 악용될 소자가 크다는 비판을 받아왔다. 또한 국보법은 이러한 문제점 이외에 실제로 역대 정권이 정치적으로 심각하게 남용하여 왔으며 상당수의 국민으로부터 그 정당성을 인정받지 못하고 있고, 시대정신에도 매우 배치되는 대표적인 반민주 악법인 만큼 이번 정기국회에서 반드시 폐지되어야 한다. (광주일보, 2004. 9. 20자, 월요광장)

형평성이 결여된 검찰수사와 처벌

법의 양대 이념은 정의와 형평이고 법을 상징하는 조형물이나 뺏지 등에 반드시 천칭이 들어가는 것은 형평성이 너무도 중요하다는 뜻일 것이다. 형평성 없는 수사나 처벌은 국민들이 사법을 불신하는 주요한 이유 중 하나다. 검찰이나 법원이 과거에 비해서는 형평성 있는 수사나 처벌을 위해 노력하고 있는 것은 사실이나 아직도 형평성 없는 수사와 처벌은 계속되고 있어 국민들의 불만이 많은 것 같다. 최근 두 달 여 동안 형평성 없는 수사나 처벌이라며 국민들이 불만을 갖고 있는 언론보도의 여러 사례 중 우선 3가지만 살펴보자.

사례1) 2002년 대선 당시 기업에서 불법 정치자금을 받은 혐의로 항소심에서 징역 2년형을 선고받은 김영일 전 한나라당 사무총장이 이모 삼성 구조조정 본부장에 대한 결심공판에 증인으로 출석하였다.

그는 "대선자금 수사가 형평성이 지켜지지 않아 정치인이든 기업인이든 몸통에겐 죄다 면죄부를 주고 고생한 실무진만 이 자리에 오게 했다." 고 말하면서 당시 여야 대선 후보와 재벌 총수 등을 직접 겨냥하고 있는 것으로 해석된다. 그가 반성은 못하고 자신의 죄를 변명하고 다른 사람들을 끌어들이려 한다고 비난할 수도 있다. 그러나 직책이 사무총장이고 차떼기로 수백억의 돈을 수수한 것이 사실로 밝혀진 만큼 그의 말이 거짓은 아닌 것 같다. 대선후보와 재벌총수가 관여하지 않았을 것이라고 생각하는 국민은 거의 없을 것이며 법의 이념을 구현하기 위해서는 몸통에 대한 수사와 처벌도 반드시 했어야 옳았다.

사례2) 검찰은 지난 9월 29일 참여연대가 지난 1998년 삼성, 현대 등 5대 재벌그룹의 계열사 부당지원 행위로 5대 그룹의 회장, 임직원 83명을 배임죄로 고발한 사건에 관하여 81명을 무혐의 처리하였고, 1명은 사망하였고 1명은 기소유예 처분을 하였다. 검찰은 막연한 심증만 갖고 기업인을 처벌하긴 어렵고, 관련 계열사들이 부당 지원금을 사후에 돌려 받았고 사법처리에 따른 대외 신인도 악화와 수출에 미치는 악영향도 감안했다고 설명했다.

시민단체들은 '검찰이 7년 동안 손을 놓고 적극적 수사의지를 보이지 않다가 공소시효에 쫓겨 졸속수사로 일관하여 재벌회장의 선단식 경영에 면죄부를 준 꼴이다' 며 조목조목 반박하며 반발하고 있다. 검찰이 철저하고 적극적인 수사를 했다면 공소시효에 몰릴 정도로 7년이나 걸리지도 않았을 것이고, 수사결과 처분내용이 정당했다면 추석 연휴기간에 슬쩍 결과를 발표하여 국민들의 오해를 살 필요도 없었을 것이다. 사실관계를 잘 모르므로 배임죄의 성립 유무는 판단할 수가 없겠다. 하지만 이미 공정거래 위원회가 부당 내부거래 행위를 인정하여 5대 재벌그룹에 수백억원의 과징금까지 물린 사건이고 시민단체나 경제학 교수들이 꾸준히 문제를 제기한 사항이므로 충분한 시간을 가지고 철저한 수사를 했어야 옳았다.

사례3) 서울 중앙지검은 최근 법조비리 수사과정에서 부동산 개발업체로부터 토지구입비 등 명목으로 10억원을 받은 뒤 업체가 아닌 본인 명의로 땅을 산 혐의(특정경제범죄 가중 처벌법상 배임)로 국회의원 및 판사 출신 변호사에 대해 구속영장을 재청구했으나 기각하자 불만을 토로하였다.

법원은 처음에는 "증거인멸 및 도주의 우려가 없다"며 기각하였고, 영장을 재청구하자 "피의자에 대해 배임의 고의성이 인정되지 않았고 피의자가 혐의를 완강히 부인하고 있는 상황에서 방어권을 보장해 주는 것이 중요하다는 판단을 내렸다"며 또 다시 기각했다.

물론 무죄추정의 원칙과 불구속 수사의 원칙은 형사법의 대원칙이며 나아가야 할 방향이다. 그러나 법원이 다른 사건들에서는 피의자가 범죄사실을 부인하는 경우 방어권 보장을 위해서 불구속하는 경우는 매우 드물며, 범죄사실을 모두 자백하고 잘못을 반성해도 증거인멸 및 도주의 우려가 있다는 이유로 구속하는 경우가 아주 흔한 일이다. 검사가 영장을 재청구까지 하고 혐의사실을 부인하고 있는 피의자를 꼭 피의자의 방어권을 위해서 불구속하였을까는 의문이 간다.

최근에 검찰이 엄정한 법 집행을 다짐하는 의미로 검찰의 상징마크를 칼을 형상화한 모양으로 바꿨는데 그 마크가 부끄럽지 않도록 성역 없는 수사, 형평성 있는 수사와 처벌을 기대해 본다. (광주일보 2004. 10. 25.자, 월요광장)

법조인부터 청탁배격 운동에 앞장서자

최근에 전직 금융감독원장, 공정거래위원장, 국세청장, 신뢰받던 검찰 총수가 재벌 기업으로부터 부적절한 거액의 금품을 수수한 혐의로 구속되거나 구설수에 오르고 있다. 정치인이나 상, 하위직 공무원들이 금품을 수수한 것은 자주 접한 일이어서 무감각하지만 평소 그렇게 개혁, 깨끗함을 강조하였던 사정기관의 총수들이어서 더욱 충격이 아닐 수 없다.

변호사법 위반 혐의로 불구속 입건된 안마 시술소를 경영하는 법조브로커 박모씨와 통화한 현직 검사가 20명이나 되고, 검사와 직원들이 카지노 호텔의 호화 객실을 무료로 사용하고 만찬을 제공받은 것으로 알려져 대검이 진상을 조사중이다. 또한 재경부, 산자부 등 국장급 공무원 12명이 과거 정부 산하단체였던 한 민간 기업체에 골프장 예약과 왕복 항공료, 숙박료 등 골프 부대비용을 떠넘기려고 해 사정당국이 조사중이라는 등 고위 공무원들의 관련비리가 연일 매스컴에 보도되고 있다. 우리나라는 온통 청탁과 부패의 천국이며 오늘도 각종 청탁과 비리는 계속되고 있을 것이다.

이러한 비리를 저지르다 발각되면 '남들도 다 그러는데 왜 나만 그러느냐, 재수 없게 걸렸다' 며 자신의 잘못을 반성하기는커녕 불운으로 돌리고, '나도 청탁이나 비리가 싫지만 나 혼자 지킨다고 해서 사회가 깨끗해지느냐' 며 자신을 합리화하려고만 한다. 이렇게 청탁이나 금품수수가 만연하게 된 데에는 인간의 탐욕이 근본 원인이기는 하나 혈연, 학연, 지연에 의한 정실주의 문화, 솜방망이 처벌, 남용되는 사면 및 복권 등에 기인한 것이다.

많은 사람들은 어떤 문제가 발생하면 법률 전문가와 상의하여 대책을 마련하고 보호를 받는 등 법과 정당한 절차에 의하기보다는 온갖 수소문을 하여 사정 기관이나 사법기관에 아는 사람이 없는가를 먼저 찾아 혈연, 학연, 지연, 금전을 통한 청탁으로 해결하려는데 문제의 심각성이 있다. 청탁을 받은 사람은 인간의 욕심, 의리와 충성, 집단 이기주의 문화가 뿌리깊은 우리 풍토에서 청탁을 거절하는 것이 쉬운 일은 아니지만, 우리 법조인부터라도 학연, 지연, 금전, 출세의 유혹에 빠지지 말고 법과 정당한 절차에 따라 소신껏 업무를 처리하면 부패한 이 사회의 빛과 소금이 될 것이다.

사정기관이나 사법기관의 담당자들이 재벌기업, 고위층이나 저명인사 등을 조사 할 때 외부인이나 직장 상사로부터 조사 중단이나 축소를 지시, 권유받으면 거악을 척결하여 사회 정의를 실현하겠다는 소신을 가지고 부당한 지시, 압력, 회유 등을 과감히 뿌리쳐 보자. 특검까지 하게 되고 온갖 비리의 총체인 각종 게이트나 정치적인 사건에서 담당 검사가 상사나 외부의 부당한 지시나 청탁을 거절하고 소신껏 수사에 임했더라면 검찰의 위상이 지금같이 추락되지는 않았을 것이다.

사법부에서도 전관을 비롯한 변호사나 친지, 외부인으로부터 청탁을 받을 때 철저히 이를 배격하고 오로지 법과 직업적인 양심에 따라 정말 공평 무사하게 심판에 임해보자. 몇 년 전 형사 단독의 모 판사가 판사실에 찾아오거나 전화를 하는 변호사들에게 내규를 설명하고 오히려 불이익이 있을지도 모른다는 경고를 하자 그 변호사들의 얼굴이 후끈거리고 그 뒤로는 변호사들이 그 판사를 찾아가거나 전화를 하지 못했다고 한다. 권력기관은 항상 유혹이 뒤따르기 마련이므로 권력기관의 종사자들은 유흥업체 사장, 건설업자, 사업가 등 차후에 청탁을 할 가능성이 농후한 사람들과는 멀리 하고 그들로부터 금전이나 향응 제공을 받지 않는 게 청탁의 빌미를 제공하지 않게 될 것이다.

최근에 공무원들에게 직무 관련자로부터 전별금이나 휴가비, 명절 떡값, 골프나 술, 고급식사, 5만원 이상의 경조비를 제공받는 것을 전면 금지하는 것을 골자로 한 '공무원의 청렴 유지 등을 위한 행동강령' 을 마련하여 지난 19일부터 시행하고 있다. 문화방송의 조사결과 89%의 응답자가 지켜지지 않을 것이라고 응답했듯이 이러한 강령이 있다고 해서 얼마나 지켜질지는 의문이지만 이번만큼은 일회용, 전시용 지침에 그치지 말고 철저히 시행해 보자. 청탁을 하기 전에, 비리를 저지르기 전에 다른 사람이야 어떻든 나부터라도 욕심을 조금만 줄이고 명예와 자존심을 지키며 청탁배격 운동에 앞장서 보자. (대한변협신문 2003. 5. 26.자 민경한 변호사의 2000자 칼럼)

특별검사제에 관하여

10여 년간 그 도입 여부를 둘러싸고 치열한 공방전을 벌여왔던 특검제가 경실련 등 35개 시민단체가 국회에 입법청원을 하고 정부 여당도 전면 수용 방침을 밝힘으로써(대검은 반대이유 13가지를 조목조목 밝히며 반대입장을 공식으로 표명하였지만) 이제 특검제 도입은 기정사실화 되고 있다.

사실 특검제 도입 논란은 그 동안 검찰이 고위 공직자나 재벌 관련 비리사건 등에 관하여 중립적이며 객관적이고 투명하게 처리해오지 못한 탓에 기존의 검찰조직을 불신하고 제 3의 기관인 독립적인 특별검사가 엄정하게 수사하여 사법 정의를 실현하자는 데서 연유하는 것 같다. 하지만 그 동안 정치권에서 진행된 특검제 논란은 특검제의 입법례, 장·단점, 운용상황, 폐해 등 법 제도로서의 진지한 검토보다는 정치 공세적 성격이 너무 강하다.

야당시절 특검제 도입을 강력히 주장했던 국민회의는 집권 후 입장을 전면적으로 바꾸었고 여당시절 극력 반대했던 한나라당은 야당이 되자마자 전면적인 특검제 도입을 요구하면서 정치적 상대방에 대한 공세적 구호에 불과한 듯한 느낌이 든다. 특검제가 실시되면 어떤 의혹이 제기될 때마다 정치권이 특검제 발동과 관련해 소모적인 공방을 벌이게 될 것이고 특별 검사의 임명과 수사과정 등에서 정치권과 여론의 영향을 받을 수밖에 없는 상황에서 과연 공정한 수사를 할 수 있을지 의문이다. 성숙한 정치의식을 가졌다는 미국에서도 지난 78년 특검제 도입 이후 총 18건에 대하여 천문학적 수사 비용을 쓰고서도 경제성과 실효성은 커녕 엄청난 폐해만 남긴 채 지난 6월 30일 폐지되었다.

지난번 경제 청문회때 핵심적 증인의 출석 거부나 김대중 대통령 가택연금 사건에 대한 재정신청 공소유지 변호사가 진상조사를 취해 국민회의 국회의원 3명, 한나라당 국회의원 1명에게 출두하라고 요청했으나 4명 모두 강하게 거부하고 일부 의원은 자신은 빼달라고 부탁까지 했다 한다.

우리의 낙후된 정치현실 속에서 특별 검사제의 정상적인 운영은 기대하기가 몹시 힘들 것 같다. 여론에 밀려 도입부터 하고 볼 것이 아니라 도입 이후의 폐해, 사회적, 국가적 비용, 우리의 정치 현실, 법 현실 등을 면밀히 검토하고 도입 여부에 신중을 기해야겠다.

최근에 검찰은 임창렬 경기도지사 부부사건에서 소환에서 구속에 이르기까지 정치적 배려나 조율 없이 신속하고 엄정한 사법 처리를 하여 검찰의 올바른 모습을 보여주었다. 검찰의 이런 엄정하고 투명한 처리 과정 하나 하나가 검찰의 신뢰를 되찾는 지름길이고, 검찰 조직의 명예와 권위를 회복하고 정치적 독립을 위해 뼈를 깎는 자성과 노력을 할 때 국민들은 비로소 달라진 검찰을 평가하고 국민의 신뢰는 더욱 두터워져 특검제 논란은 무의미해 질 것이다. (YMCA 광주지부 회보, 2000년 8월호)

(논단) 전관출신 변호사의 형사사건 수임제한 조항의 위헌성 여부

1. 글머리에

150여명의 국회의원이 찬성하여 2004. 9. 16. 발의한 변호사법 개정안 중 전관출신 변호사의 형사사건 수임 제한에 관하여 위헌이라는 일부 의견이 있어 위헌성 여부를 살펴보고자 한다.

2. 변호사법 개정안의 규정과 제안이유

가. 변호사법 개정안의 규정

변호사법 개정안 제 31조제 2항은 "판사 또는 검사가 퇴직 후 변호사로 개업하는 경우 퇴직일로부터 2년간 최종 근무한 법원(지원을 포함한다.) 또는 검찰청(지청을 포함한다)이 관할하는 형사사건을 수임할 수 없다."는 조항을 신설하였다.

나. 제안이유

판, 검사가 사직한 후 최종 근무지에서 변호사로 개업할 경우 발생할 수 있는 전관예우를 사전에 예방하고 부조리한 사건 수임의 위험을 배제하기 위하여 최종 근무시의 형사사건의 수임을 제한함으로써 법조시장의 공정한 경쟁을 도모하고 법조비리의 발생을 차단하려는 것이다.

3. 헌법재판소의 위헌결정(89 헌가 102)의 요지

가. 과거 변호사법 관계조항의 입법취지

판, 검사 등으로 근무하던 공무원이 근무지에서 변호사로 개업함으로써 생길 수 있는 정실개입의 위험을 배재하여 공무원 직무의 공정성에 대한 신뢰확보에 있다고 판시하고 있다.

나. 위헌결정의 주된 이유

(1) 입법목적 달성을 위한 필요하고도 적정한 수단이 아니다.

위 법은 일정한 조건하에 개업지를 제한하고 있기는 하나 개업이 금지된 곳에서 법률사무를 취급하는 행위 자체를 금지하고 있지는 않으므로 제한을 위해 선택된 수단이 입법목적 실현에 필요하고도 적정한 수단이라고 할 수 없다.

(2) 과잉금지 원칙의 위배

개업지의 제한 단위를 지방법원의 관할구역으로 정하여 서울의 경우 관할범위가 매우 넓어 개업지 제한의 범위가 매우 광범위하고, 서울지방법원의 관할구역이 미치는 최전방 소재의 군사법원에서 복무하던 군법무관이 서울지방법원의 관할구역 어느 곳에서도 개업할 수 없다는 점을 상정해보면 그 제한의 정도가 부당하게 과잉한 것이다.

(3) 합리적 평등원칙에 위배

변호사로 개업하는 공무원의 재직기간이 길수록 그가 법률사무를 취급하는 공무원의 업무에 친분관계로 인한 영향을 미칠 소지는 적어진다고 볼 합리적 근거는 없으므로, 재직 경력(15년 이상)의 차등에 따라 개업지 제한 규정의 적용을 배제하는 것은 합리적 이유 없는 차별로서 평등권에 위반된다.

4. 전관예우의 존재 여부와 그 폐해

가. 전관예우의 존재여부

(1) 전관예우의 증명의 현실적인 어려움

전관출신 변호사가 선임한 모든 형사사건의 내용이나 선고 결과를 파악한다는 것이 현실적으로 매우 어려운 일이고, 검찰의 결정이나 판결선고에 있어 여러 양형 자료가 참작되므로 전관예우가 얼마나 작용하였는지를 계량화하고 구체적으로 입증한다는 것은 매우 힘든 일이므로 간접적으로 그 존재 여부를 판단할 수밖에 없는 일이다.

(2) 형사사건 수임건수 상위 10위의 변호사 중 거의 전부가 최근 2, 3년 이내에 개업한 전관출신 변호사이다.

최근의 광주 지 ,고법에 대한 국정 감사시 발표된 결과에 의하면 광주, 전남 지역 180여명의 변호사 중 2003. 1.부터 2004. 6.까지 18개월 동안 수임한 형사사건 수 상위 10위(1위 224건)를 보면(법무법인 및 합동 4곳은 제외함) 6명 전원이 최근 2, 3년 이내에 개업한 판, 검사 출신 변호사이다. 위 6명의 변호사 전원이 전관예우와는 무관하게 정말 실력과 경험이 출중하여 평균 건수의 몇 배를 선임하였다고 믿을 법조인이나 국민은 거의 없을 것이다.

(3) 퇴직 판, 검사의 90%가 최종 근무지에서 개업하고 있다.

참여연대가 최근 '사법감시 21호' 를 통해 "2000-2004년 8월 퇴직한 판, 검사 573명을 대상으로 조사한 결과 대부분의 재조 법조인들이 전관예우를 의식해 최종근무지에서 변호사 개업을 하는 것으로 보인다." 고 밝혔다. 이 기간 퇴직판사 319명 중 305명(95.61%)이 개업했으며 그 중 274명(89.84%)이 최종 근무지에서 개업했고, 부장검사 퇴직자 79명 중 72명(91.44%)이 근무지 관할 구역 내에서 개업하였다.

(4) 현직 부장판사도 전관예우를 인정하고 비판의 글을 게재하였다.

서울중앙지법 P모 부장판사는 법원내부 통신망과 법률신문 (2004.10.14자 12면 법조광장란 참조)에 기고한 글에서 "형사사건 의뢰인들이 연줄과 돈으로 변호사를 선임한 뒤 무리한 영향력을 행사해 달라고 강요해 담당 검사나 판사를 난처한 처지에 빠져 고민하게 만들고 있다."고 주장했다. 이어서 "거액의 선임료를 받은 검찰 및 법원 고위직 출신의 선배 변호사가 후배 법관에게 심리적 압박을 주면서까지 관대한 형을 이끌어 내는 행태가 있다."며 "이 같은 전관예우 관행이 없어지지 않는 한 우리나라 법조인들이 존경과 신뢰를 받기는 영원히 불가능 할 것"이라고 지적했다. 22년 경력의 현직 부장판사의 글이라 더욱 설득력이 있어 보이고 법조계에 5년 이상만 종사해본 사람이라면 대부분 공감할 것이다.

(5) 많은 법조인들의 전관 변호사에 대한 사건 소개

변호사는 물론이고 현직에 있는 판사나 검사 중 상당수는 아주 가까운 주위 친구나 친척이 형사사건에 연루되어 구속을 면하거나 약한 처분을 받기 위해 변호사를 소개해 달라고 하여 전관 출신 변호사를 소개해 준 경험이 있을 것이다. 전관예우가 없는데도 그 변호사가 실력이 출중하여 그 비싼 선임료를 지불하도록 하면서 갓 개업한 전관출신 변호사를 소개해 주지는 않았을 것이며, 법조인 거의 대부분이 전관예우를 인정하고 있는 것이다.

(6) 전관출신 변호사의 과다한 수임료는 전관예우의 대가이다.

형사사건 중 무죄를 다투거나 자백하는 사건 중 극히 일부를 제외하고는 법적 쟁점이 간단하고 정상자료의 현출 이외에 변호인의 역할이 그다지 크지도 않고 변호인의 변론능력에 따른 차이는 거의 없을 것이다. 전관출신 변호사의 경우 이러한 예외적인 경우를 제외하고 자백하고 정상변론만 하는 경우도 사무장을 통하여 때로는 변호사 자신이 전관예우를 악용, 조장하여 성공보수금을 포함하여 2000만원 내지 3000만원 받는 경우도 흔하고 서울의 경우 수 억원을 받는 경우도 많다고 한다. 전관출신 변호사가 다른 변호사들보다 상품과 변론에 있어서 전관예우를 제외하고는 별다른 차별성이 없는데 고액의 수임료를 받는 이유는 오직 전관예우뿐이라고 해도 과언은 아니다. 정말로 전관예우가 없다면 전관출신 변호사는 그렇게 거액의 선임료를 받을 수도 없을 것이며 받아서도 안 된다.

나. 전관예우의 폐해

(1) 국민들의 사법불신의 제1원인이 된다.

대다수의 국민들은 전관예우에 대한 과장된 신념이 있기는 하지만 주위에서 전관예우를 자주 목격하기 때문에 자기 주변에 사건이 생기면 어쩔 수 없이 거액을 주고 전관출신 변호사를 선임하고 돈이 없어 전관출신 변호사를 선임하지 못하게 되는 경우 재판결과에 승복하지 않고 사법에 대한 강한 불신을 가지게 된다.

(2) 국민들은 거액의 선임료를 지불하여 커다란 경제적 피해를 보고 있다.

가족 중 누군가가 형사사건에 연루되면 당사자나 그 가족들은 구속을 면하거나 약한 처벌을 받기 위해 국민들 거의 모두가 전관예우가 존재한다고 믿고 있기 때문에 전관예우를 기대하고 무리하게 많은 돈을 지출하며 전관출신 변호사를 선임하여 경제적 피해를 보고 있다.

(3) 담당 검사나 판사를 고민에 빠뜨리게 하고 심리적 압박을 가하여 공정한 수사나 재판을 저해한다.

1년 내내 같이 점심을 먹거나 가족관계 같은 사이이고 또한 같은 지역의 법원, 검찰에서 오랫동안 같이 근무하여 아주 가까운 사이인데 모셨던 부장 판사, 검사나 자기가 데리고 있었던 배석판사나 검사가 개업하여 사건을 선임하고 부탁해 왔을 때 과연 모든 인적관계를 배제하고 오직 법률과 양심에 따라 판단한다는 것은 매우 어려운 일일 것이다. 위에서 본 P 부장판사도 언급하였듯이 이러한 상황에 놓이게 되는 경우 많은 판, 검사들을 고민에 빠지게 하거나 압박을 가하여 공정한 수사나 재판을 저해 할 가능성이 있는 것이다.

(4) 사건브로커를 양산하는데 일조를 한다.

지금까지 문제가 된 사건브로커의 거의 대부분이 전관출신 변호사와 거래를 하는 사람들이었다. 사건브로커는 고액의 소개비를 챙길 수 있는 전관변호사를 선호하여 개업한지 얼마 되지 않은 전관 변호사를 찾아다니며 이들에게 사건을 집중적으로 소개하므로 전관예우가 사건브로커를 양산하는데 일조를 한다.

(5) 수임질서를 무너뜨리고 동료 변호사들의 근로의욕을 저하시킨다.

성실하게 정도를 걷는 변호사는 형사사건이 한 달 평균 1, 2건도 채 되지 않는데 법을 어기고 전관예우를 받고 있는 변호사는 한 달에 15건, 20건 이상을 선임하고 있다. 또한 일반 변호사는 열심히 변론하면서도 1건에 평균적으로 300만원씩 받는데 전관출신 변호사는 전관예우 이외에는 차별화 된 변론을 제공하지 않으면서도 일반 변호사의 몇 배의 수임료를 받는데 이는 다른 변호사들의 근로의욕을 저하시키고 사건 수임질서를 문란케 한다.

5. 변호사법 개정안의 헌법 위반 여부

가. 기본권 제한에 관한 헌법규정

헌법 제 37조 제2항은 국민의 모든 자유와 권리는 국가 안정보장, 질서유지 또는 공공복리를 위하여 필요한 경우에 한하여 법률로서 제한할 수 있으며, 제한하는 경우에도 자유와 권리의 본질적인 내용을 침해할 수는 없다고 규정하고 있다.

나. 직업선택의 자유의 제한에 관한 일반 법규정

(1)퇴직공무원의 유관 사기업체에의 취업 제한

일정범위의 퇴직공무원은 퇴직일로부터 2 년간 퇴직 전 2년 이내에 담당하였던 업무와 밀접한 관련이 있는 일정규모 이상의 사기업체에는 취업을 할 수 없도록 제한(공직자 윤리법 제 17조)하고 있다.

(2)각종 직업 행사의 자유의 제한

공정거래법에 의해 백화점에서 실시하는 바겐세일의 연중 횟수와 기간 등을 제한하는 영업행위의 규제 조치, 택시의 합승행위 금지, 택시의 격일제 영업제도, 유흥업소 및 식당의 영업시간의 제한 등 직업 행사의 자유의 제한에 대한 규정은 많이 있다.

다. 직업 선택의 자유의 제한의 근거

위에서 본 바와 같이 전관예우는 분명히 존재하며, 법적 안정성을 해치고 사법 시스템 전체에 대한 불신을 초래하였으며, 수사기관에서 수사 및 처벌을 하여왔고 대한변협의 징계나 변호사들 스스로의 자정노력에 맡겨왔지만 실패하였다. 올바른 수임질서, 국민들의 변호사의 조력을 받을 권리, 국민들이 공정하고 신뢰할 수 있는 재판을 받을 권리 등의 보장 및 위에서 본 폐해의 시정을 위해서는 헌법 제 37조 제2항에 따라 질서 유지 및 공공복리를 위하여 필요한 경우에 법률로서 변호사의 직업선택의 자유에 대한 필요 최소한의 제한을 가할 수 있는 것이다.

라. 직업 선택의 자유의 제한의 한계

(1)내용상의 한계

광주 지방변호사회의 경우 2003년 전체 사건 10,067건(민사 기관사건 포함) 중 형사사건이 1,852건으로 18.4%, 2004. 1.부터 9.까지 전체사건 7,577건 중 형사사건이 1,330건으로 17.55%에 불과하고 다른 지방 변호사회도 비슷할 것으로 여겨지며, 일반적으로 변호사들이 선임한 사건의 경우 형사사건이 전체사건의 20%가 채 안 된다.

광주지역 변호사 중 송무를 하는 사람(약 110명)의 1인당 년 평균 형사사건 선임건수는 2003년 16.8건, 2004년 1월부터 9월까지 12건에 불과하다. 따라서 전관출신 변호사들은 많은 전관 출신 변호사의 개업광고에 나오듯이 그 동안의 지식과 경험을 살려 전체사건의 80% 이상을 점유하는 민사, 가사, 행정, 신청 기타 사건 등을 선임하여 열심히 실력을 발휘하면 돈도 벌고 재미도 느낄 수 있으며 변호사 생활을 하는데 아무런 지장이 없는 것이다. 따라서 과거의 변호사법과 달리 개업자체를 제한하는 것이 아니고 20%이하에 해당하는 형사사건만 최종근무지 관할 사건에 한해서 2년간 수임을 금지하는 것은 직업선택의 자유를 본질적으로 침해하는 것은 전혀 아닌 것이다.

(2) 방법상의 한계

(가) 과잉금지의 원칙

기본권의 제한을 통해서 추구하는 정당한 목적을 달성하는데 가장 적합한 방법을 선택해야 하며(적합성의 원칙), 국민의 기본권의 침해를 최소화해야 하며(최소 침해의 원칙), 국민의 기본권을 제한하는 정도와 그 제한에 의해서 얻어지는 공익을 엄격하게 비교형량해서 필요 불가피한 부득이한 경우(비례 내지 균형의 원칙)에 이루어져야 한다.

(나) 적합성의 원칙의 위배 여부

과거의 변호사법은 최종 근무지에서 개업자체를 제한하였고 따라서 민사, 형사사건 등 어떤 사건도 수임할 수 없었으나, 개정안은 최종 근무지에서 얼마든지 개업할 수 있고 단지 20%의 점유율도 되지 않은 형사사건에 한해서 2년간 수임을 제한할 뿐으로 이는 위 입법목적 달성을 위한 필요하고도 적정한 수단인 것이다.

(다) 최소 침해의 원칙 및 비례의 원칙의 위배 여부

과거의 변호사법은 서울의 경우나 군법무관의 경우 위 3.나.(2)와 같이 그 제한의 정도가 부당하게 과잉되었다. 그러나 개정안은 수임제한의 주체에서 군법무관 등을 삭제하고 판, 검사로 한정하였고, 서울지역의 경우 법원, 검찰 4개의 지원이 모두 본원으로 승격되어 수임제한의 범위가 대폭 축소되어 과거와 같이 제한의 정도가 부당하게 과잉한 것은 아니다.

(라) 차등규정 삭제

개정안은 과거와는 달리 재직 경력에 따른 차별조항을 두지 않아서 합리적 평등원칙에 위배되는 조항이 없다.

마. 소 결어

위 변호사법 개정안은 위헌의 소지가 전혀 없으며, 모든 법조비리의 출발점인 전관예우를 없애고 국민의 사법에 대한 불신을 해소하기 위해서는 이번 정기국회에서 반드시 통과되어야 한다. 이와 반대 의견이 있으면 반론을 제기하여 토론의 장을 마련했으면 좋겠다. (법률신문, 2004. 11. 8자, 법조광장)

(토론문) 사법개혁과 법조의 변화

* 필자가 2005. 2. 17. 전남대학교 법과대학 주최로 열린 '사법개혁과 지역사회의 대응' 의 심포지움에서 법원행정처 송무제도 연구법관 K부장판사가 발표한 '사법개혁과 법조의 변화' 의 주제발표에 대한 토론자로 참여하여 발표한 토론문 입니다.*

1. 발표문에 대한 개관

발제자께서 최근에 논의되고 있는 사법제도 전반에 대하여 그 논의 배경과 경과, 문제점과 과제 등에 대하여 아주 상세하고 이해하기 쉽게 잘 요약, 설명해 주신 것 같습니다. 발표 시간 및 지면상의 한계에 기인한 것이겠지만 논의의 중점이 사법개혁 위원회에서 건의하여 사법제도 개혁추진위원회에서 논의할 안건에 국한되고 국민들의 사법불신의 원인과 그에 대한 개선책으로서의 사법개혁 측면이 약간 소홀히 된 느낌이 있습니다.

2. 고등법원 상고부 설치에 관하여

가. 모든 사건에 대하여 대법원에서 재판 받을 권리가 헌법상의 권리가 아니라는 헌법재판소의 결정(헌재 1992.6.26. 90헌바 25)이 있기는 하지

만 우리 나라의 모든 사건의 재판은 3심이고 3심(최종심)은 대법원이라는 관습 헌법과 헌법 제 27조, 101조, 37조에 비추어 보면 거의 대부분의 사건을 대법원에의 상고를 제한하는 경우 이는 국민의 재판 받을 권리의 본질적인 침해라고 생각할 수는 없는지?

나. 고등법원 상고부의 재판부의 구성 기준은?
고등법원이 상고부와 항소심으로 2원화 되는 경우 항소심으로서 사실심인 고등법원의 역할이나 기능이 약화되고 소홀히 될 우려는 없는지?

다. 대법원에의 과다한 상고를 억제하여 대법관들의 부담을 줄여 대법원의 정책 결정기능을 강화하는 것은 바람직한 방향이라고 생각한다.
고등법원 재판부를 모두 대등한 경력의 현재의 고등법원 부장판사급으로 구성하여 실질적인 합의제를 도모하여 항소심으로서의 고등법원의 재판을 강화하면 고등법원 재판에 대한 신뢰와 승복률이 높아져 상고율을 낮출 수 있는 방안에 대해서는 어떻게 생각하는지?

3. 법조 일원화와 법관 임용방식에 관하여
2012년까지 5년 이상의 법률사무에 종사한 경험이 있는 사람 중 신규임용 법관의 50%를 충원하고 종국적으로는 모든 법관을 일정 경력 이상의 변호사 중에서 선발하는 법조 일원화가 완성되면 지금까지 법관 임용제도에 있어서의 문제점으로 지적되어 온 점이 많이 극복될 것 같다.
현재 형사 합의부 배석판사의 경우 판사 임관 후 1, 2년 이내의 판사가거의 대부분이고 형사단독이나 가사단독 판사의 경우도 나이가 연소하고 경험이 부족한 판사가 많이 있다. 이러한 요인으로 인해 발제자의 발표와 같이 재판절차 및 결과에 신뢰를 가지기 힘든 점이 있다. 법률문화가 다르기는 하지만 미국은 법관임명 당시 평균 법조경력이 23년 정도 된다고 한다. 완전 법조 일원화까지는 시간이 많이 남아 있으므로 단기적으로라도 국민의 일상생활에 가장 직접적이고 커다란 영향력이 있는 형사사건과 가사 사건의 경우는 직권주의적 요소가 많이 있어 법관의 재판 진행에 관한 권한과 재량이 크므로 일정한 법조경력과 인생경험을 가진 판사(예: 판사경력 10년 이상과 40세 이상)로 배치하는 것이 좋을 것 같다. 이에 대한 발제자의 생각은 어떠하신지?

4. 지역 법관제의 확대 및 정착에 관하여

가. 지역 법관제의 확대, 정착은 법관의 생활이 안정되고 그 지역의 언어, 문화, 풍습 등에 익숙하여 효율적인 재판을 할 수 있다는 장점은 있을 것 같다. 그 이외의 장점과 지역 법관제를 확대하고 정착시키려는 주된 이유는 무엇인가요?

나. 우리 나라는 동일한 언어, 동일한 문화, 좁은 영토, 1일 생활권 등으로 인하여 지역에 따른 차이가 크지 않아 지역법관이 아니더라도 재판진행에 별다른 어려움은 없을 것 같다. 또한 우리 국민들의 의식은 학연, 혈연, 지연을 매우 중시하고 연줄에 의하여 문제를 해결하려는 정실주의와 연줄문화가 강하고 청탁이 관행화 되어있다. 이런 의식과 지역 토착세력 및 유지들과 관료들의 유착을 막기 위해 고려시대부터 상피제가 중요한 제도로 정착되어 왔고 검찰에서는 2년 단위로 인사이동을 한다. 지역이동으로 인한 생활의 불편 등은 이동 주기를 4, 5년으로 늘리거나 다른 방안을 강구하면 될 것 같다. 이러한 국민 정서 등에 비추어볼 때 전관예우제도 등 여러 폐해가 발생하고 있는데 지역법관제의 부작용이 장점보다

더 크다고 보지는 않는지?

5. 국민 사법참여 제도에 관하여

여러 지역의 국민들과 사법부 구성원 전체에 대한 여론조사 결과 상당수의 국민들이 사법 참여제도의 시행을 바라고있고 국민들 스스로 제도시행에 긍정적 역할을 할 수 있는 것으로 조사되었다.

그러나 이는 사법참여 제도의 일반론에 대한 조사결과인 것으로 생각되고 배심원 선정의 어려움 및 며칠 간의 일상 생활로부터의 격리, 많은 비용 지출, 강한 연고주의적 정서 등 제도시행에 따르는 구체적 조사를 실시하여도 같은 결과가 나올지는 의문이다. 연고 주의와 집단이기주의 문화, 사법비용의 증가, 우리의 국민의식과 법률문화 등을 고려해 볼 때 아직은 여건이 성숙되어 있지 않고 시기상조인 것으로 생각하지는 않는지?

6. 사법 서비스 및 형사 사법제도에 관하여

가. 신속한 사건 처리와 당사자의 인권보장을 위해 수사 및 재판과 관련된 여러 절차와 제도의 개선을 꾀하고 있다. 이러한 여러 절차와 제도의 개선은 꼭 시행되어야 하고 바람직한 것이다. 그러나 이러한 절차나 제도의 보완도 중요하지만 당사자의 가장 기초적인 방어권 보장에 소홀하고 법률규정이 지켜지지 않고 있다.

(1) 영장 실질심사시 영장청구 범죄사실이나 피의자 신문조서의 열람, 등사가 되지 않아 피의자와 변호인은 피의자가 어떤 범죄사실로 구속이 되려고 하는지나 변호인이 피의자가 자백 또는 부인을 하는지를 알 수가 없어 가장 기초적인 부분에서 방어를 할 수가 없다.

불구속 피의자도 조사를 받으면서 피해자의 고소장이나 항고장의 열람,

등사가 되지 않아 적절한 방어를 하지 못하고 있다. 수사의 기법이나 증거인멸 방지를 위해 피해자의 진술서나 다른 증거의 열람, 등사는 제한하더라도 자신이 무슨 잘못을 하여 수사를 받고 있는지는 방어권 보장을 위한 가장 기초적이고 본질적인 부분이므로 피해자의 고소장이나 항고장의 열람, 등사는 허용하는 방향으로 나가야 할 것이다.

(2) 신속한 처리 절차의 마련이나 인신 구속제도의 개선도 중요하지만 기존의 제도나 규정도 잘 지키지 못하고 있다. 절차나 제도를 새로 마련하는 것보다 기존 규정이나 새로 마련한 제도를 철저히 시행할 수 있는 방안을 논의해 보자.

형사소송규칙 제 55조에 의하면 보석청구의 의견서가 도달한 때로부터 7일 이내에 허부를 결정하도록 되어있으나 실무상 거의 대부분 지켜지지 않아 피고인이나 변호인이 큰 고통을 당하고 있다. 공직선거 및 부정방지법 제 270조(선거사범 재판기간에 대한 강행규정)가 거의 지켜지지 않아 많은 폐해가 발생하고 있다.

나. 법조윤리의 확립에 관하여

(1) 윤리강령 및 법조윤리 확립을 위한 상설기구의 설치 등으로는 그 동안의 경험이나 사법 구성원들의 의식, 현재의 법조환경에 비추어 볼 때 그 실효성에 매우 의문이 가며 법조비리가 국민들의 사법불신의 중요한 요인 중의 하나이므로 보다 강력한 조치가 요망됨

(2) 변호인의 소정외 변론을 위한 형사사건 담당판사의 방문 및 전화의 철저한 금지

(3) 법관 및 검사, 변호사의 징계의 강화

(4) 전관 출신 변호사의 일정기간 동안 최종 퇴직 지에서의 형사사건 수

임금지, 현재 국회 계류중인 변호사법 개정안(국회 안)의 임시국회의 통과 필요성이 절실함

7. 법학전문 대학원의 설립에 관하여

법학전문 대학원의 설립 기준, 입학정원, 비용 등도 중요하고 여러 집단의 이해관계 때문에 난항이 예상되며, 발제자의 의견과 같이 교육과정이 가장 중요하다고 생각된다. 법적 지식이 거의 없는 다양한 학문을 전공한 사람들이 3년 안에 체계적이고 전문적인 법률지식 습득할 수 있을지 의문시되며 법조인의 질적 저하가 우려되고 여러 가지 부작용이 예상됨. 따라서 법학전문 대학원의 설립취지에 부합할 수 있도록 양질의 법조인 양성에 심혈을 기울이고 우리 모두 고민해야 할 과제임

(반박문) 고위공직자 비리수사처의 설치 반대 성명에 대한 반박

* 대한 변협에서 2005. 3. 경 고위공직자 비리 수사처의 설치를 반대한다는 성명을 발표하기 전에 전국 회원들의 의견을 수렴할 때 내가 광주지방변호사회를 통해 보낸 반박문이며 대한변협은 성명을 발표하지 않았다.*

고위공직자 비리수사처(이하 공수처라고 함)를 설치하는 경우 그 효용과 기능을 제대로 발휘할 지 약간의 의문은 가지만 긍정적인 면이 훨씬 많다고 생각한다. 정의롭고 투명한 사회를 이룩하기 위해서는 고위 공직자의 솔선수범이 무엇보다도 중요하고 50년 동안 검찰은 제 식구 감싸기, 출세 지향적인 정치 검찰, 청탁과 압력 등에 굴복하여 많은 문제점을 노출한 바 있으므로 공수처는 반드시 설치하여야 한다. 대한변협이 공수처의 설치를 반대한다는 내용으로 발표하려는 성명에 대하여 다음과 같이 반박한다.

첫째, 공수처가 대통령 직속기구가 된다면 대통령이 검사와 법관에 대한 수사권도 가지게 되어 사법권에 대한 간접적 통제가 가능하므로 이는 우

리 헌법상 3권분립의 원칙에 반한다는 주장에 대하여

반박: 공수처가 대통령 직속기구가 된다고 하여 대통령이 검사와 법관에 대한 수사권을 가지게 된다고 볼 수 없다. 또한 수사권 못지 않게 중요한 검찰총장 및 검사들에 대한 인사권을 대통령이 가지고 있다고 하여 대통령이 검사 등에 대한 간접적 통제를 한다고 볼 수 없다. 만약 간접적 통제를 한다면 대통령이 검찰총장 등에 대한 임명권을 갖고 있는 것도 잘못된 것이 된다.

백보를 양보하여 대통령이 사법권에 대한 간접적 통제가 가능하다 하더라도 행정권의 수반인 대통령이 3권 분립의 기본원칙인 견제와 균형의 원리상 간접적 통제를 하는 것은 오히려 바람직한 것이다.

둘째, 공수처는 대통령 직속기구이므로 공수처의 수사결과에 대하여 대통령이 최종적인 책임을 지는 결과가 되어 국정의 최고 책임자인 대통령의 책임과 위상에 부합하지 않는다는 주장에 대하여

반박: 대통령은 국정의 전반에 대하여 책임을 져야하므로 공수처의 수사결과를 포함하여 국정의 여러 가지 문제에 대하여 책임을 져야하는 것이다. 따라서 공수처의 수사결과 즉 최고위 공직자의 비리에 대하여는 더더욱 책임을 져야하고 책임을 진다고 하여 대통령의 위상과 책임에 부합하지 않는다고 전혀 볼 수 없는 것이다. 대통령 직속기구가 여럿 있는데 대통령이 다른 여러 직속 기구상의 문제에 대하여 책임을 지는 것이 대통령의 위상과 책임에 부합하지 않는다고 볼 수 는 없는 것인 바, 유독 공수처의 수사결과에 대한 책임만이 대통령의 위상과 책임에 부합하지 않는다는 것은 논리의 모순이며 반대를 위한 억지논리이다.

셋째, 공수처가 정치적 중대사건을 수사할 경우 그 수사결과는 항상 야당으로부터 공정성을 의심받게 되므로 불공정한 수사기관으로 전락할 위험이 있다는 주장에 대하여

반박: 지금까지 정치적 중대사건에 대한 수사는 여당이든 야당이든 자신들에게 불리하다고 판단되는 경우 항상 공정성을 의심 하여왔다. 정치집단은 심지어는 최근에 2004년 총선에 대한 선거재판 결과 여당의원들이 당선 무효형을 많이 선고받게 되자 재판부의 공정성 마저 심하게 의심하는 집단이다. 따라서 정치적 중대사건에 대한 수사는 검찰에서 하던 공수처에서 하던 정치집단은 자신의 이해관계에 따라서 항상 공정성을 의심하게 마련이다.

넷째, 공수처가 대통령의 측근과 친인척 비리사건을 수사할 경우 검찰보다 나은 공정성을 기대하기 어렵고 오히려 수사결과에 대해 국민의 불신을 가중, 확대시킬 우려가 있다는 주장에 대하여

반박: 공수처가 대통령 직속기구라는 이유 하나로 대통령의 측근과 친인척 비리 사건을 수사할 경우 검찰보다 나은 공정성을 기대하기 어렵다는 것은 지나친 편견이고, 검사 등 고위 공직자의 비리를 공수처가 수사하는 것보다 검찰이 수사하는 경우 훨씬 공정성을 의심받을 가능성이 많다.

다섯째, 공수처 자체의 비리에 대한 수사가 필요할 경우, 특별검사 등 또 다른 수사기구가 필요하게 될 것인바 결국 수사불신에 대한 새로운 제도는 또 다른 제도를 필요로 하게 되는 악순환을 초래하는 결과가 된다는 주장에 대하여

반박: 공수처 자체의 비리에 대한 수사가 필요할 경우 검찰에서 수사를

하면 되는 것이며 또 다른 수사기구가 필요하게 되지는 않을 것이고, 미리 수사불신이라는 예단과 편견으로 수사불신으로 인하여 또 다른 제도를 필요로 하는 악순환을 초래한다는 것은 억지 논리인 것으로 보인다.

따라서 고위 공직자 비리 수사처의 설치가 위헌적인 요소가 전혀 없는 것이며, 많은 국민들은 고위 공직자 비리 수사처의 설치를 강력하게 요청하고 있으므로 이번에 임시 국회에서 반드시 통과되어야 한다.

2005. 3. 31

법조인의 준법의식

법조인의 주된 업무는 법적 분쟁이 생겼을 때 법률전문가로서 누가 법과 약속을 어겼는가를 조사하고 판단하여 법과 약속을 어긴 자에게는 그에 상응한 책임을 묻고 피해를 당한 사람에게는 그 피해를 구제하여 법치사회를 구현하고 사회정의를 실현하는데 일조하는 일일 것이다.

법조인도 인간인 이상 법을 완전하게 지킬 수는 없겠지만 누구보다도 법을 생활화하고 법과 규칙을 준수하는데 앞장서야 할 책무가 있는 것이며, 그러함으로써 법의 권위도 서고 법조인에 대한 일반 국민의 신뢰도 회복될 수 있을 것이다. 그러나 법조인의 생활을 보면 사생활에서의 준법 여부는 알기도 힘들 뿐 아니라 논외로 하고 직업상 지켜야 할 기본적인 법과 규칙을 지키지 않는 경우가 너무도 많다. 플래카드나 형광, 네온사인이 들어있는 간판은 설치할 수 없음에도 불구하고 혼자만 돋보이겠다는 의도인지 형광간판을 달고 플래카드를 설치하는 경우도 많이 있다.

또한 변호사 간판에 법률사무소 명칭 외에 주요취급 분야만 쓸 수 있고 다른 명칭은 사용할 수 없음에도 불구하고 변호사 간판 이외에 「○○○○ 연구소」, 「변호사 ○○○ 경매집행 상담소」등의 간판을 부착한다. 불

특정 다수인에게 소책자나 팜플렛 등을 배포해서는 안 되는데도 사무실을 홍보하는 전단을 공공장소에 놔두기도 하고, 공증인가 합동법률사무소나 법무법인의 경우 구성원 중 결원이 생기면 3개월 이내에 보충해야 함에도 수개월이 지나도 보충하지 않은 사무소가 많이 있는 등 위법사례가 너무나 많다.

'의정부 법조비리 사건' 이후 대법원에서 전국의 변호사들에게 판사실 출입금지, 전화 청탁금지의 공문이 발송되어 시행되고 있다. 대부분의 변호사들은 이를 지키고 있지만 몇몇 변호사가 형사사건의 담당 판사실에 출입하고 상당수의 변호사가 전화를 하여 소정외 변론을 한다고 한다.

변호사들은 가까운 친척이나 친구 기타 절박한 사정에 놓인 경우 담당 판사에게 전화를 안 할 수가 없었다고 이야기하곤 한다. 하지만 전관예우를 방지하고 올바른 변론질서를 확립하여 당사자들의 오해를 불식시키고 국민의 신뢰를 회복하기 위한 시책이며, 그 시책이 합리적이고 수긍할 만한 것이라면 이를 지키는 것이 법조인의 도리가 아닐까 생각해 본다.

얼마 전 장관, 총장을 지낸 변호사들이 고액의 선임료를 받고 변호인으로 선임되어 변호사회도 경유하지 않고 변호사 선임계도 내지 않은 채 전화 변론을 하여 물의를 일으킨 적이 있다. 변호인으로 선임되었으면 협회를 경유하여 변호사 선임계를 제출하는 것은 탈세문제는 차치하고라도 변호사법의 규정일 뿐 아니라 지극히 당연한 것이며 고위직을 지낸 변호사로서는 더욱더 그러할 것이다. '이용호 사건' 이나 C사 주식 분쟁사건에서도 거론된 바 있지만 조직폭력배나 각종 사업가들은 법조인 특히 판사, 검사 등에게 접근하여 친분관계를 유지하려 하고 필요할 때 이를 이용하려 하는 만큼 미리 그런 가능성을 차단하기 위해 법관이나 검사들은 그들과의 접촉을 삼가는 것이 공인으로서의 도리가 아닐까 한다.

변호사들의 준법의식의 마비는 사건 브로커 고용, 사건 소개비 지급 등에서 여실히 드러난다. 변호사법에도 규정되어 있고 많은 변호사들이 징계 및 형사처벌을 받았으나 변호사의 양심과 권위를 완전히 짓밟아버리는 소개비 지급이 근절되지 않는 것은 오직 돈 욕심 때문일 것이다. 많은 변호사들이 사무실 유지가 어려우므로 어쩔 수 없다고 항변하지만 그 이유만으로 절대로 정당시 될 수 없다. 박봉에 시달리는 공무원이 생활이 어려워 어쩔 수 없이 뇌물을 받았다고 해서 그를 용납할 수는 없는 것이다. 사무실 유지와 무관한 현직에서 갓 개업한 전관출신 변호사의 경우 전관예우를 조장 및 악용하여 고액의 선임료를 받고 소개비를 지급하는 것은 더욱 이해하기가 힘들다.

법을 가까이 하고 법을 직업으로 택한 이상 법과 규칙, 양심을 지키려는 부단한 노력을 하여 보자. 욕심 때문에 법조인으로서의 직업윤리를 지키지 못한다면 한때 유행했던 '지구를 떠나거라' 와 같이 '법조계를 떠나거라' 고 외치고 싶다. (대한변협신문 2001. 12. 17. 자 2000자 칼럼)

법조인의 모범이 될 C변호사에게

사랑스런 C변호사!

15년 전 사법연수원 동기로 첫 인연을 맺은 뒤 한참 후배이지만 동향인데다 자네의 해군 법무관 근무지 및 판사 초임지 등이 나의 변호사 첫 개업지인 인천이어서 더욱 가깝게 지냈었지.

또한 자네와 나의 처가 약사인데다 두 아이들 나이까지 같아 가족끼리도 가깝게 되었고, 자네의 고민이나 가정사, 변호사 개업여부 등을 상의할 정도로 허물없이 지낸 사이가 되었지. 자네는 결혼 후 오랫동안 보증금 1,500 만원의 비좁은 방 2칸짜리 연립주택에서 처, 두 자녀 등 네 식구가 어렵게 살았었지. 아버지는 돌아가시고 시골에서 농사짓는 어머니를 대신해 두 동생의 학비까지 보조하였고, 골프, 마작은 근처에도 가지 않고 일년에 몇 차례 공식모임 등에서나 술을 마시고, 외부인과의 접촉은 거의 하지 않는 등 너무도 청렴하고 모범적인 생활을 해왔었지.

S대 법대 4학년 때 우수한 성적으로 사법시험을 합격할 정도로 영특한 머리에 항상 책을 가까이 하고 연구하며, 체구는 작지만 폭탄주의 폐해를 역설하면서 폭탄주를 쓰레기통에 부어버리는 용기와 소신, 형사 담당 판

사를 할 때도 원칙만 고집하고 융통성이 없다는 말을 들을 정도로 오직 법과 양심에 따라 소신 있는 재판을 하였던 정말 모범적인 자네야말로 장래 대법관이 되어야 한다고 생각했었다네.

그런데 3년 전 가정형편 때문에 변호사 개업을 해야겠다고 나에게 상의했을 때는 너무도 충격적이었지. 자네 같은 판사가 대법관이 되어야 한다는 강한 생각과 재야 법조계의 형편도 좋지 않은데다, 강직하고 여린 성격의 자네가 직원 관리나 당사자 처리 등 단독 사무실 운영이 쉽지 않을 것 같아 변호사 개업을 말렸지만 변호사 개업 의사가 너무나 확고하여 개업에 대한 제반문제에 대해 조언을 해 주었지.

자랑스런 C변호사!

자네는 개업 때나 3년여의 변호사 활동을 하면서도 모범을 보였다네. 예외적인 경우도 있겠지만 대부분 현직에서 갓 개업한 변호사의 경우 널찍한 사무실에 최고급 승용차와 운전기사, 그 지역에서 능력 있는(?) 형사 사무장을 채용하고 1년 여 정도는 거의 대부분 형사사건 위주로 선임하는 것이 일반적인 모습이었지. 자네는 최근에 사무실을 법원 앞으로 옮겼지만 개업비용을 최대한 절약해야 된다면서 횡단보도를 2번이나 건너야 하고, M지원에서 한참 걸어가야 하는 한적하고 임대료가 싼 건물에, 판사 시절부터 타던 소나타 승용차를 직접 운전하며 형사 사무장은 아예 채용치도 않고 지방대 법대를 나온 2년 경력의 신출내기 사무장, 남자보조원, 여직원 등 3명으로 출발하였었지.

개업 이후 전관예우를 기대하며 어려운 형사사건을 선임하려는 의뢰인의 경우는 선임을 거절하면서 형사사건을 많이 처리하는 동료변호사에게 소개해 주고, 형사사건도 저렴하게 선임하여 전체사건의 20%도 채 되지 않을 정도였다지. 사건 소개비는 있을 수 없는 일이라며 민사사건 위주로 성실하게 변론을 하다보니 민사 사건이 많이 늘어 지금같이 어려운 상황 속에서도 사건 수가 제법 되었지. 변호사 생활을 한지 만 3년이 되었건만 전혀 불편함이 없다면서 예전의 승용차와 조그마한 아파트에 살면서 현재의 생활에 만족해하며 지금도 너무나 모범적인 생활을 하고 있는 모습을 보고 대견함을 느꼈네.

C변호사!

그러나 앉으면 눕고 싶고 누우면 자고 싶은 것처럼 사람이 편해지고 싶어하는 것은 인간의 본능이 아닐까 싶네. 점점 여유가 생기고 재야 법조계가 어려워지면 초심을 유지하기가 쉽지 않을지도 모르지만 끝까지 초심을 유지하여 정도를 걷는 법조인이 될 것을 믿어 의심치 않네. 한가지 더 바램이 있다면 3년 정도 변호사 생활을 했으므로 어느 정도 시간적, 경제적 여유가 생겼을 터이니 좋다고 생각되는 시민 단체에 가입하여 봉사활동과 혼탁한 세상을 개혁하는데 일조를 하는 게 법조인으로서의 사명이 아닐까 생각해 보네. (대한변협신문 2002. 2. 11.자 칼럼)

변호사여, 부끄러워하자

1. 글머리에

이제 개업한지 3년 가량 된 변호사로서 그 동안의 변호사 생활을 하면서 느낀 바를 적어 보고자 한다. 혹자는 이제 3년 된 풋나기 변호사가 변호사의 실상을 얼마나 아느냐고 질책할지도 모르지만 3년, 10년, 20년 경력의 변호사는 각기 그 시점에서 나름대로의 시각이 있다고 볼 것이다. 내가 이 글을 쓰게 된 것은 3년간 엄청난 부조리와 혼돈 상태를 목격하거나 들은 바 있고, 나 또한 몇 개월 동안 위 부조리에 휩싸였던 것에 대해 몹시도 부끄러워하며 올바른 변호사 생활을 정립하도록 참회하면서 서투른 문장력으로 서술해 본다.

2. 변호사로서의 출발

직장생활을 하다가 뒤늦게 합격하여 늦은 나이에 사법연수원을 수료하면서 실무경험이 없는 데다 짧은 법률지식으로 어떻게 복잡다단한 사건을 해결할 것이며 많은 개업비용을 마련할까 하는 상당한 두려움과 어려움이 앞섰다. 그러나 유학 가는 고교 선배 변호사의 사무실을 인수하느라 적은 비용으로 개업할 수 있었고, 상담 및 소송수행을 하다보니 가끔 난관에 부딪치기도 하지만 깊은 법률지식을 필요로 하는 사건이 거의 없을 뿐 아니라 모르는 점이 있더라도 단시간 내에 해결해야 하는 것이 아니고 2, 3주의 시간이 있기에 연구하면서 해결하니 별로 어려움은 없었다. 그러나 정작 고민과 회의에 빠진 것은 변호사 사무실의 경영형태와 문란한 사건 수임질서, 어떤 방향으로 사무실을 경영해야 할 것인가 등에 있었다.

3. 변호사의 윤리와 책무

가. 변호사라 함은 당사자의 이익을 대변하고 법원 · 검찰과 함께 사회질서를 유지하고 이해 당사자간의 분쟁 해결에 일익을 담당하는 공공성을 지닌 법률전문 직업인이라고 할 것이다. 따라서 변호사는 이에 걸맞는 직업 윤리를 가져야 할 것이며, 이러한 역할 때문에 일반 국민들은 변호사를 우대해 줄 뿐 아니라 다른 직종보다 더 높은 도덕성을 기대하게 되고 이러한 윤리성을 상실하게 될 때 훨씬 심한 비난을 하게 되는데 이는 당연한 일이다. 최근에 일부 변호사 사무실에서 이러한 윤리의식은 마비된 채 사건 수임에 급급하여 장사꾼으로 전락한 모습을 볼 때 통탄을 금할 길이 없다.

나. 1990. 6. 1. 전국에서는 최초로 이러한 부패되어 가는 변호사 윤리를 확립하기 위해 인천 지방변호사회 소속 전 변호사들의 총의로 몇 가지 업무준칙을 마련하고 자체 정화작업을 실시하였다.

위 준칙의 주요골자는 ① 사무원의 수사관서 및 병원 등에의 파견 금지, ② 여하한 명목으로든지 사건 소개비 지급 금지, ③ 조건부 사건 수임 금지, ④ 영장 사건의 경우 선임계 첨부 등이었다. 이는 당연히 지켜야 할 사항이고 지킬 수 있는 사항이다. 그러나 대부분의 변호사들은 위 준칙을 지켰으나 일부의 지키지 않은 회원(특히 현직에서 갓 개업한 몇 명의 변호사) 때문에 그곳으로 사건이 몰린 데다가 몇몇 변호사의 비협조와 비양심적인 행동 때문에 위 부조리가 시정되지 않을 것 같다며 모임 때면 회원들이 우리만 지키면서 희생을 하느냐며 회의적인 반응을 보였으나 나를 비롯한 몇몇 회원의 강경한 태도로 1991. 2.까지는 그런 대로 지켜졌으나, 지금은 위 준칙이 거의 사문화 되어 있고 위 정화작업 이전으로 돌아가 극에 달한 상태이다.

다. 많은 시간 법을 공부하였고 누가 법과 약속을 어겼는가를 주장 · 입증하여 사실관계를 파악하고 진실을 규명하는 게 주업무인 변호사가 스스로 만든 준칙을 어기고 약속을 지키지 않으면서 이러한 업무에 종사할 수 있는지 심히 부끄러운 일이다.

라. 나도 1990. 4. 업무를 시작하면서 사무장의 지인으로부터 사건 의뢰를 받아 수임을 한 후 사무장으로부터 소개비 지급을 요청 받은 후 너무나도 혼란스러움에 빠졌다. 그것도 인간사회에서의 기본적인 의례에 속하는 정도의 사례금이라면 이해할 수 있겠지만 상당 부분을 차지하는 거금을 말이다. 갈피를 잡지 못하고 혼돈스러운 상태에서 중견 변호사님 두 분에게 상의를 드렸더니 "그게 양심에 어긋나고 크게 잘못된 것이다. 그러나 풍토가 그렇고 사무실을 유지하려면 어쩔 수 없다"고 말씀하셨다. 몹시도 혼란스럽고 고민스러운 상태에서 소개비를 지급하면서 2개월 가량 몇 건을 수임하였는데 5월 중순경 정화작업 준비작업 등이 있어 몹시도 환영하면서 그 작업에 열심히 동참하였다. 그 무렵 소개비를 지급하지 않으면서 변호사 업무를 하니 그렇게 떳떳하고 홀가분할 수가 없었다. 나

도 몇 개월 동안 몇 건의 사건에 대해 마지못해 소개비를 지급하였던 점에 대해서는 지금도 몹시 부끄러워하며 앞으로는 폐업하는 그 날까지 소개비 지급은 물론이거니와 양심에 어긋난 변호사 생활을 하지 않을 것을 굳게 다짐해 본다.

4. 변호사들의 부끄러운 행태

가. 과다한 사무원의 수

변호사가 법률사무소를 경영하면서 자가 운전자를 제외하고는 운전기사, 여직원, 사무장, 사무보조원 등 직원이 필요하겠지만 기사, 여직원을 제외한 직원으론 2명 정도면 충분할 것이며 굳이 민사, 형사 사무장을 분리해서 두고 싶다면 사무장 2명 정도면 충분할 것이다. 몇몇 사무실의 경우 형사 사무장이 3, 4명인 경우도 있고, 민사 사무장이 외근하는 손해배상 전담 사무장 등 2, 3명인 사무실도 있으며, 사무장이 3인 이상인 경우가 많은 것 같다. 사무장이란 상담 및 변호사의 소송수행을 보조하는 역할을 하는 것이므로 2인이면 충분 할텐데 3인 이상 두는 이유가 무엇이겠는가. 사건 유치를 위한 것임은 뻔한 것이다.

나. 직원의 수사관서 및 병원에의 출입

사무장이 2인 이하인 경우 사무실에서의 상담, 변호사 업무보조 등으로도 시간이 부족하여 위 기관 등에 출입할 여유도 없겠지만 사무장이 3인 이상인 경우 또는 형사 사무장을 별도로 두는 경우 경찰서 등에 사무장을 파견하여 소개비를 지급하고 사건을 유치하기도 하고 밀착된 형사들이 당사자 가족들을 직접 차에 태우고 사무실로 내방하기도 한다. 그리하여 어떤 형사들은 어느 변호사는 내가 먹여 살린다고 공공연히 이야기하고 다니고, 변호사들 사이에도 A 변호사는 B 경찰서, C 변호사는 D 경찰서와 거래하면서 그 경찰서 사건을 거의 독점한다는 풍문도 들리곤 한다. 또한 손해배상 사건을 전문으로 하는 사무장의 경우 병원에 출입하면서 사건을 끌어오는 경우가 상당히 많다. 내가 아는 개업한 지 얼마 안 되는 서울 모 변호사는 사무실이 서울에 있고 인천에 별 연고가 없는데도 인천법원에 매달 손해배상 원고 사건이 7, 8건 접수되기도 하는데 본인도 시인하고 담당 판사도 사석에서 놀란 적이 있었다. 일반인들은 교통사고나 산업재해를 당해서 급히 병원에 실려온 환자나 치료가 거의 종결된 환자 주변에 브로커를 풀어 배상금 협상을 독점하는 변호사를 '앰불런스 변호사' 라고 한다는 것이다.

다. 과다한 수임료

변호사들에게 '황금알을 낳는 거위', '해결사', '허가받은 도둑놈' 등 불명예스런 별명이 붙어 있는데 이는 돈벌이에 혈안이 된 변호사들이 상당수 존재하기 때문인 것이다(『말』 1991. 6월호). 특히 법복을 갓 벗은 '전관 변호사' 들이 고액의 수임료를 받고 '안 되는 사건' 을 되게 만드는 현실이 존재하기 때문이다. 1990년 10월 부동산 투기 혐의로 구속됐던 서울시내 유명 병원장 모녀의 변호인으로 선임된, 개업한지 얼마 안된 변호사가 1억 또는 2억원의 수임료를 받았다는 소문이라든가, 히로뽕 투약 혐의로 구속됐던 서울 강남지역 유명백화점 회장의 아들의 변호인으로 선임된 변호사가 1억원의 수임료를 받았다는 소문이 있다. 사건 해결능력이 있고 지명도가 높은 변호사가 부동산 투기, 기타 불로소득으로 거액을 챙긴 당사자들로부터 사건을 잘 해결해 주고 고액의 수임료를 받는 것이 무슨 문제가 되느냐고 반문하거나 동조하는 사람이 많다. 하지만 부동산

누기나 기타 부당한 방법으로 거액의 불로소득을 챙긴 사건 당사사들의 행위가 나쁜 것은 물론이지만, 이들을 변호한 대가를 지나치게 초과한 선임료를 받는 것 또한 불로소득이요 불공정 거래행위이며 그들과 다를 바 없으며, 국민들이 변호사의 문턱을 높게 여기는 이유 중의 하나가 아닌가 싶다. 경우를 달리하여, 위와 같이 거액의 수임료를 받은 변호사가 사는 집의 증·개축을 위하여 어느 유명한 건축업자에게 공사를 의뢰하였는데 위 건축업자가 다른 사람에게는 1,000만원이면 되는데 이 사람은 돈을 많이 버는 변호사이고 나는 유명한 건축업자라는 생각으로 5,000만원을 청구하였다면 정당시 될 수 있는가. 누구나 다 그 건축업자를 비난할 것이다. 많은 변호사들이 지난 1983년 대한변호사협회에 의해 마련된 '변호사 보수 기준에 관한 규칙' 이 오래 전에 제정되어 현실과는 동떨어진 것이라고 이야기한다. 분명 민사 단독 관할사건의 경우는 조금 적은 것이 사실이지만, 민사 합의 사건의 경우 소송물 가액의 10%면 충분할 것이며 더욱이 형사사건의 경우 착수금 500만원, 성공보수금 500만원, 도합 1건 1,000만원이면 너무도 충분하지 않은가. 어느 유명한(?) 변호사가 다른 변호사들이 해결하기 어려운 형사사건을 해결한 경우 그 변호사가 그 사건을 해결하기 위해 투자한 시간, 비용, 노력을 감안하더라도 1건, 1,000만원이면 충분하고도 남음이 있지 않은가. 수임료를 높이는 또 하나의 요인은 사건 브로커들의 중개료이다. 특히 형사사건은 대부분 변호사를 황급히 선임해야 해서 경황이 없기 때문에 이때 사건을 특정 변호사에게 맡기고 그 변호사로부터 소개비를 받아내는 브로커들이 접근한다. 그이들은 주로 경찰서 형사나 검찰청 직원, 교도소 직원 같은 사람들이다(『샘이 깊은 물』, 1991년 12월호, 94쪽). 위 브로커들과 거래하는 변호사의 경우 위 브로커들에게 지급 될 소개료를 감안하기 때문에 수임료가 30% 가량 높아지는 것이다.

라. 소개비의 지급

변호사의 비리 가운데 가장 심각하고 변호사 사회를 오염시키고 많은 변호사들에게 회의와 갈등에 빠지게 하는 것이 사건 당사자와 변호사의 중간에서 사건 의뢰를 알선해 준 사람에게 소개비를 지급하는 것이다. 전국 어느 지방 변호사회나 공통된 현상이며 단지 소개비의 비율이 20 내지 30%로 상이할 뿐이다. 1990. 6. 인천 변호사회에서 정화작업을 시행하면서도 가장 중점을 둔 점이 위 소개비 지급 금지였다. 정말 이해하기 힘든 사실은 현직에서 갓 개업한 변호사들은 지명도와 전관예우에 따른 사건 해결능력 등으로 그렇게 많은 사무장을 고용하지 않고, 소개비를 지급하지 않아도 상당한 사건을 수임하게 될텐데 얼마나 많은 돈을 벌겠다고, 매스컴에 보도되는 대로 1년에 평생 먹고 살 것을 벌기 위해서인지 그렇게 많은 사무장을 고용하고 소개비를 지급하고 극성을 부리는가. 나는 2~3개월에 한번씩 변호사회의 사건 경유 통계표를 보게 된다. 몇몇 변호사의 경우 한 달에 형사사건 수임건수가 30 내지 50건에 이른다. 언제인가 모 변호사의 경우 형사사건이 45건 가량 되며 민사사건이 1건이었다. 형사사건을 매월 30 내지 50건을 처리하는 변호사의 경우 오직 그 변호사의 사건 해결능력과 지명도에 의해서만 그렇게 많은 사건을 수임한다고 보겠는가. 그 이유는 명약관화한 것이다. 어느 판사의 말을 빌리면 모 변호사의 경우 하루 저녁에 영장사건 수임이 4건이 되었는데 기준에 따라 결정을 하다보니 모두 발부되었다고 한다. 그 변호사의 사건 해결 능력 때문에 우연의 일치로 그날따라 사건이 몰려 영장청구 된 형사사건이 4건이 수임된 경우였을 수도 있으나, 보통 변호사의 경우 1개월에 한 두건

영장사건을 수임하는 세 상례라고 하는데 하루에 영장사건 4건을 수임하는 것이 꼭 그 변호사의 능력과 우연이라고만 볼 수 있을까. 변호사들의 기타 부끄러운 행태를 여러 곳에서 목격할 수 있지만 지면관계상 생략하기로 한다.

5. 변호사에 대한 제언

가. 사무실 인원의 대폭 축소

사무원을 수사관서, 병원 등에 파견시키지 않고 소개비를 지급하지 않으며 건전하게 사무실을 운영하려 한다면 여직원, 기사를 제외한 사무원은 2명으로 족하지 않겠는가. 굳이 업무가 많아 직원이 더 필요하다면 1명 정도 보조원을 더 충원하면 될 것이다. 또한 직원이 많은 경우 그들에 대한 임금 및 비용의 과다 지출로 인해 더 사건 수임에 급급해 하지 않겠는가. 사무원 수를 줄이고 사무실 규모를 축소하면 한 달에 10여 건으로도 사무실 운영에 전혀 지장이 없고 수익도 있게 된다. 사무원을 많이 고용하고 있는 변호사들은 하루빨리 사무실 규모를 축소하고 사무원을 수사관서, 병원 등에 파견시키지 말고 변호사의 위상을 정립하자.

나. 70%의 변호사에서 탈피하자

30%의 소개비를 지급하고 사건 수임의 많은 부분을 사무장 및 외부인들에게 의존하고 있는 70%짜리 변호사들은 지금까지 그렇게 사무실을 운영하여 상당한 경제적 여유를 가졌을 터이니 소개비 지급을 중지하고 하루빨리 30%의 빈 공간을 법률가적 양심 및 인간적 양심으로 가득 채워 온전한 변호사가 되도록 노력하자.

다. 무료 법률상담 및 무료변론의 활성화

위와 같은 이유로 인한 과다한 수임료, 수임질서의 문란, 법률상담 활동의 부진 등으로 법적 도움을 필요로 하는 사람들이 변호사의 문턱을 높게 여기는 경우가 많다. 한 달에 몇 건을 수임하였는지, 얼마를 벌었는지에 골몰하지 말고 이 달에 사무실 외에서의 무료 법률상담은 몇 건을 하였는지, 무료 변론 및 딱한 민사사건의 당사자들에게 실비만 받고 소송 수행을 몇 건하였는지 등에 관심을 갖고 변호사는 나쁜 이웃이 아니라 유익한 이웃이라는 말을 들을 수 있도록 무료 법률상담, 무료 및 실비 변론을 활성화하도록 노력하자. (인천법조 1993년 창간호, 시론)

모든 형사사건의 公選化를 제안하며

1. 문제의 제기

최근의 각종 언론 매체들은 연일 법조비리를 보도하고 있다. 법조비리의 주요한 내용으로는 브로커를 통한 사건유치 및 소개비 지급, 과다수임료, 전관예우, 불성실 변론 및 불친절인 것 같다.

형사사건을 담당한 판사들에 의하면 형사사건의 경우 무죄를 다투거나 복잡한 쟁점이 있어 변호인의 많은 노력과 시간을 필요로 하는 사건은 전체 사건의 10%미만이라고 한다. 90%의 사건은 피고인이 범행사실을 자백하여 변호인이 정상 변론을 하는데 그치고 영장 실질심사, 구속 적부심, 보석절차 등에 관여하는 것으로서 변호사의 능력이나 노력에 따른 차이는 거의 없다고 본다. 변호인의 조력을 받을 권리는 국민의 매우 중요한 권리로서 무시될 수 없는 권리이다.

그러나 형사사건의 사선 변호인을 선임하는데 많은 비리와 피해가 나타나고 이로 인하여 의뢰인에게 많은 경제적 부담(한국소비자 보호원의 98. 10. 조사 보고서에 따르면 형사사건의 건당 평균 수임가격이 507만원이라고 한다)을 주고 사법부의 불신을 가져온다면 사선 변호인제도를 폐지하고 국선변호인의 확대, 변호인 소개제도 등의 도입 등 모든 형사사건의 공선화가 바람직하다고 생각해 본다. 일본의 경우 국선 변호 및 당직변호사를 통한 변호인 선임이 전체사건의 70%를 점하고 있다고 한다.

2. 형사사건의 변호사 선임과정과 실태

난생 처음 구속이 된 피의자와 그 가족들은 엄청난 충격을 받게 되고 많은 피해를 입게되어 지푸라기라도 잡는 심정으로 브로커나 경찰서, 법원, 검찰, 교도소 등 법조 유관기관의 직원들의 유혹이나 권유에 쉽게 빠지게 된다. 그 과정에서 사건해결, 청탁명목으로 돈을 착복하는 브로커가 생기고 또한 그들이 거래하는 변호사들에게 사건을 소개하고 소개비를 지급받게 된다.

위 사건 소개인들은 의뢰인이 자신이 소개하는 변호사에게 선임을 결정하도록 해야하고 또한 선임료를 많이 받는 변호사에게 소개해야만 자신들에게 돌아오는 소개비가 많아지므로 기를 쓰고 사무장과 합세하여 「전관예우」를 부각 또는 조장시키고 때로는 변호사도 이에 가세하게 된다. 해당 변호사는 조장된 「전관예우」를 악용하고 사건 소개인들에게 소개비를 지급(20~30%)해야 하기 때문에 거액의 선임료를 받게 된다. 어느 지방의 경우 11월 한달 동안 100여명의 변호사가 선임한 형사사건의 수가 모두 277건인데 그 중 최근 2~3개월 이내에 법원에서 갓 개업한 변호사 2명이 각 30건, 35건 등 모두 65건을 선임하였다고 한다. 물론 전관출신이 아닌 변호사의 경우도 브로커를 고용하여 사건을 유치하고 소개비를 지급하고 과다수임료를 받는 경우도 많이 있다. 사건 브로커, 소개비 지급, 과다 수임료, 전관예우 등은 서로 맞물려 있고 밀접한 관련이 있다.

3. 국선변호 제도의 활성화

가. 국선변호 제도의 확대

수사단계에 있는 피의자에게도 국선변호인을 선정해 주어 변호인의 조언, 상담을 받게 해 주면 피의자의 방어권도 보장되고 피의자와 그 가족들도 상당히 안정을 찾게 되고 위와 같은 선임과정에서의 비리도 거의 없어질 것이다. 또한 현행 형소법에 규정된 필요적 국선 선정 사유가 없더라도 피의자 및 피고인의 청구가 있는 경우는 국선변호인을 선정해 주어 변호인의 조력을 받게 해야 한다.

나. 국선 변호료의 현실화

위와 같은 국선 변호의 대 전제는 국선변호인이 현재의 사선변호인 못지 않게 성실하고 열심히 변론 활동을 하는 것이다. 그러나 현재와 같은 10만원의 국선 변호료로는 성실한 변론을 기대하기가 쉽지 않을 것이므로 국선 변호료를 30~40만원 정도로 대폭 증액하고, 또한 무죄를 다투거나 사안이 방대하고 법률적인 쟁점이 복잡한 사건의 경우는 변호인이 기울인 시간, 노력 등을 감안하여 일정액을 증액해 주면 충분히 보상이 될 것이다. 예산상의 문제가 따른다면 국선변호인의 조력을 받는 당사자들에게 일정 부분을 납부하게 하면 될 것이다.

4. 변호인 소개제도의 도입

국선 변호인으로는 불충분하여 굳이 사선변호인을 선임하고 싶어하는 당사자에게나, 위 3항의 제도 실시가 어렵다면 현재 서울 지방변호사회에서 실시하고 있는 변호인 소개제도를 약간 변형하여 국선 변호인단 중 3, 4명의 변호사를 의뢰인에게 소개해 주어 그 중 한 명의 변호사를 선택케 하며 수임료는 현재 당직 변호인제도의 상한선인 100만원 이하 정도를 하면 될 것이다.

5. 문제점

가. 국선변호인의 충당

국선변호료로 30~40만원만을 지급하고 모든 사건을 국선화 하는 경우 이를 충당할 수 있는 만큼의 변호인의 신청이 있겠는가가 문제가 될 수도 있다. 노령이거나 경제적 여유가 있고 위 정도의 비용으로는 사선변호인 만큼 열심히 변론할 수 없다고 생각하는 변호사도 상당수 있겠지만 앞으로의 변호사 사무실의 경영사정으로 볼 때 지원하는 변호사는 넘칠 것으로 생각된다.

나. 수사기관의 애로

검찰 및 경찰에서는 수사 단계에 국선변호인이 관여하면 수사가 지연되고 피의자 등이 부인하는 경향이 늘어날 것이라고 우려할 수도 있으나 초기 단계에서는 그러한 부작용이 있을 수도 있지만 이 제도가 어느 정도 정착되면 거의 개선될 것으로 본다. 설사 개선되지 않더라도 대의를 위해 절차 지연 정도는 감수해야 할 것이다.

6. 실시효과

가. 브로커의 소멸

법조주변에서 활약하고 있는 각종 브로커들, 변호사 사무실의 형사사무장이 없어지고 한 두건만 잘 소개하면 한달 월급을 상회하는 소개료를 받기 때문에 사건 소개에 신경을 곤두세우고 본업에는 소홀히 하는 법조유관기관의 일부 직원들이 본업에 충실하는 효과를 가져올 것이다.

나. 형사사건으로 인한 모든 부작용 해소

사건 브로커, 소개비 지급, 과다수임료, 전관예우, 무전유죄 유전무죄라는 부작용도 해소되고 법원, 검찰, 변호사 등에 대한 국민의 신뢰도 높아지고 변호사들도 훨씬 도덕성을 확보하여 떳떳한 변호사가 될 수 있을 것이다.

다. 판 · 검사의 이직 방지

지금까지와 같은 형사사건의 독점 및 편중현상이 없어진다면 판 · 검사의 개업이 지금보다는 훨씬 줄어들 것이고 그 간접 효과로서 법관 부족현상이 해소되고 경험과 지식이 축적된 중견 법관과 검사들을 활용할 수 있게 되고 외국과 같은 종신법관 제도가 정착될 수 있을 것이다. 그 전제로는 법관의 보수 현실화가 선행되어야 할 것이다.

라. 변호사들의 전문화와 서비스의 개선

지금까지와 같이 브로커를 통하거나 소개비를 지급하고 사건을 유치하여 손쉽게 사무실을 운영하였던 변호사는 도태되고, 복잡 다양하고 변호사의 능력과 노력에 따라 차이가 있는 민사사건의 경쟁에서 살아남기 위해서는 변호사들이 많은 공부를 해야 하고 전문분야를 특화하는 방향으로 나아갈 것이며 의뢰인에 대한 서비스도 한층 좋아질 것이다. 또한 국민들도 적은 비용으로 충분한 변론효과를 얻을 수 있어서 경제적 부담을 크게 줄일 수 있을 것이다. (법률신문 1998. 12. 17.자 법조광장)

변호사들의 사건수임 거절

변호사를 개업한지 얼마 되지 않았을 때 사석에서 모 부장판사가 종중 사건, 부자 · 형제간 등 가족 간의 사건은 될 수 있는 한 수임하지 않는 것이 좋다고 말한 적이 있다. 이는 사무실 경영에 어려움이 없던 호시절의 얘기이고 사무실 유지에 급급한 요즈음은 사건을 선별하여 가려 맡을 상황이 전혀 못된다. 그러나 지금도 변호사들이 형사 고소사건의 대리와 변호사가 당사자인 사건의 상대방으로부터 사건수임을 의뢰 받을 때는 많은 변호사들이 수임을 거절한다.

형사고소 사건의 수임을 거절하는 변호사들의 주된 논거는 변호사의 본연의 임무는 피고인을 변론하여 유리한 처벌을 받도록 하는 것인데 피고소인을 처벌하여 달라는 것은 변호사 본연의 임무에 반하고, 고소사실 등이 허위인 경우 무고죄에 말려들 우려가 있고, 피고소인이 전과가 많거나 폭력배인 경우 항의나 보복 등이 염려된다는 것 등이다. 의뢰하는 고소사건의 대부분은 일반 형사사건보다는 사기, 횡령, 배임 등 재산죄에 관한 것이 압도적으로 많다. 민사 승소판결이나 집행이 가능하지만 피고소인을 처벌하려는 응보적인 감정에서 비롯된 것도 있으나 대부분은 피고소인과 너무나 믿는 사이였고 또한 법에 무지해서 관련 내용을 문서화하지 못하여 입증자료가 부족해 민사소송에서도 승소가능성이 낮고 승소는 가능하더라도 자력이 없어 집행가능성이 없을 때 형사사건화 하는 경우가 상당수 있다.

검찰이나 일부 재판부에서는 민사사건의 증거자료로 사용하기 위해 형사고소를 하는 경우 탐탁스럽지 않게 여기는 경우도 있다. 하지만 순진하고 법을 몰라 피해를 입은 당사자가 피해구제를 받기 위해 다른 증거가 없어 어쩔 수 없이 법적 제도를 이용하는 것은 지극히 당연한 것이 아닌가 싶다.

얼마 전 동업사기 사건의 고소인이 대리인 선임을 의뢰하였는데 고소인도 문제가 있고 입증도 쉽지 않을 것 같아 고민 끝에 선임을 거절하자 고소인이 몹시 실망하며 사무실 문을 나갈 때 마음 한구석이 몹시 무거워짐을 느꼈다. 피고인을 변론하여 피고인의 방어권을 보장하는 것도 중요하지만 순박하고 법을 잘 몰라 법을 교묘히 악용하고 법과 약속을 어긴 가해자로부터 피해를 당하고 있는 고소인을 대리해 주장, 입증을 하여 피고소인을 그에 상응한 책임과 처벌을 받게 하는 것도 정의실현을 위한 변호사의 중요한 의무가 아닐까 생각해 본다.

2년 전 목포지역에서 모 변호사가 의뢰인을 상대로 성공보수금 청구사건을 제기하여 그 의뢰인이 목포, 광주지역의 여러 변호사에게 변론의뢰를 하였으나 상대방이 변호사라는 이유로 모두 수임을 거절하여 지역 일간지에 '변호사 구함' 이라는 광고를 낸 적이 있다. 또한 수 년 전 광주의 모 변호사가 피해자인 형사사건의 피고인에 대해 광주지역 변호사들이 위 피고인의 변호인 선임을 모두 거절하여 1, 2심 모두 서울, 인천지역의 변호사가 변론을 하였던 적이 있다. 이는 변호사들의 집단 이기주의의 발로이고 국민의 변호사 선임권에 대한 중대한 침해이자 변호사들의 직무유기이다.

최근에 모 변호사가 의뢰인들을 상대로 여러 건의 성공보수금 청구의 민사소송을 제기하여 진행하고 있는데 상대방들이 대리인 선임에 아주 어려움을 겪고 있고 여러 경로를 통하여 필자가 2건을 선임하여 진행하고 있다. 또 어떤 변호사가 어떤 사업가를 상대로 민사소송을 제기하였는데 그 사업가가 잘 알고 지내는 변호사가 여러 명 있는데 모두 수임을 거절하여 어떤 변호사가 나를 소개하여 내가 그 소송을 진행하고 있는데 상대방 당사자인 그 변호사는 나를 보면 인상을 찌푸린다. 그 변호사가 피고 대리인으로 선임되어 어떤 소송을 진행하고 있을 때 상대방인 원고 당사자가 그 변호사에게 '왜 그 못된 피고의 대리인으로 선임되어 변론을 진행하느냐' 고 항의한다면 그 변호사는 어떻게 대답할지 궁금하다.

변호사가 당사자인 사건에서 그에 상응한 공격, 방어를 하려면 그 상대방도 반드시 변호사를 선임하여야 할 것인데 상대방 당사자가 변호사라는 이유로 변호사들이 수임을 거절한다면 그 상대방은 먼 지역에서 변호사를 구하게 되어 소송 진행에도 여러 가지 어려움이 따르고 변론도 소홀히 될 우려가 있다. 변호사들은 마음을 넓게 열고 국민들의 변호인의 조력을 받을 권리를 보장하여 정의실현에 일조를 하여야겠다. (대한변협 신문 2001. 7. 23.자 칼럼)

변호사와 수임료

변호사 수임료는 소송물 가액, 소송의 난이도, 의뢰인 및 소개인과 변호사의 관계, 변호사의 가치관 등 여러 가지 사정을 종합하여 정해진다고 본다.

하급심 및 대법원의 판결들도 변호사의 성공보수금에 관하여 「계약은 지켜져야 한다」는 법리에 따라 약정 금액의 거의 전부를 인정하는 경우와 소가가 15억원인 부동산 소유권이전등기 말소 청구사건의 승소시 20%인 3억원은 과다하여 신의칙에 위배되므로 2천만원만 지급하라는 판결까지 다양하다.

경락인이 세입자들을 상대로 한 건물 명도소송에서 1심에서 가집행 선고가 붙지 않은 명도판결을 받아 항소심 2회 기일 진행 뒤 1심 위임 후 17개월이나 지났지만 언제 명도 받을지도 모른데다 IMF 상황에서 이자가 너무나 늘어나 많은 돈을 포기하고 의뢰인이 합의를 하여 명도 받은 사건이 있었다.

변호사는 위 사건에서 경락대금의 10%인 8,150만원을 성공보수금으로 약정하였고 1, 2심 착수금으로 800만원을 받았으며 명도사건의 1심 판결

선고 전 사례금 명목으로 1,000만원을 미리 수령하였다. 그 사건을 변론한 변호사가 의뢰인을 상대로 한 성공 보수금 청구사건에서 대법원에서 확정된 금액은 4,700만원으로서 의뢰인은 위 소송의 변호사 비용으로 모두 6,500만원을 지급하게 되었고 위 성공보수금의 약정이자가 연 12%로 되어 2년여의 이자를 가산하면 상당한 액수가 된다.

또한 종중이 등기 명의자를 상대로 한 2필지(798평 + 2481평) 이전등기 청구소송의 등기 명의자 측의 변호사는 1심에서 착수금으로 500만원을 받은 뒤 제1회 변론기일 후에 종중이 위 798평을 취하하자 승소로 본다며 위 798평의 22%를 평당 시가 27만원으로 환산한 4,740만원을 성공보수금으로 수령하였다.

또한 위 취하부분에 대하여 종중이 손해배상 청구소송을 제기하여 2회 쌍불취하 간주되자 착수금 400만원 성공보수금으로 400만원을 수령하고, 나머지 2,481평에 대하여 대법원까지 재판 진행하여 등기명의자가 승소하자 성공보수금으로 위 토지의 22%인 545평을 요구하여 의뢰인이 이미 6,040만원을 지급하였으므로 성공보수금을 감액해 줄 것을 요구하였다.

변호사가 의뢰인을 상대로 약정금 청구소송을 하여 1심에서 10%, 2심에서 12%로 증액되어 대법원에서 확정된 것으로서 의뢰인은 이미 6040만원을 지급하였음에도 앞으로 12%인 297평 또는 8000만원을(평당 27만원으로 환산하면 8,000만원 가량 됨)을 더 지급해야 된다.

판결에서도 인정되었듯이 종중은 입증을 위해 4명의 증인을 신문하였으나 등기 명의자 측은 증인 한 명 신청치 않고 방어적인 입장에 있었고 사안의 쟁점이 그다지 복잡하지 아니하는 관계로 소송의 난이도가 높다고 보기 어렵다고 판시하고 있다.

위 사건에서 의뢰인은 변호사에게 변호사 비용으로 모두 1억 4,000만원을 지급하게 되고 변호사가 공유자로 되어 또다시 분쟁의 소지가 있게 된다. 위 두 사례의 경우 이렇게 많은 돈을 요구한 변호사도 문제지만 이렇게 많은 성공보수금을 인정해 준 재판결과도 납득하기 힘들다. 또한 얼마 전 이용호 사건의 경우 장관 출신의 변호사와 수사검사와 친구인 변호사가 선임료로 각 1억원을 받았다가 협회 미경유 및 선임계 미제출을 이유로 징계를 받았고, 전관예우를 받는 변호사들이 형사사건의 경우 일반 변호사들의 2, 3배 때로는 수천만원의 수임료를 받고 있다. 그들이 일반 변호사에 비해 차별화 된 고급의 서비스나 변론을 제공하지도 않는데 전관예우의 악용, 조장, 수혜의 대가로 어찌하여 선임료를 그렇게 많이 받는지 이해할 수 없는 일이다.

위와 같은 사례들을 보고 국민들이 변호사를 '허가받은 도둑놈' 이라고 할 때 이것이 잘못되고 억울한 평가일까. 일부 변호사는 의뢰인이 약정하였으면 당연히 지켜야 하고 돈 많은 당사자에게는 많이 받을 수만 있으면 많이 받아야 한다고 말한다. 변호사가 열심히 변론하여 좋은 결과를 얻었으나 얼마 되지 않은 사례금을 한푼도 주지 않으려는 나쁜 의뢰인도 있다. 그러나 위에서 본 사례의 경우도 성공보수금을 지불하여야 하고 위 약정이 공정하고 사회상규에 맞는 약정일까. 또한 대한민국의 어느 사업자가 동일한 재화와 용역을 공급하면서 단골이나 어려운 사람에게 금액을 감액해 주는 경우는 있으나 공급 받는 자의 재력여하에 따라 대금을 달리하는 경우가 변호사말고 무슨 업종이 있을지 반문하고 싶다. (대한변협신문 2002. 6. 17.자 빈생한 변호사의 2000자 길림)

변호사의 현주소

몇 년 전까지만 해도 변호사마다 차이는 있지만 평균적인 변호사상은 운전기사 포함하여 직원 4~5명, 고급승용차, 개업한지 몇 년 안되어 넓은 평수의 아파트 구입(서울 제외), 주위 사람들의 괜찮은 대우에 사무실 유지를 걱정하는 사람은 거의 없었다.

변호사는 3가지를 기다리는 직업, 즉 사건을 기다리고 법정에서 순서를 기다리고 판결을 기다리는 3W(Waiting)맨이라고 한다. 위 3 가지를 기다리고 간혹 판 · 검사 만나 소정외 변론을 하는 등 스트레스는 엄청나고 혹자는 변호사를 타인의 스트레스 해결 청부업자라고도 한다. 과거에는 장거리 법원의 재판이나 현장검증시 운전기사를 대동하니 운전이나 주차에 신경쓰지 않아도 됐고, 이따금 절친한 친구들 만나면 술 한잔 멋있게 살 수 있었고, 친 · 인척 경조사시 적정한 금액을 찬조할 수 있어 좋았고 저축도 할 수 있으니 더욱 좋았다. 젊은 변호사들이 운전기사를 쓰고 술좌석에서 양주를 자주 먹고 개업시부터 고급 승용차를 구입하는 등 과거에는 변호사들에게 거품과 낭비가 많았던 것은 분명한 사실이다. 그러나 지금은 운전기사를 쓰는 젊은 변호사가 거의 없고 소비 규모도 많이 줄었고 직원도 2~3명으로 줄이는 등 거품이 거의 빠진 상태이다.

IMF가 터지고 변호사 수는 기하급수적으로 늘어나고 이순호, 이종기 사건으로 인하여 변호사에 대한 의뢰인들의 불신은 극에 달하여 사건 수임 수는 현저히 감소하고 수임되는 사건도 그 보수의 저가화, 분납화, 수임료의 연체 · 미지급 현상이 만연되고 당사자의 진정 등도 늘어나고 있다.

변호사 사무실의 손익분기점이라는 월 평균 5건 이하인 변호사가 광주 지역에도 30%가량 되고, 사무실 유지가 어려워 휴업 및 지방 소도시로 이전한 변호사가 전국에서 98년에만 83명이란다. 거기다 무슨 세금은 그렇게 많은지. 부가세야 이론상은 의뢰인에게 부담케 해야 하나 어디 그게 쉬운 일인가, 사건의 절반 이상은 변호사가 부담하고 있다.

또한 92년부터는 수임금액의 다과에 관계없이 변호사의 소득표준율을 52.8%(자가 사무소는 58%)로 적용하는데도 경제부 기자들마저 내용도 모르면서 변호사의 소득 표준율을 올려야 한다고 아우성이다. 변리사 39.3%, 공인회계사 및 세무사 44%, 외과의사 21.8%, 내과의사 21.1%, 치과의사 33.1%, 성형외과의사 52.0%인데 변호사에 대하여만 가장 높은 소득표준율을 적용하는가. 한 달에 15건 내지 20건 이상 선임하는 변호사는 기초비용이야 비슷하니까 53%의 소득을 올리는 지는 모르겠으나 6~7건 하는 변호사가 100원 매출에 어떻게 53원의 소득이 있겠는가. 소득표준율을 내리든지 매출액의 다과에 따라 소득표준율을 차등적용 하든지 해야 할 것이다.

지금은 사무실 유지가 쉽지 않지만 나는 변호사를 10여년 하였고 맞벌이까지 했었으니 살아가는데 여유가 있다. 하지만 개업한지 몇 년 됐으나 생활비도 못 가져다주는 후배 변호사들을 보면 너무도 안타깝고, 외부 여건은 갈수록 악화만 되어가고 호전될 가능성은 없어 보이니 마음이 허전해져만 간다. 그러나 변호사로서 해야 할 일은 너무나 많은 것 같다. 이런 때일수록 의식의 대전환을 가져와 새로운 위상을 정립해보자. (광주 지방변호사회보 1999. 10.자 변호사 수첩)

복대리 단상

변호사가 당사자로부터 수임한 민사사건의 변론을 대리인인 그 변호사가 부득이한 사정으로 법정에 출석할 수 없어 다른 변호사가 대신하여 변론을 하는 것을 복대리라고 한다. 복대리가 행해지는 유형으로는 ① 당해 변호사 사무소 소재지의 사건을 개인적으로 불가피한 사정이 있어 주변 변호사에게 부탁하는 경우, ② 다른 지역 법원에 진행중인 사건에서 절차미비로 증인신문이 이루어지지 않거나 간단한 재판진행이 예상되어 다른 지역 변호사에게 부탁한 경우, ③ 아주 먼 지역 법원의 사건을 수임하여 애초부터 출석할 의사가 없거나 어쩌다 1, 2회 출석하고 소송진행의 거의 전부를 그 지역 변호사에게 진행케 하는 경우 등이 있다.

변호사도 공사간에 불가피한 일이 있는 때가 있으므로 ①의 경우는 얼마든지 있을 수 있으나, 전날 술을 많이 마셨다거나 극히 개인적인 이유로 복대리를 하는 것은 될 수 있는 한 피해야 할 것이다. 복대리인의 경우 진행사항만 간단히 전달받는 경우가 많아 사건 내용을 잘 모르기 때문에 재판부의 서명에 담변을 못하는 경우가 거의 대부분이어서 재판지연의 한 이유가 된다. ②와 같은 경우도 시간, 비용의 절약을 위해서 있을 수 있는 일이나 가능한 한 그 횟수를 줄여야 한다. 그러나 ③의 경우는 위임계약의 본질에도 반하고 법적으로도 문제가 있다. 의뢰인이 변호사를 선임하려고 할 때는 그 변호사와의 관계, 변호사의 능력, 성실성, 태도, 수임료 등 제반 사정을 비교 검토하여 그 변호사를 신뢰할 수 있는 경우에 변호사와 위임계약을 체결한다. 더군다나 사건이 계류중인 지역의 변호사를 놔두고 원거리 지역의 변호사를 선임하는 경우는 그 변호사와의 신뢰관계가 한층 더 돈독한 경우일 것이다.

의뢰인이 원거리 지역의 변호사를 선임할 때 그 변호사가 재판에 한번도 출석하지 않거나 어쩌다 1, 2회 출석하겠다고 설명했다면 의뢰인이 그 변호사와 위임계약을 체결했을 리도 없고 계약 체결 후 그러한 사실을 알았을 경우 승낙할 리가 없을 것이다.

인천에서 변호사 활동을 할 때 지방의 동기 변호사가 복대리를 부탁하여 1, 2심, 파기 환송심까지 20여 회의 재판을 진행하였고 심지어는 준비서면도 두 차례 제출한 적이 있다. 얼마 전에는 서울의 선배 변호사의 부탁으로 증인 신문 등 13회의 변론을 진행하였는바, 위 두 명의 변호사는 재판 끝날 때까지 한번도 출석하지 않았으며 물론 복대리 비용도 한푼도 받지 않았다.

민법 제 120조에 의하면 위임계약에 의한 대리인은 본인의 승낙이 있거나, 부득이한 사유가 있는 때에만 복대리인을 선임할 수 있도록 되어 있다. 위 두 사례에서 의뢰인들이 신뢰하고 선임한 변호사가 법정에 한번도 출석하지 않고 다른 변호사가 출석하게 될 사실을 알았다면 승낙을 할 리도 없고, 민법 교과서에 의하면 부득이한 사유란 예컨대 본인의 소재불명 등으로 본인의 승낙을 얻을 수 없거나 또는 사임할 수 없는 사정이 있는 것을 의미하는 것으로 해석하고 있는바 그 변호사에게 부득이한 사정이 있었다고도 볼 수 없으므로 그 복대리인이 진행한 변론의 법적 효력도 문제가 될 수 있는 것이다.

이러한 일이 생기는 것은 전적으로 변호사들의 과욕에 기인한 것이다. 복대리를 부탁할 때 자신이 고문 변호사이거나 당사자와 특별한 관계여서 어쩔 수 없다고 변명하나 당사자에게 사정 설명을 하고 사건이 계속 중인 지역의 성실한 변호사를 소개해 준다고 하면 대부분의 당사자는 수긍을 한다.

나도 10여년 동안 다른 지역 변호사들에게 여러 건의 사건을 소개하였고, 다른 지역 변호사들로부터 수십 건을 소개받았다. 대부분의 변호사는 ①, ②의 경우에 복대리를 부탁해 본 경험이 있을 것이며 충분히 이해가 되지만, ③과 같은 경우는 간혹 약간의 복대리 비용을 주는 경우가 있으나 복대리인의 시간 소비도 너무나 많고 의뢰인에게 저래도 될까, 사람의 욕심이 한이 없구나 라는 생각이 든다. 변호사의 욕심 때문에 의뢰인의 신뢰 배반, 재판부와 복대리인에 대한 미안함, 사건 지연, 변론의 소홀, 변론의 효력문제 등 많은 부작용을 낳게 되므로 심각히 생각해 보아야 할 것이다. (대한변협신문 2001. 5. 14. 칼럼)

올바른 변호사는 시민이 만든다

'송사(訟事) 좋아하는 사람과는 가까이 하지 말라' 는 옛말이 있다. 우리나라 사람들은 '좋은 게 좋은 것' 이라는 생각에 되도록 법의 심판을 빌리지 않고 사회의 통념이나 가치관에 따라 분쟁의 시비를 가리려고 한다. 사람사이에서 일어나는 일이라 방법을 찾으려고 하면 얼마든지 해결의 실마리를 찾을 수 있기 때문에 '법 따지기 좋아하는 사람' 은 '피곤한 이웃' 이라고 믿기 때문이다.

그러나 요즘과 같은 복잡한 현대사회에서는 이 같은 우리들의 통념이 더 이상 통하지 않는다. 하루가 멀다하게 민 · 형사 사건이 일어나는가 하면 가까운 가족들이나 친구들이 소송에 휘말려 법정에 서야 하는 일이 생기게 된 것이다. 평생 '법정하고는 상관없다' 고 생각했던 보통 사람들이 자의반 타의반으로 법의 심판 앞에 서게 될 때, 열 명 중 아홉 명은 어떻게 대처해야 하는지 당황하게 된다.

'전관' 에 너무 집착 말아야

이때 가장 먼저 떠올리게 되는 사람이 변호사이다. 요즘에는 법원 근처에 가면 변호사 사무실 간판이 즐비하지만 막상 어떤 사무실에 가서 자신의 문제에 가장 정확한 도움을 줄 수 있는 변호사를 만나 상담을 해야 할지 막막하기만 하다. 주머니 사정이 두툼한 사람이야 얼마든지 '유능하다'고 평판이 난 변호사에게 의뢰할 수 있지만 그렇지 못한 서민들에겐 비싼 수임료 때문에 여간 고민스럽지가 않다. 이처럼 변호사를 의뢰하는 일이 막막한 이유는 제대로 된 변호사 소개 책자가 없어 변호사에 대한 정보가 부족한 데다 수임료도 천차만별이기 때문이다. 종종 매스컴에서 변호사들의 사건 선임과정에서의 비리, 과다수임료 등의 문제가 오르내리고 있어 이러한 고민은 좀체로 줄어들지 않는 실정이다.

이러한 문제가 일어난 1차적 책임은 돈을 다른 어떤 가치보다 최우선시하는 일부 자질이 부족한 변호사와 이들과 연관되어 있는 사건 브로커에게 있지만 그러한 변호사를 선임한 의뢰인도 예외일 수 없다. 변호사의 양심에 호소하여 이러한 풍토를 시정하는 것은 쉽지 않은 일인만큼 이제는 시민들이 올바른 변호사를 선임하는 분위기를 확산시켜야 한다.

변호사를 선임할 때는 먼저 현직에서 물러나 갓 개업한 변호사에게 지나치게 집착하지 말아야 한다. 많은 의뢰인들은 전관예우를 기대하고 또한 브로커들의 권유에 의해 거액의 선임료를 주고 현직에서 갓 개업한 변호사를 선임하게 된다. 인간사회니까 전관예우가 없다고 할 수는 없겠지만 밖에서 기대하는 만큼의 엄청난 전관예우는 없는 것으로 안다.

이들이 형사사건을 많이 선임하는 이유는 사건을 소개하는 브로커들이 그들에게 사건을 소개해 주면 거액의 선임료를 받기 때문에 자신들에게 되돌아오는 소개비가 늘어나고 전관예우를 강조해야 의뢰인들이 선임을 하기 때문이다. 또한 브로커들이 전관예우를 선전, 조장하고 때에 따라서는 해당 변호사가 전관예우를 악용, 조장하기 때문이기도 하다. 한 달에

20~30건의 사건을 처리하는 변호사는 시간, 정력 등이 분산돼 소홀해지는 것은 당연한 것 아니겠는가. 적은 선임료를 받고 열심히 사건을 잘 처리해주는 변호사도 수없이 많다.

두 번째는 경찰서 형사, 법원, 검찰청, 교도소 직원 등 법조 유관기관 직원들이 동정심을 유발하거나 친절을 가장해서 의뢰인들에게 변호사를 소개해 주는 경우가 많이 있다. 예외적인 경우도 있겠지만 대부분은 그들이 사건 당사자들을 위해서가 아니라 사건을 소개해준 대가로 20~30%의 소개비를 받기 위해서인 경우가 많다.

또한 교통사고나 산재사고로 병원에 입원해 있는 환자들에게 변호사 사무장이나 사건 브로커들이 온갖 달콤한 조건을 제시하며 변호사 선임을 권유한다. 그러나 성실하고 실력 있고 자부심 강한 변호사가 사무직원을 병원이나 수사기관에 파견하거나 소개비를 지급하고 사건을 선임하는 경우는 거의 없다고 해도 과언이 아니다. 그런 방법으로 사건을 선임하는 변호사는 실력이나 양심이 형편없는 변호사임에 틀림없다. 똑같은 농산물이라도 농민과 소비자가 직거래하는 경우보다 여러 유통단계를 거치면 가격이 훨씬 높아지는 것과 같은 이치로 중간 소개인을 거치면 선임료가 높아지는 것은 당연하다.

꼭 2~3곳 둘러본 뒤 결정을

세 번째는 법적 도움이 필요한 경우 어느 특정한 사무실만 찾아간 뒤 선임여부를 결정할 것이 아니라 2~3곳 정도를 찾아가 변호사를 직접 만나보고 변호사의 능력이나 성실성 등을 판단하여 결정하라는 것이다. 밖에서 생각하는 것보다 변호사 사무실의 문턱은 높지 않다. 몇 십만원의 양복 한 벌을 사기 위해서도 여러 메이커의 옷을 입어 보는데 하물며 많은 돈을 주고 변호사를 선임하면서 한 곳에 가서 덜컥 선임한 뒤 나중에 후회하지 말고 방문한 변호사 사무실이 신뢰가 가지 않커든 2, 3군데를 둘러보고 선임여부를 결정하라는 것이다.

또한 형사사건의 경우 대부분의 의뢰인들은 변호사에게 '꼭 석방될 수 있느냐'는 확실한 답변을 요구하는데 이는 잘못된 태도이다. 피고인의 전과 및 성향, 범행경위 및 내용, 자백 및 합의여부, 법정태도, 처벌관행, 담당 재판부의 성향 등 최종형을 결정하는 변수들이 많기 때문에 담당판사 이외에 그 어느 누구도 확실한 결론을 내릴 수 없다.

마지막으로 변호사와 위임계약을 맺을 때는 확실하게 해야하고 이 계약은 최종 판결여부와 상관없이 지켜야 한다. 민사사건의 경우 사건의 다양성, 소송가격, 사건의 난이도, 변호사의 능력과 전문성, 변호사와 의뢰인의 관계 등에 따라 천차만별이기 때문에 선임료를 일률적으로 말할 수 없다. 그러나 형사 사건의 경우 무죄를 다투거나 사안이 복잡하여 법률적인 쟁점이 있는 사건은 소수에 불과하고 80~90%의 사건은 사안이 간단해 범행을 자백하고 정상 변론만이 필요한 경우로써 변호사에 따른 차이는 거의 없다고 본다. 국선변호인이 선정되어 있는 경우, 최근에는 열심히 변론하는 국선변호인도 수없이 많으므로 굳이 사선변호인을 선임할 필요는 없다.

따라서 위임계약을 맺을 때에는 계약내용, 특히 사례금과 같은 내용은 계약당시 확실하게 해둬야 민약 승소했을 경우 문제의 소지를 없앨 수 있다. 또한 일단 약정을 했으면, 약속한 금액은 가능한한 지불해야 하며, 패소하거나 석방되지 않았더라도 착수금의 반환을 청구해서는 안 된다.

다른 분야와 마찬가지로 변호사 사회에도 브로커들에게 소개비를 주면서 사건을 선임하거나 과다수임료를 받고 변론을 불성실하게 하는 변호사도 있다. 그러나 변호사 수임료도 비싸지 않고 성실하게 변론하는 양심적인 변호사도 많이 있다. 훌륭한 변호사를 만나고 싶은 것은 모든 의뢰인들의 희망이지만 이러한 변호사를 찾아내는 일 또한 의뢰인들이 해야 할 몫이기도 하다. (광주일보 예향 2000. 1. 법조만평)

죄인을 국민의 세금으로 변호해 주다니

한 살인사건의 피고인에 대한 재판을 마치고 나오는 순간이었다.

"그 흉악한 살인범을 어찌 변호할 수 있단 말입니까. 그 놈은 사형을 당해야 해요. 변호사는 사면서 합의도 하지 않고 한번도 찾아오지도 않는 나쁜놈이요."

지난 해 광주 한 초등학교 정문에서 어느 정신 이상자가 하교하는 초등학생 한 명을 살해한 사건의 첫 재판 때의 일이었다. 필자가 국선 변호인으로 선정되어 첫 재판을 마치고 나오는데 그 피해자의 아버지가 몹시 흥분하고 있었다. 그 유족의 심정은 이해가 됐지만 오해는 풀어줘야 할 것 같았다.

"국선변호인 정말 열심히 한다"

"나는 그 사람이 선임한 사선 변호인이 아니고 국가에서 선정해 준 국선 변호인입니다. 또 아무리 흉악한 범죄자라 할지라도 형의 확정 판결까지는 변호를 받을 권리가 있습니다."

흉악하거나 파렴치한 범죄를 저지른 사람을 변호하다보면 가끔 겪게 되는 일이다. 일부에서는 억울한 사람이면 몰라도 죄를 짓고 구속된 피고인에게 어떻게 국민의 세금으로 국선 변호인을 선정해 줄 수가 있느냐고 의문을 제기하는 사람도 있다.

사람들은 변호사의 역할을 잘못 알고 있는 경우가 있어 대부분 '변호사를 샀다' 고 말한다. 변호사는 매물이 아니기 때문에 '샀다' 는 말 자체가 성립될 수 없는 것이다. 선임했다고 해야 한다. 더구나 국가에서 변호사를 지정하는 국선변호인은 '선정한다' 는 표현을 써야 한다.

위와 같이 국선변호인 제도는 그 범죄의 성격상 변호사들이 변호를 꺼리거나 돈이 없어 변호인을 선임할 능력이 없을 때 아주 유용하지만 많은 사람들이 잘 모르고 있다. 또 무성의할 것이라는 생각도 이 제도가 활성화되지 않는 요인이 되고 있으나 그렇지 않다는 것을 강조해 두고 싶다.

헌법에 누구든지 체포, 구금을 당할 때는 즉시 변호인의 조력을 받을 권리를 가진다고 규정되어 있다. 변호인은 법률 지식이나 소송 절차면에서 검사와 대등한 위치에서 방어를 할 수 없는 당사자의 방어력을 보충해 주는 보조자다. 변호인 중에서도 국선변호인은 개인이 선임하는 사선 변호인에 대응하는 개념으로 국가에 의해서 선정된 변호인을 말한다. 피고인이 미성년자, 70세 이상인 자, 농아자, 심신 장애자, 빈곤 기타의 사유로 변호인을 선임할 수 없는 자, 구속 적부심의 경우 사선 변호인이 없을 때 등 방어능력이 약하거나 중죄인 경우 형사소송법은 반드시 국선변호인을 선정하게 하고 있다.

얼마 전까지는 돈이 없어 변호인을 선임하지 못한 경우 일정한 요건을 갖춘 빈곤자에게만 국선변호인을 선정하도록 돼 있었으나 요즘은 달라졌다. 무죄를 다투거나 사안이 복잡할 경우, 또는 피고인이 국선변호인의 선정을 원하면 재판부에서 거의 예외 없이 국선변호인을 선정해 준다.

국선 변호인의 선정절차는 재판부별로 국선변호를 자원한 변호사가 배정돼 있는데 재판부에서 국선 변호가 필요한 사건의 경우 임의로 변호인을 지정한다. 재판부는 이를 변호인에게 통보해 주며 피고인 및 그 가족들이 국선변호를 신청하는 경우 별다른 소명자료 없이 법원에 비치된 국선변호인 신칭시류를 기재해 제출하기만 하면 된다.

일본선 형사사건 70%가 국선변호

최근에 구속된 피의자에게도 국선변호인을 선정해 피의자 신문시 참여케 하자거나, 국회의원 22명이 발의한 바 있는 '모든 형사 피고인에게 국선변호인을 선정케 하자' 는 논의는 아주 바람직스러운 현상이다. 일본에서는 국선변호인이 전 형사사건의 70%이상을 맡고 있다. 모든 사건을 국선변호화 한다면 전관예우, 사건브로커, 소개비 지급이나 과다수임료 문제, 그리고 '유전무죄 무전유죄' 니 하는 부정적인 측면도 일거에 해소될 수 있을 것이다. 필자가 얼마 전에 법률신문에 이 같은 내용을 제기해 상당수 변호사로부터 큰 호응을 받은 적도 있다.

여기서 잠시 언론 등에서조차 혼동하고 있는 피고, 피고인, 피의자 등 용어를 정리하고 넘어가자. 피의자는 수사기관에 의해 범죄를 지었을 것이라는 혐의를 받고 수사의 대상인 사람을 말한다. 피고인은 수사의 결과 국가기관에 의해 형사소추를 당한 자를 말한다. 피고는 민사소송에서 원고에 대응하는 개념으로 민사소송을 제기 당한 자를 말한다.

사실 1980년대까지만 해도 대부분의 국선변호인들은 형식적이었다. 피고인을 만나보지도 않고 기록도 제대로 살펴보지 않았다. 법정에서 피고인 신문시 신문사항도 작성하지 않고 형식적으로 임했었다. 그러나 지금은 완전히 달라졌다. 1990년대 젊은 변호사들이 많이 배출되면서 피고인 접견을 하고 기록을 복사하며 거의 예외 없이 피고인 신문사항을 작성하고 변론 요지서를 제출하는 등 국선변호를 매우 열심히 한다. 국선변호인이 선정되어 있다면 굳이 사선 변호인을 선임하지 않아도 된다.

국선변호인 제도의 활성화는 보다 많은 당사자들에게 법률서비스를 제공받게 할 수 있다. 국선변호를 충실하게 하고 활성화하기 위해서는 현재 10만원 수준의 변호료를 30~40만원으로 인상해 현실화 할 필요가 있을 것이다. (광주일보 예향, 2000년 2월호 법조만평)

정의와 법적 안정성의 충돌

얼마전 경실련, 전국의 400여개의 시민단체들이 참여한 2000년 총선 시민연대, 정치개혁 연대 등 시민단체들이 이번 16대 총선을 맞이하여 전·현직 국회의원 또는 국회의원 입후보 예상자들 중 몇 가지 기준을 제시하며 공천을 해서는 안되고 공천을 한다면 낙선을 시켜야 할 낙천, 낙선자 명단을 발표하면서 전국민적 관심을 불러일으키고 있다. 시민단체들의 이러한 낙천, 낙선운동에 대해서 국민들은 대부분 높이 평가하면서도 한편으로 우려하는 점도 없지 않은 것 같다.

국민들의 상당수는 우선 시민단체들의 이러한 행위가 비록 실정법에 어긋나더라도 정치판이 오죽했으면 시민단체들이 위법논란과 형사처벌을 감수하면서까지 낙천, 낙선운동을 강행하겠느냐면서 이는 헌법상 보장된 참정권과 표현의 자유에 따라 정치적 찬반의사를 나타내는 것으로 국민의 당연한 권리이며 이는 일종의 시민혁명이라고까지 평가한다.

한편에서는 누구도 법의 존엄성을 훼손할 권리는 갖고 있지 않고 법은 만인에게 평등하므로 실정법위반을 한 시민단체만 예외일 수 없으며 시민단체의 생명은 도덕성과 준법성인 만큼 준법질서의 확립은 시민단체들이 주장하는 정치권 물갈이 운동보다 더 중요하므로 실정법을 어긴 자는 반드시 처벌해야 한다고 주장하기도 한다.

법의 세 이념인 정의와 합목적성, 법적 안정성은 상호 모순, 긴장관계를 유지하면서도 협력, 보완관계를 가지고 있다. 위 3요소가 충돌될 때 무엇이 어떻게 우선 또는 양보해야 하는가의 문제는 국가와 시대에 따라 달랐고 국가관 및 법률관, 국민의 법 감정에 따라 결정되는 것으로서 일률적으로 말할 수는 없다.

우리 헌법 정의를 우선

법이념 사이의 이러한 모순, 충돌에 대하여 우리 헌법은 다음과 같이 규정하고 있다. "국민의 모든 자유와 권리는 국가안전보장, 질서유지 또는 공공복리를 위하여 필요한 경우에 한하여 법률로써 제한할 수 있으며, 제한하는 경우에도 자유와 권리의 본질적 내용을 침해할 수 없다(헌법 제37조 제12항)." 즉 우리 헌법은 정의, 합목적성, 법적 안정성이 충돌하는 경우에 이의 조화로운 조정을 원칙으로 하면서도 궁극적으로는 정의의 원칙인 인간의 자유와 권리의 본질적 우선을 규정하고 있다고 봐야 할 것이다. 즉 우리 헌법은 자연법 원리에 입각하여 기본권의 천부인권성을 인정하고 그 본질적 내용의 침해금지를 규정하고 있다.

중앙선관위는 시민단체의 공천 부적격자 명단 발표는 사전 선거운동에 해당되는 선거법 위반이라고 유권해석을 내렸다. 이에 대해 시민단체들은 선거법 불복종 운동을 펴겠다고 한다. 여야 정당들도 여론에 밀려 선거법 제 87조를 개정, 폐지하겠다고 발표를 했다. 설문조사 결과 국민의 80%가 선거법 제 87조에 문제가 있으며 낙천, 낙선운동이 불법이더라도 이를 강행해야 한다는 의견이 72%로 국민의 압도적인 다수가 시민단체의 낙천, 낙선운동을 지지하고 있다. 선거법 제 87조가 폐지 또는 개정되더라도 선거운동의 정의와 사전선거운동을 내용으로 하는 선거법 제 58조와 제 254조의 포괄적인 규정이 존재하는 한 시민단체의 선거운동은 불법논란이 계속될 것이다.

낙천 · 낙선운동에 신축적 법 적용을

여기에서 현행 선거법이 우리의 현실과 맞지 않고 시민단체의 선거운동이 국민의 뜻이고 대세라 할지라도 분명히 존재하는 현행 선거법은 지켜져야 하는가, 즉 악법도 법인가의 문제가 대두된다.

민주 법치국가에서 어떤 이유로든 법을 위반하는 행위가 칭찬 받아서는 안 된다. 그러나 악법이 분명한 때에는 법을 개선하여 악법적 요소를 제거해 나가는 개선의지와 저항의식이 필요하다.

이번 문제에 대해서도 정치권은 시민단체의 낙천, 낙선운동에 대해 음모론이나 위법성 논란을 벌일 것이 아니라 법개정이라는 전진적 자세를 취하는 게 타당한 것이며, 시민단체들도 오래 전부터 선거법 개정을 위한 노력을 해온 점은 인정하지만 선거법 개정을 위한 좀더 폭넓은 국민적 공감대를 형성하는데 주력해야 한다는 지적도 있다.

법조계 일각에서는 시민단체의 행동이 실정법에 어긋나더라도 공익성이 더 커 처벌성이 없다면서 자구행위의 일환으로 해석하기도 한다. 법절차에 따라 자기의 권리를 해결하려면 시간이 촉박하고 또 실효를 거둘 수 없는 경우에는 예외적으로 실력으로 그 권리를 실현할 수도 있는데 이를 법에서는 자구행위(自救行爲, 형법 제 23조)라고 한다.

예를 들면 막대한 부채를 진 채무자가 외국으로 도피하려다가 공항에서 채권자들에게 붙잡혔다고 하자. 이때 채권자들이 실력으로 채무자를 경찰서로 데려가려고 한 행위를 자구행위라고 하는데 이 와중에 채무자가 반항하여 격투가 벌어져 채무자가 타박상을 입은 경우 채권자들을 상해죄의 위법성이 없다고 하여 처벌하지 않는 것이다.

선관위나 수사기관 등에서도 현재의 상황을 명확하게 인식하고 선거법 규정을 신축성 있게 해석하고 적용하는 게 바람직하겠다. (광주일보 예향, 2000년 3월호 법조 만평)

전관출신 변호사의 형사사건 수임제한

몇 년 전 의정부, 대전 법조비리 사건 직후 판, 검사 등이 변호사 개업시 개업 전 2년 간 근무지에 속하는 관할구역의 형사사건을 2년 동안 수임하지 못하도록 하는 방안을 청원한 바 있었는데 국회에 제출한 변호사법 개정안에는 이를 수용하지 않았다. 그때 재조에 있는 사람들, 특히 검찰에서 강하게 반발하여 개정하지 못했는데 반대한 사람들의 주된 논거는 개업지 제한 규정이 이미 위헌 결정을 받은 바 있듯이 위헌의 소지가 있고 형평성을 상실한 것이라는 것이다.

위헌결정(89 헌가 102)의 요지는 법조 경력 15년 미만의 사람에 대해서 3년 동안 지방법원을 단위로 해서 개업을 금지하는 것은 개업지 제한의 범위가 매우 광범위하여(특히 서울) 과잉금지의 원칙에 위배되고, 재직경력에 따라 차등을 둔 것으로 합리적 이유 없는 차별로서 평등권과 직업선택의 자유에 위반된다는 것으로서 청원안과는 근본적으로 다른 것이다.

청원안은 개업지 자체를 제한하는 것이 아니고 최종 지원단위로 1, 2년간 변호사 전체 선임건수의 20% 가량에 속하는 형사사건 수임만을 공공복리, 법조비리 척결의 차원에서 지원단위에서 일정기간 제한하자는 것이다. 따라서 재직경력에 따른 차별을 두지 않고 범위도 지원단위로 하는 등 광범위하지 않기 때문에 위헌의 소지가 없고, 공직자윤리법 등에도 퇴직 공직자의 2년간 유관 사기업체 등에의 취업을 제한하는 규정(제 17조)을 두고 있는 등 전혀 문제될 것이 없다.

전관 출신 변호사의 형사사건 선임 및 변론에 있어서의 문제점은 전관예우로 인한 수사 및 처벌의 형평성, 사건 브로커 채용과 사건 알선료 지급, 고액 선임료, 이러한 것에서 비롯된 사법불신 및 법조비리 등이다.

전관예우가 어느 정도인지는 알 수 없지만 1998년 200건 이상 형사사건을 수임한 전국 변호사 21명중에 20명이 개업한지 1-3년 이내의 판, 검사 출신이고, 어느 지방변호사회나 1, 2년 이내에 개업한 전관 출신 변호사 몇 명이 형사사건의 상당부분을 선임하고 있다. 많은 국민들 특히 형사사건 당사자들은 전관출신 변호사가 수사 및 재판에서 혜택을 받고 있는 것으로 믿고 있으며, 전관 출신 변호사가 형사사건을 선임하면서 고액의 선임료를 받는 것을 보면 전관예우가 존재한 것은 분명하다. 전관 출신 변호사를 선임한 당사자들에 의하면 소개인, 사무장, 해당 변호사들이 '해당 변호사는 그 지역 판사, 검사와 모두 선・후배, 동료이며 1년 여간 봐주고 있는 것은 당신들도 잘 알지 않느냐. 해당 변호사가 안되면 그 지역 어느 변호사도 해결할 수 없다' 고 말하면서 선임을 권유하기에 비싼 선임료를 지불하고 전관예우를 기대하며 그 변호사를 선임하지 않을 수가 없다고 한다.

검사들은 형사사건만을 취급해왔는데 유독 형사사건만 수임을 제한하는 것은 판사출신에 비해 부당하게 불이익을 주는 것으로서 형평의 원칙에 어긋난다고 주장한다. 그러나 검사를 지망했던 것은 사회악을 제거하여 법치주의 실현에 있었던 것이지 퇴직 후 형사사건을 많이 수임하기 위한 목적은 아니었을 것이며 변호사로 개업할 생각이 있다면 필요한 공부를 하면 될 것이다.

위 위헌 결정에서도 판, 검사 등으로 근무하던 공무원이 그 근무지에서 변호사로 개업함으로써 생길 수 있는 정실개입의 위험을 배제하고 공무원 직무의 공정성에 대한 신뢰를 확보하고 중견 판, 검사를 확보하기 위함에 있다고 위 규정의 입법취지는 인정하였다. 위와 같은 직무의 공정성에 대한 신뢰확보와 위에서 열거한 여러 가지 부작용을 제거하여 국민들의 사법불신과 법조비리를 척결하기 위해서는 직업선택의 자유에 대한 필요 최소한의 제한은 가할 수 있는 것이며, 전관 출신 변호사의 형사사건 수임제한의 도입은 반드시 필요하며 범위와 기간 등은 의견을 수렴하여 결정하면 될 것이다.

많은 전관 출신 변호사의 개업광고에 나오 듯이 그동안의 지식과 경험을 살려 민사, 행정, 기타 특수사건에서 열심히 실력을 발휘하면 돈도 벌고 재미도 느낄 수 있는 만큼 굳이 지식과 경험이 거의 필요치 않고 스트레스만 받는 형사사건을 1, 2년 정도 수임하지 않는 것도 바람직하다고 생각해 본다.

여러 가지 제도적인 보완이 필요하겠지만 경륜 있고 유능한 중견 판, 검사의 이직을 막는 효과도 있을 것이며, 대부분의 선진국의 법관들과 같이 평생법관으로 정년 또는 종신까지 근무하는 제도의 정착이 앞당겨 질 수 있을 것이나. (대한변협신문 2002. 9. 2.자 민경한 변호사의 2000자 칼럼)

5년간 감찰위원의 소감

의정부 법조비리 사건 이후 수임과정의 비리나 진정사건 등을 조사하고 사건수임 실태 등 윤리규칙의 준수상황을 조사, 보고하는 감찰위원 제도가 생겨 대한변협에서 지방변호사회 별로 1-2명씩 위촉하게 되었다. 본인은 평소 변호사 비리개혁에 관하여 관심이 많고 인천 지방변호사회에서 감찰위원과 유사한 심사위원회의 간사 등으로 5년간 활동한 이유 등으로 광주로 이전 개업한지 4개월 만인 1998. 1.경 광주 지방변호사회의 감찰위원으로 위촉된 뒤 그 뒤 두 차례 유임되어 2003. 1.까지 5년간 감찰위원으로 활동해 온 바 그 소감을 간단히 피력하고자 한다.

첫째, 아직도 사건 선임과 관련하여 소개비를 지급하고 브로커 사무장을 고용하는 경우가 상당수 있는 것 같다. 법조 주변 사람들 특히 사무직원들의 의견을 종합해보면 과거에 비해 그 숫자는 줄었으나 아직도 사건을 소개하면 소개비를 지급하는 사무실이 상당수 있고 브로커성 형사 사무장들이 여러 변호사 사무실을 옮겨다니면서 수임질서를 어지럽히고 있는데 변호사들이 양심을 회복하여 자존심을 세웠으면 좋겠다.

둘째, 변호사법 위반으로 구속되어 집행유예를 받은 사무직원을 두 명이나 채용한 변호사와 과다 수임료로 언론에 보도되고 의뢰인으로부터 여러 건의 진정을 당한 변호사에 대해 회칙 위반 여부를 조사하여 보고하는 등 감찰위원으로서의 본연의 임무를 수행하였다. 몇몇 변호사가 동료 변호사에 대해 그럴 수 있느냐며 나에 대한 온갖 음해를 하고 나의 뒷조사까지 하였으며, 전 집행부가 나를 유임하도록 대한변협에 신청해 놓았는데 신임 집행부에서 다른 사람으로 교체 신청을 하는 등 강력히 저항하였다.

그러나 대한 변협에서 나를 감찰위원으로 유임하였고 공로상까지 주었으며, 내가 그 동안의 감찰 경과와 나에 대한 중상 모략의 실상을 알리고 앞으로도 더욱 강하게 감찰 활동을 하겠다는 내용의 A4용지 7장 분량의 감찰 보고서를 전 회원에게 보내자 저항이 없어졌다. 약 120명의 회원이 있는 조그마한 조직에서도 개혁이 어려운데 대통령이 개혁이나 사정을 하려면 기득권 세력들의 조직적인 저항이 얼마나 강할지는 충분히 예상이 되고 유사이래 모든 나라, 모든 제도의 개혁이나 사정이 얼마나 힘들었을까 이해가 된다.

셋째, 변호사들의 사건 선임과정이 너무 왜곡되어 있고 악화가 양화를 구축한다는 생각이 든다. 인생경륜이나 법조경력도 상당하며 대인관계도 원만한 변호사는 사무실 유지도 힘든 상황인데, 연수원 수료한지 1, 2년 된 변호사들이 한 달에 20건 이상을 선임하기도 한다. 모 변호사는 사무장을 여러 명 채용하기도 하고, 모 변호사는 다른 사무실보다 소개비의 비율을 5 10% 더 지급한다는 말도 들리고, 모 변호사는 형사담당 재판부와 아주 가까운 사이라고 소문이 나서 사건이 많다고 하는데 그 변호사들이 그렇게 많은 사건을 선임하는 이유를 정확히는 알 수 없다. 또한 사무실을 자주 비우고 사무장이 준비서면 작성이나 당사자 면담 등을 하면서 사무실을 운영하는 변호사들이 사건 선임 건수는 최상위권인데 이해가 되지 않는다. 사무실 유지가 어렵다는 신참 변호사들의 경우 사무실 구조조정을 하고 토요일에도 출근을 하며 당사자 면담이나 서면작성 등 변호사가 모든 것을 직접 성실하게 열심히 수행한다면 사무실 유지에 큰 도움이 될 것이다.

넷째, 법조인인 만큼 정당한 절차에 의해서 제정된 규칙, 규정, 지침 등은 충실히 지켜줬으면 좋겠다. 윤리위원회 규정이나 감찰지침에 의하면 감찰위원은 매월 민사, 형사사건의 선임건수가 각 10건 이상이거나 선임과정에 비리혐의가 있다고 생각되는 변호사의 경우 정해진 양식의 수임경위서를 첨부하여 대한변협에 매월 10일까지 전월의 사건 수임실태를 보고하도록 되어 있다. 따라서 해당 변호사에게 수임경위서의 제출을 요구하면 심한 거부감을 표시하거나 법정 오가는 길에서 만나면 인상을 쓴다. 감찰위원이 사감에 의한 것이 아니고 공무로 하는 일인데 굳이 그럴 필요가 있는지 의문이 가고, 선임과정이 투명하다면 왜 수임 경위서를 제출하지 못하는가.

감찰위원 5년 동안 우여곡절도 많았고 지금까지 변호사로서 정도를 걸어왔다고 자부하지만 변호사 업계의 환경이 아무리 악화될지라도 폐업하는 그 날까지 정도를 걸어야 겠다고 굳게 다짐해본다. (대한변협신문 2003. 3. 3.자 민경한 변호사의 2000자 칼럼)

변호사의 공익 활동을 강화해야

연이은 법조계 비리사건으로 법조 3륜은 만신창이가 되었고 국민들은 법조 3륜에 대해 극도의 불신을 갖게 되었다. 제대로 항변도 한번 못하고 언론의 왜곡, 과장보도로 인하여 매도된 부분도 상당히 있지만 법조인 스스로에게도 상당부분 그 책임이 있다. 변호사 단체를 임의 단체화하고 변호사 징계권을 법무부로 환수한다는 변호사법 개정안에 대해 많은 변호사들이 반대서명을 하였다. 그 주된 논거는 변호사 단체는 인권옹호에 이바지 해 왔고 공익적 기능을 수행하는 단체이므로 일반 사업자 단체와는 다르다는 것이다. 많은 변호사들이 주장하는 대로 과연 변호사들이 공익적 기능을 다하고 있는가를 살펴볼 때, 상당수의 변호사들은 공익적 기능은 안중에도 없고 사익 추구에만 몰두하는 것 같다.

약간의 편차는 있겠지만, 모 지방변호사회의 경우 2000년도 국선변호인으로 활동하고 있는 사람은 30여명에 불과하고, 송무를 안 하거나 연로하신 변호사를 제외하더라도 최근 2, 3년 동안 단 한 건의 국선변론도 하지 않은 변호사들이 상당 수 있다. 서울이나 경인지역의 경우 국선 변호활동이 아주 활발하고 오후에 증인이 있는 사건이라 할지라도 재판 순번에 있어서 최우선권을 부여해 주어 국선변호인을 배려해 주고 있다. 지면을 빌어 이번 기회에 아직 우선권을 부여해 주지 않은 지방에서는 국선 변호인에게 재판순서에 있어 0순위를 부여해 줄 것을 제안해 본다.

이순호 법조비리 사건 이후 의정부 지원에서 법조인의 신뢰를 회복하기 위해 변호사 50여명이 법원에서 매일 오전 2시간씩 조를 편성하여 순번제로 민원인들의 법률상담을 하여 매우 호응이 좋았다고 한다. 그래서 광주법원에서도 작년 가을 법조발전 협의회를 통하여 위와 같은 상담을 요청하여 변호사들에게 찬 · 반 조사를 하였는데 30여명의 응답자 중 단 3, 4명만이 찬성을 한 것을 볼 때 너무도 안타깝게 생각되었다. 여러 가지 부작용을 우려한다지만 무슨 부작용이 있는지도 의문이고 설사 부작용이 있더라도 시행하면서 시정하면 되는 것이고 다른 지역에서 지금까지 훌륭하게 시행하고 있지 않은가.

또한 1999년도 광주 지방변호사회의 공익활동에 관련된 예산을 보면 당직 변호사 운영비 5,000,000원, 법률 구조비는 3,000,000원에 불과하고 체육활동비(테니스, 골프, 등산, 바둑) 17,000,000원, 단체여행비 및 송년회비 13,000,000원으로서 체육행사 및 친목도모에 소요되는 비용이 공익 활동비의 거의 4배에 해당되고 공익 활동비는 너무도 미미하다. 물론 일부 변호사들이 공익적 활동을 활발히 하는 경우도 있다. 그러나 국민들은 이와 같은 여러 가지 사정을 보면서 변호사 단체는 친목단체이고 돈벌이에만 신경 쓰는 이익단체이며 공익적인 면이 매우 부족하고 우리가 생각하고 있는 만큼의 공익기능을 수행하는 인권단체라고 평가하지 않고 있다.

서울, 수원, 대전, 창원, 울산 등 여러 지방변호사회는 최근에 변호사회 차원의 지속적인 법률상담 활동, 중소기업 지원 법률고문단 구성, 변호사 소개제도, 수임비리 근절을 위한 제도 시행 등 변호사의 비리를 시정하고 국민들의 신뢰를 회복하기 위해 많은 노력을 기울이고 있는 것 같다. 광주 지방변호사회도 외양에만 치우치지 말고 국민들이 바라는 것이 무엇인가를 똑바로 직시하고 의식의 대전환을 가져와 국민들의 신뢰를 회복할 수 있도록 거듭나 보자. (1999. 5. 경 위 글을 광주 지방 변호사 회보의 '시론'으로 기고하였으나 당시 집행부에서 게재해 주지 않은 글이다.)

사회광장

공직선거 후보자의 자질 검증

얼마 전 전남교육의 수장이 거액의 뇌물을 수수한 죄로 구속되고 S시 시장을 비롯한 상당수의 지방 자치단체장 및 시 · 군 · 구 의원들이 각종 비리로 인하여 구속되거나 형사처벌을 받은 적이 있다. 이는 이들 공직자들의 준법의식 마비와 자질부족 탓도 있지만 각 정당들의 잘못된 후보 추천과 유권자들의 선택 잘못에 그 주된 원인이 있다. 유권자들은 후보자들에 대한 정보의 접근이 곤란한 점도 있지만 자질과 능력이 검증된 후보를 선택치 못하고 씨족, 학교 동문, 출신지역, 자신과의 친분관계, 심지어는 돈이나 향응을 받은 경우 이에 좌우되어 후보를 선택하는 경향이 매우 강하고 선거 후 그 분열, 대립으로 인한 후유증이 너무나 크다.

또한 각 정당들은 능력 있고, 청렴성, 리더십과 비전을 갖춘 인물 본위의 후보를 추천하기보다도 정당 간부나 지역구 국회의원들에게 충성을 하고 공천헌금을 많이 한 후보를 대다수 추천하고 있는 것은 주지의 사실이다. 지난 달 31일 전국 시장, 군수, 구청장 232명은 '정당 공천제는 공천헌금으로 인한 부정부패를 유발하고 기초 단체장에 대한 정치권의 통제수단으로 작용하고 있다. 현대판 매관매직의 한 형태가 될 수 있는 이 제도를 조속히 폐지해야 한다' 는 공동성명을 발표한 바 있다. 이는 정치권에서 도입을 검토중인 기초단체장 임명제, 자치단체장에 대한 주민청구 징계제, 자치단체 부단체장의 권한강화 등에 대한 방어차원의 개선방안이 아닌가 하는 의구심도 들지만 자신들의 뼈저린 체험을 통하여 그 폐해를 시정하려는 순수한 마음에서 우러나온 것으로 여겨지며 경청할만한 주장이다.

내년 6월 지방선거에서는 기초 자치단체장 후보의 정당 공천제를 폐지하고 자질과 능력에 대한 철저한 검증절차를 거친 입후보자들을 선택해야 할 것이다. 입후보자들에 대한 검증절차로는 먼저 입후보자들에 대한 철저한 신상공개이다. 입후보자의 등록 후 공개자료는 간단한 학력, 경력, 재산상태 등이 전부인데 특히 벌금형을 포함하여 전과관계는 반드시 공개하고, 신용상태(채무의 종류와 채무액, 부도여부), 가정생활(이혼 여부) 등을 철저히 공개하여 유권자의 판단자료로 삼도록 해야 한다.

지난번 선거 때 입후보자의 상당수가 전과자였고, 신용불량 거래자였다는 것을 보고 깜짝 놀란 적이 있었다. 입후보자의 프라이버시의 침해 여지가 있지만 공직선거 후보자로 입후보한 공인인 만큼 공공의 이익을 위해 일정부분 사생활의 비밀과 자유에 대한 침해는 수인하여야 한다. 또한 각종 토론회를 통한 후보자들간의 자질이나 능력의 검증절차를 거쳐야 한다. 각종 매체를 통한 후보자들간의 토론회를 통한 후보자들의 지식, 전문성, 정책능력, 식견과 비전, 도덕성 등 여러 가지 능력을 검증하는 절차를 거쳐야만 함량 미달의 후보를 거를 수가 있을 것이다. 내년 지자체 선거에는 능력과 자질의 검증을 거친 후보자들 중 정실에 치우치지 않고 유권자들의 현명한 선택에 의한 신성한 주민의 대표가 선출되기를 간절히 바란다. (전남일보 2001. 11. 7. 전일시론)

국가의 자존심을 회복하자

이미 10여년 전에 이전하기로 합의된 용산 미군기지에 미군이 아파트 건립계획을 세워 놓고 건설회사들에게 입찰참가 요청서를 보낸 사실이 알려지자 국방부에 협조, 통보를 했느냐 안 했느냐, SOFA 양해사항 제 3조 1항의 해석문제 등으로 다투더니 국방부는 이제는 서울시와 달리 아파트 건립을 허용하겠다는 취지의 발표를 하여 시민단체나 국민들이 이에 강력히 반발하고 있다.

또한 최근의 언론 보도를 보면 우리 군대도 업무, 영업, 주택용으로 가스를 사용하고 있는데 주한 미군은 몇 년 전부터 우리 군보다도 훨씬 싼 산업용 가격으로 도시가스를 사용하고 있고, 정동 미군 대사관의 신축공사를 하면서 고층 건물 짓겠으니 주거지역을 업무지역으로 변경해 줄 것과 주차 면적, 용적률, 조경 면적 등에서 서울시에 특혜를 요구하고 있다고 한다.

일반적으로 국제법상 외국군대는 주둔하는 나라의 법률질서에 따라야만 하고 외국인이 국내에서 범죄를 저질렀을 경우 국내법에 의해 내국인과 똑같이 처벌을 받아야 하는 것이다. 다만 외국군대는 주둔하는 나라에서 수행하는 특수한 임무의 성격상 협정에 의해 일정한 편의와 배려를 제공받고 있는 것이다. 10여년 전에 이전 계획을 세웠으면서도 이전 비용부담 문제나 대체부지 마련 문제 등으로 의견 차이를 보이고, 서울시는 반환 받을 용산 기지 터에 시 청사를 신축하고 민족공원을 건립한다는 계획을 세워놓고 있으나 10여년 동안 별로 진전된 것이 없는 것 같다.

지난 11월 한 · 미 안보회의에서 양국은 연합토지 관리계획에 합의해 1991년 양국 간에 체결됐던 용산기지 반환 합의가 백지화됐다는 말까지 들린다. 용산 미군기지에 10단계에 걸쳐 8층 짜리 20개 동 아파트를 반영구적인 철근콘크리트 구조물로 건설한다는 것은 미군 측이 용산기지를 반환할 의사가 없는 것이 아니냐는 의심을 갖기에 충분하다.

소파의 양해사항의 협조, 통보사항이 강행규정이냐 아니냐의 여부를 떠나 미군도 아파트 건립의 필요성이 있으면 아파트 건축을 하여야 할 것이다. 외곽지의 적당한 지역에 건립하면 될 것이지 대한민국 수도 한 복판에 있고 이전을 약속한 기지에 굳이 절차를 무시하고 국민정서를 자극하면서까지 반영구적인 철근 콘크리트로 된 아파트를 건립한다는 것은 절대 있을 수 없는 일이다. 대사관 신축의 경우도 마찬가지이다. 여기는 한국이니 만큼 한국의 관련법규를 준수하고 문화유적이나 환경파괴를 하지 않는 범위 내에서 국민들의 정서에 어긋나지 않게 주권국가 국민들의 뜻을 존중하여 신중하고 호혜평등 원칙아래 계획을 수립하고 집행해야 할 것이다. 관계 당국에서도 처음에는 통보 받은 사실조차 없다고 하다가 상황이 심각해지자 온갖 변명을 하고 미군의 필요성이니 소파조항 때문에 어쩔 수 없다는 변명을 일삼고 미국의 계획에 일방적으로 이끌려 가는 아주 소극적이고 근시안적인 태도로 일관한 모습을 볼 때 한심스럽기 짝이 없다.

대한민국은 분명히 주권국가이고 모든 국가는 자존심과 명예가 있는 것이다. 국가의 자존심 회복을 위해서나 국토의 효율적인 이용을 위해서도 용산기지의 아파트 건축은 허용할 수 없는 것이다. 용산 미군기지를 비롯한 전국에 산재되어 있는 반환하기로 약속한 미군기지는 하루빨리 반환하여야 한다. (전남일보 2001. 12. 19.자 전일시론)

부패와 청탁 없는 사회를 만들자

1999. 10. 국제투명성 기구에서 한국의 국가 부패지수(CPI)는 10점 만점에 3.8점으로 99개 국가 중 50위이고 뇌물지수는 조사 대상국 19개국 중 18위라고 발표한 바 있다. 한국의 부패실태는 부패현상이 우리의 모든 일상생활 곳곳에 광범위하게 구조화, 관행화 되어 있고 삶의 방식으로까지 되어 있다. 어떤 문제가 발생하면 법과 정당한 절차에 의하기보다는 혈연, 지연, 학연, 금전을 통한 청탁으로 해결하려는데 문제의 심각성이 있다.

대부분의 사람들은 형사사건에 연루되면 법률전문가와 상의하여 대책을 마련하고 보호를 받으려기 보다는 온갖 수소문을 하여 사법기관에 아는 사람이 없는가를 먼저 찾아 그 사람에게 청탁하여 해결하려 든다. 금전과 권력을 앞세워 부실한 담보를 제공하고 수백억, 수천억원의 대출을 받아 은행과 국가경제, 수많은 근로자들을 휘청거리게 만든다. 실적이나 시공능력은 형편없으면서도 너무도 쉽게 공사 수주를 하고 온갖 부실공사를 하면서도 손쉽게 준공을 받고, 실력은 있으나 윗사람에게 아첨하지 못한다는 이유로 채용이나 승진에서 탈락하고, 불법영업을 일제 단속하여도 어떻게 정보를 입수했는지 그날만 영업을 하지 않아 단속에 걸리지 않는 등 온통 청탁과 부패의 천국이며, 오늘도 각종 청탁과 비리는 계속된다.

교수, 기자를 채용하는데 금품이 오가고 지방단체장의 상당수가 각종 비리로 형사 처벌되고, 의사들은 진료비를 허위, 과다 청구하고 돈 세탁방지법에 정치자금을 포함시키는 것은 너무도 당연한 것임에도 여야 정치인들이 정치자금을 제외시키기로 하는 법안을 만들려 하는 등 사회지도층으로 갈수록 비리의 정도는 더욱 심해지고 한심한 모습을 보여준다.

각종 비리를 저지르다 발각되게 되면 '남들도 다 그러는데 왜 나만 그러느냐, 재수 없게 걸렸다' 고 자신의 잘못을 반성하기는커녕 불운으로 돌리고 '나도 청탁이나 비리가 싫지만 나 혼자 거역한다고 해서 사회가 깨끗해지느냐'고 자신을 합리화한다. 언론기관의 탈세나 정치인들의 선거법위반을 대대적으로 수사하려 하면 언론탄압이니 표적수사, 야당탄압이니 하며 거세게 항의하고 국민의 대표자라는 국회의원들은 법정출석을 거부하고 있는데 떳떳하면 왜 수사기관이나 법정에 가서 진실을 밝히지 못하는가. 청탁을 받는 사람도 의리와 충성, 집단이기주의 문화가 뿌리깊은 우리 풍토에서 청탁을 거절하는 것이 쉬운 일은 아니지만 혈연, 지연, 학연, 금전의 유혹에 빠지지 말고 법과 정당한 절차에 따라 소신껏 업무를 처리하면 부패한 이 사회의 빛과 소금이 되고 자신과 후손에게 떳떳할 것이다.

이러한 온갖 청탁, 비리의 근본원인은 욕심을 버리지 못한 이기심과 명예와 자존심을 내팽개치고 법과 양심과 사회질서를 지키지 않으려는 준법의식과 도덕성의 마비에 있다. 청탁을 하기 전에 비리를 저지르기 전에 다른 사람이야 어떻든 나부터라도 욕심을 조금만 줄이고 명예와 자존심을 지키며 물질적으로는 덜 풍요롭지만 정신적으로 풍요로운 삶을 사는 게 멋있지 않을까. (시민의 소리 2001. 3. 26.자)

학벌 없는 사회

우리 가정에 고3 수험생이 하나 있으면 여행, 휴가는 생각도 못하고 2년여간 친지의 방문도 꺼리고 TV도 제대로 못 보며 수험생의 비위에 거슬리지 않게 집안에 초비상이 걸린다고 한다. 수능시험을 치를 때마다 변별력이 없느니 너무 어렵게 출제되었느니 아우성이다. 학부모나 수험생들이 위와 같은 초비상사태에서 사생결단으로 수험생의 인생을 결정할(?) 시험을 치렀으니 그럴 만도 하다. 영국 BBC 방송은 많은 한국인들은 이른바 일류대학에 들어가는 것을 인생에서 성공하는 첩경으로 믿고 있고, 대학에 대한 지나친 집착이 사회문제가 되고 있으며 한국 학생들이 사생결단(Do or die)의 수능시험을 치른다고 보도하였다고 한다. 우리나라에서는 대학 간판이 취업, 결혼, 사회생활 등 향후 40년의 인생을 크게 좌우해 버리니 사생결단의 각오로 덤빌 수밖에 없으며 너무도 정확한 지적이다.

교실의 붕괴, 사교육비 과다지출, 불법과외, 입시위주의 교육, 토론문화의 부재 등 모든 교육의 부작용이 대학입시로부터 나온다고 볼 수 있다. 사생결단으로 치른 수능시험에 의해 명문대에 진학한 학생들은 처절한 싸움이 끝났다는 안도감이나 해방감 때문인지 아니면 명문대 간판으로 쉽게 살아갈 수 있다는 사회풍토 때문인지 소수를 제외하고는 정작 사생결단으로 공부를 하여야 할 대학시절에는 공부를 소홀히 하고 취업 시즌때나 공부를 할 뿐이다. 명문대 재학생 중 우수한 사람이 많은 것은 사실이겠지만 대학 4년과 군대생활 등 대학입학 이후의 오랜 기간 동안 학생의 능력이나 노력, 생활태도 등에는 엄청난 변화가 있다. 그러나 현실은 대학입학 이후의 많은 세월 동안의 변화는 거의 도외시되고 오래 전의 수능성적으로 입학한 대학 간판에 따라 취직, 결혼, 사회생활 등 많은 부분을 결정해 버리고, 그것을 타파하기 위해서는 엄청난 노력이 필요하고 그것을 극복한 경우도 어쩌다 가끔 있는 일이 된다. 유수한 기업에서도 소위 명문대라는 3, 4개 대학을 제외하고는 비명문대나 지방대학 학생들에게는 원서를 교부조차 하지 않거나 추천의뢰도 하지 않는 등 응시 자격마저 제한하는 경우가 허다하다. 그 이후의 사회생활을 하면서도 학벌에 따라 많은 편견과 차별이 생기고 학벌에 기한 기득권은 더욱 공고히 되며 각 분야에서 학연이나 파벌의식 또한 사회 발전의 암적 요인이 된다.

매스컴에서도 국회의원 선거가 끝나거나 검찰인사 등 고위관료의 인사발표가 나면 출신 고교별, 대학별 통계를 내고 대학입시 후에도 고교별, 지역별 서울대 합격자 수 등 별로 중요하지도 않고 필요하지도 않는 통계수치를 제시하는 등 학벌사회를 부추기는데 한몫을 한다. '학벌 없는 사회를 위한 모임' 이나 '서울대 학부제 폐지론' 까지 등장하고 있다. 고질적인 학연, 혈연, 지연에 의한 정실주의와 집단 이기주의가 팽배하고 형식과 체면을 중시하는 우리나라 국민들의 성향에 비추어 볼 때 학력이나 학벌에 의한 불평등은 완화될 것 같지가 않다. 같은 능력의 소유자라면 명문학교 출신을 우대하는 것은 어쩔 수 없다 하더라도 능력은 있으나 학력이나 출신학교 때문에 취업, 승진, 기타 여러 분야에 있어서 차별을 받는 사회가 되어서는 절대 안 된다. 언제쯤 우리나라에서도 출신지역, 출신학교에 따른 차별이 없는 희망 있는 사회가 될 것인가. (전남일보, 2001. 11. 28.자 전일시론)

노조를 바라보는 시각

근로자는 법적으로는 사용자와 대등한 인격의 주체로서 자유로운 존재이다. 그러나 노동력을 제공하여 생계를 유지할 수밖에 없는 근로자들로서는 살기 위해서는 아무리 저임금이고 열악한 근로조건일지라도 근로관계를 맺지 않을 수 없다. 근로자들이 인간다운 생존을 확보하려면 단결을 하고 단결체의 힘을 배경으로 하여 사용자와 대등하게 교섭하는 방법밖에 없는 것으로서 노동조합이 존재하는 이유가 여기에 있다. 우리나라는 노조의 생성, 발전 과정의 역사가 일천하고 1970년대까지는 긴급조치 등 여러 가지 정치, 사회적 상황으로 인하여 노동쟁의의 해결에 있어서 노동관계법의 규정이 제대로 적용되지 못하였다. 1980년대 중반 이후에야 사회의 전반적인 민주화 추세에 발맞춰 근로 3권의 행사가 가능하게 되었다. 그러한 배경 때문인지는 몰라도 우리의 노사관계는 사용자측의 권위적, 고압적 자세와 근로자 측의 자치 역량의 부족으로 서로 상대방을 불신하고 대화와 타협보다는 극한적인 대립 양상을 보이는 경우가 많았다.

그러나 우리의 사회 전반에는 아직도 노조 성립 자체를 기부하고 노조가 생기면 회사가 망할 것 같이 노조를 아주 백안시하는 사례가 수 없이 많다. 우리나라의 유수한 그룹의 창업자가 '내 눈에 흙이 들어가기 전에는 노조를 인정할 수 없다' 는 말은 인구에 회자되고 현실적으로도 그 그룹 계열사에는 노조가 없는 경우가 많다. 언젠가 사석에서 의사인 고교동창이 '자기의 병원에 노조가 생긴다면 당장 문을 닫을 것이다, 노조가 생기면 병원 망한다' 고 말한 것을 듣고 깜짝 놀란 적이 있다. 프로야구 선수들이 노조성격을 지닌 선수협의회를 만들겠다고 모임을 갖자 그 배후가 의심스럽다, 노조가 생기면 구단해체도 불사하겠다는 등 온갖 흑색 선전과 협박을 하는 등 노조에 대한 잘못된 시각을 극명하게 보여주었다.

최근에 레미콘 사업주들은 행정당국과 법원에서도 적법성을 인정한 레미콘 노조인 전국 건설운송 노조를 인정하지 않고 조합활동을 이유로 500여명을 집단 해고하는 부당 노동행위를 계속하고 있어서 노동부가 지난 6월 레미콘 사업자 대표에 대해 검찰에 수사를 의뢰했다. 그러나 검찰에서는 오히려 노동자들을 세 명이나 구속하고 80여명을 조사하였으면서 사업자 대표에 대해서는 수사에 미온적이다가 시민단체와 각계 인사들이 릴레이 단식투쟁을 벌이는 등 건설운송 노조문제 해결을 촉구하자 검찰이 수사에 착수하였다. 물론 전국에 수많은 노동조합이 존재하다 보니 때에 따라서는 노조 집행부의 무능력, 과격한 행동, 불법 파업으로 인한 회사의 손해발생 등의 측면도 있을 것이나 그렇지 않은 합리적이고 건전한 노조가 훨씬 많다.

사용자와 노조는 상대방을 서로 불신하고 자기의 주장만을 고집하지 말고 대등한 파트너 또는 공존 공생의 관계로 인식하여 솔직하게 대화와 설득에 나서는 게 필요하다.

노·사 간의 대표가 임금, 단체협약 체결이나 정리해고 등 회사의 중요한 현안을 논의할 때 사용자는 투명한 회사의 재무제표를 내놓고 솔직하게 회사의 현재의 재무구조나 경영상태, 앞으로의 계획 등을 허심탄회하게 설명하고 노조는 사용자를 무조건 배척, 불신하지만 말고 사용자가 솔직한 설명을 해올 때 사용자의 설명을 주의 깊게 경청하고 쌍방이 공생할 수 있는 방법을 모색하는 것이 모두가 사는 방법일 것이다. (전남일보 2001. 8. 13.자 전일시론)

조급한 진실 감추기

최근에 군, 검찰 및 경찰에서 지극히 예상하기 힘든 공권력에 의한 3건의 강력 사건이 발생하였다. 위 사건들의 구체적인 내용이나 수사결과 등은 각종 매스컴에서 수없이 보도하였으므로 생략하기로 하고 위 사건들이 발생한 직후 위 사건들과 관련된 기관의 조급한 발표와 대응은 정말로 이해하기가 힘들다.

현역상사의 포천 농협 총기강도 사건의 경우 경찰에서 치밀하게 수사하여 현역상사를 용의선상에 올려놓고 군 수사기관에 협조를 요청하였다. 그러나 군 당국에서는 이에 응하지 않고 총기반출이나 근무시간에 대해 철저히 조사를 해보지 않은 채 그 상사의 알리바이가 인정되고 그 상사는 이 범행과 무관하다고 성급히 발표하였다. 경찰이 결정적인 증거를 제시하여 이 상사가 구속되고 여러 목격자들이 공범이 더 있다고 주장했으나 군 당국은 단독 범행이라고 발표하였으나 경찰이나 많은 국민들은 믿으려 하지 않고 있다.

서울지검 수사관들의 살인 피의자에 대한 독직 폭행치사 사건의 경우에도 사건 발생 직후 검찰은 수사관들의 가혹 행위는 없었고 피해자의 사망과는 무관하다고 발표하였으나 가혹 행위로 사망한 것은 물론이거니와

물 고문도 어느 정도 인정되고 있다.

전주에서 강도를 쫓던 용감한 시민을 강도로 오인하여 경찰이 총을 쏴 숨지게 한 사건이 있었다. 사고 현장에 있었던 피해자의 친구와 강도 피해 고교생 등의 목격자의 진술은 무시한 채 사건 발행 직후 경찰에서는 당시 급박한 상황이었고 피해자가 각목을 들고 대항하여 경찰관이 공범으로 오인하고 총을 쏘았다고 발표하였다. 당시 정황도 발표 내용과 많이 다르고 총기사용 기본 수칙도 전혀 지키지 않았으며 피를 흘린 채 땅바닥에 쓰러져 있는 피해자를 10여분간 방치한 것으로 밝혀져 경찰관이 구속되었다.

이러한 사건이 발생한 경우 철저한 조사를 거쳐 진상을 밝히고 피해자나 국민들에게 사과한 뒤 관련자는 징계나 형사 처벌을 하고 재발 방지 대책을 수립하는 것이 순리일 것이다. 무엇이 그렇게 조급하여 사건이 발생하자마자 진상이 제대로 밝혀지지 않은 상태에서 무조건 부인하고 가해자 감싸기에 급급한지 이해할 수가 없다. 관련 기관이 무조건 부인하고 현장보존을 제대로 하지 않은 경우 예단을 갖게 되고 수사에 혼선이 생기며 증거가 인멸되는 등 진실 규명이 훨씬 어려워진다. 나아가 발표했던 내용이 거짓으로 밝혀지는 경우 피해자나 국민들의 불신이나 분노는 훨씬 커지게 되며 그 뒤의 어떤 수사결과도 믿으려 하지 않는 등 득보다 실이 훨씬 많게 된다.

가해자와 가해자가 속한 집단의 명예는 그렇게 중요하고 피해자나 국민들은 안중에도 없는 것인가. 한번만이라도 피해자의 입장에서 생각해보지. 최근에 의문사 진상규명 위원회에서 여러 가지 제약 속에서도 각고의 노력 끝에 의문사로 묻혀져간 주검에 대해서 그 진상을 규명하여 발표하였고 그 중 한 사건으로 많은 논란이 있었던 허원근 일병 사망사건이 있었다. 위 위원회에서 회식도중 상사의 총기 오발사고로 인한 사망이라고 발표하자 얼마 되지 않아 군 조사단에서는 조사과정상 많은 의문을 남긴 채 내무반에서 총기 오발사고가 없었다고 발표하였다. 무엇이 그렇게 조급하여 조사과정상 많은 물의를 일으키며 짧은 기간에 조사를 하여 그 결과를 발표하는지 이해가 되지 않는다. 과연 군 조사단이 피해자의 인권과 진실규명을 위한 조사였는지 아니면 조직의 명예를 보호하기 위한 조사였는지 진정으로 묻고 싶다. 조급한 변명이나 진실 가리기는 일시적인 미봉책은 될 수 있을지 모르나 언젠가는 진실은 밝혀지는 것이다.

앞으로는 이러한 일이 발생한 경우 곧바로 무조건 부인하거나 책임회피에 급급하지 말고 충분하고 철저한 진상 조사를 하여 진실을 밝히고 그에 따른 조치를 취하도록 노력해보자. (대한변협신문 2002. 12. 2.자 민경한 변호사의 2000자 칼럼)

임대아파트 입주서민들의 보호대책이 시급하다

얼마 전 모 TV 방송에서 방영한 임대아파트의 부도로 인한 서민들의 피해와 국민주택 기금의 유출에 관한 프로를 보면서 화가 치밀어 올랐다. 전국 임대아파트의 30% 가량인 22만 가구, 광주지역의 민간 임대아파트 17개 단지 5,755세대, 화순군의 경우 5곳의 24평형 미만의 국민주택형 임대아파트 2,100세대가 건설회사의 부도로 인하여 위 아파트에 입주하거나 입주하려 한 영세한 세입자들이 자신의 전 재산이나 다름없는 임대보증금을 떼일 판이라고 한다. 사람이 생활하는데 필수조건인 의식주 중에서 조용한 안식처인 내집 마련이 일반 서민들의 가장 중요하고 커다란 꿈이 아닌가 싶다. 여유가 있어 쉽게 내 집을 마련하는 사람도 있겠지만 대부분의 서민들은 월세, 조그마한 전세에서 출발하여 먹을 것 안 먹고 입을 것 안 입으며 허리띠 졸라매는 생활을 하여 내 집 마련의 부푼 꿈을 안고 검소하게 살아가고 있다.

그런데 그 동안 피땀 흘려 모은 전 재산인 임대보증금을 떼이게 된다면 그 고통이야 이루 말할 수 없지 않겠는가. 건설회사들은 땅만 있으면 4% 의 낮은 이자에 10년 거치 20년 상환의 국민주택 기금을 융자받고 있는데 착공계만 내면 대출 승인액의 40%를 선급금으로 지급하는 규정을 악용해 착공도 하지 않은 채 심지어는 땅도 구입하지 않은 상황에서 착공계만 제출하여 대출금만 받아먹고 고의로 부도를 내버린다는 것이다.

강원도 어느 산간오지에 630세대 대부분이 미분양이어서 새로운 아파트의 경우 미분양이 불을 보듯 뻔한데 바로 맞은편에 25층 임대아파트 건축을 허가하였다. 그 건축업자도 인정했듯이 그곳은 애초부터 바닷가 휴양지로서 농민이나 실수요자가 이용하기는 곤란하고 콘도나 민박용으로 임대할 아파트였다고 하는데 관계기관에서 어떻게 사업허가를 내주었는지 기가 막힐 노릇이다.

부도에 대비하여 주택은행이 임대아파트의 토지 등에 모두 1순위 포괄 근저당권을 설정해 놓고 있어 세입자들은 확정일자를 받아 놓아도 무용지물이다. 또한 영세입주민을 위해 주택임대차 보호법에서 서울시 · 광역시의 경우 임대보증금이 3,000만원 이하일 때 1,200만원, 시 · 군의 경우 2,000만원 이하일 때 800만원의 소액보증금의 우선 변제권을 규정해 놓고 있기는 하다. 그러나 임대아파트의 주된 평형인 24평형의 경우 광주권의 경우 임대보증금이 3,800만원 내지 4,200만원, 화순의 경우 2,830만원 가량으로 교묘히 임대차 보호법상의 상한선을 초과하게 하여 우선변제를 한 푼도 못 받게 된다.

이와 같은 건설회사의 부도의 주된 원인은 지방자치 단체의 무분별한 임대아파트 사업허가, 주택은행의 허술한 주택기금 대출심사, 건설교통부의 감독소홀(건설교통부 주택정책과 공무원 2명이 41조원이 넘는 기금을 관리하고 있다니 한심스럽다), 눈 먼 돈인 주택기금을 하루 빨리 받아 착복하려는 건설업자의 비도덕성 등의 총체적 부실이 그 근본 원인이다. 부도난 임대아파트 주민들이 자신들의 아픔을 하소연하며 보증금을 반환 받을 수 없겠느냐고 법률상담을 해올 때 구제될 수 있는 답변을 주지 못해 정말 안타깝다. 임대아파트 입주자들의 대부분이 서민이고 그 보증금은 입주민들의 전 재산이며 보증금을 떼인 서민들이 갈 곳은 어디인가. 한번이라도 그들의 입장을 생각해 본다면 가슴이 저미어오고 하루 빨리 임대아파트 사업자들의 부도에 대한 처벌 및 적절한 대책이 시급하다. (전남일보 2001. 9. 5.자 전일시론)

원칙이 무너지는 사회

원칙은 모든 사람들의 생활규범 및 가치의 척도가 되고 분쟁이 발생하거나 문제가 생겼을 때 시비, 선악의 판단기준이 된다. 많은 사람들이 원칙을 따르고 원칙을 따르는 사람들이 대우받는 사회는 맑은 사회요 선진화된 사회이며, 원칙이 무너지고 원칙을 지키는 사람이 손해를 보는 사회는 희망이 없고 혼란스러운 사회라고 할 것이다.

혈연, 지연, 학연 등 정실주의와 집단 이기주의가 만연되어 있고 부정부패가 횡행하는 우리 사회에서는 원칙을 지키려고 노력하는 사람들은「융통성이 없는 사람」,「요령이 없는 고지식한 사람」,「깨끗한 물에는 고기가 살지 않는다」며 무능하고 형편없는 사람으로 매도되고 있다. 반면에 원칙은 깡그리 무시하고 술수에 능하고 시류에 영합하며 고민 없이 편하게 살아가는 사람이 승진도 잘하고 능력이 있다며 대우받고 돈도 잘 버는 경우가 수 없이 많다.

얼마 전 교통법규 위반자를 단속하여 교통질서를 확립하기 위하여 교통법규 위반자를 신고한 자에게 포상금을 지급하겠다는 공고를 낸 적이 있다.

위 공고에 따라 몇몇 사람들이 교통법규 위반자들이 많은 지점에서 수백 건의 위반사실을 적발하여 신고하고 포상금을 신청하였다. 정부의 시책에 적극 호응하고 교통질서 확립에 기여했으므로 칭찬을 하고 적극 권장하는 것이 원칙일 것이다. 그런데 오히려 적발 당한 사람들이 도로의 구조나 신호체계가 잘못되어 교통법규를 위반하게 되었으므로 자신들의 잘못이 아니고 '전문 신고꾼들' 이 그것을 노려 대량으로 위반사실을 발각하여 신고한 것은 잘못된 것이라고 집단으로 항의하고 있다. 더 나아가서 당국에서는 교통사고 위반자들이 많은 곳에 '전문 사냥꾼이 단속하고 있으므로 조심하라' 는 플래카드나 팻말을 붙여놓고 있으니 한심하기 짝이 없다. 설사 도로의 구조나 신호체계가 잘못되었더라도 위반하지 않은 사람들이 수없이 많으며 이는 차차 개선해 나가야 할 것이다. 시간, 비용을 낭비하면서 적발하는 사람들도 위반사실이 많은 지점을 택하는 것은 지극히 당연한 것이 아닌가.

얼마 전에는 몇몇 보험사에서 교통법규를 잘 지키고 안전운전을 하여 몇 년 동안 무사고 운전자의 경우 보험료의 60%가 할인되고 그 비율이 보험가입자의 20% 정도 되는데 이들의 보험가입을 거부한다는 보도를 보았다. 법을 잘 지키고 안전운행을 하여 오랫동안 무사고 운전을 한 경우 표창은 못할망정 보험가입을 거부한다니 이 또한 얼마나 황당한 일인가.

최근에 언론사 세무조사를 한 결과 범법사실이 포착되어 수사를 하고 언론사주를 구속 기소하여 재판을 하고 있는데 언론탄압이니 형평성에 어긋나느니 하는 온갖 트집을 잡고 변명을 한다. 범법행위를 한 자, 그것도 범법행위의 기간이나 규모가 상당한 이들을 법 절차에 따라 수사하고 재판하여 처벌을 하는 것은 법치사회에서 지극히 당연한 것 아닌가.

다른 사람이 세금포탈을 하면 탈세요 자신은 관행이며, 탈세행위로 다른 사람을 처벌하면 조세정의 실현이요 자신을 처벌하면 언론탄압이라는 말인가. 도대체 무엇이 원칙이고 무엇이 정도인지 분간을 못할 정도로 혼란스럽기만 하다. (전남일보 2001. 10. 15자 전일시론)

원칙 있는 나라에서 살고싶다

요즈음 신문, TV 뉴스를 보고 있으면 내가 도대체 어느 나라에서 살고 있는지 혼란스럽고, 민주화가 진전되었고 OECD 국가로서 세계 경제규모 13위라는 나라가 맞는 것인지 의문이 간다.

총선이 채 50일도 남지 않았는데 선거구와 의원정수도 확정되지 않았고 총선에 적용될 선거법도 아직 개정하지 못하고 있다. 뒤늦게 기존 선거구와 다른 선거구가 확정되면 입후보자들은 짧은 기간에 어떻게 새로 바뀐 선거구민의 여론을 수렴하여 공약을 마련할 것인가. 또한 생소한 지역에 가서 15일간의 선거운동 기간동안에 비현실적인 적은 비용으로 그 넓은 지역의 유권자를 만나 후보자 자신과 정책, 비젼 등을 알리는 선거운동이 가능하겠는가. 총선 50일전까지 선거구와 의원정수가 확정되지 않은 나라가 세계 다른 나라에 또 있을까.

뇌물수수 혐의로 재판을 받던 광주시장이 법정구속 되자 시정공백과 지역 현안사업이 차질을 빚는다고 불구속 재판을 촉구하는 탄원이 시청 공무원들, 시의원, 일부 시민단체, 일부 대학교수까지 가세하여 21회나 되었다고 한다. 단체장의 유고를 대비하여 부단체장이라는 제도가 있는 것이므로 2명의 부시장이 구속된 시장의 눈치를 보지 않고 시장을 대신하여 법에 정해진 권한을 행사하여 시정과 지역 현안사업을 처리해 가면 되는 것이다. 시장의 업무가 정지되었다고 해서 시정 공백이 생기고 지역 현안사업이 차질을 빚을 정도로 부시장이나 많은 시·구청 공무원들은 허수아비란 말인가. 무죄추정이 헌법상의 대원칙이지만 범법행위를 하였고 진술을 번복하며 공소사실을 부인하고 있고 증거인멸을 시도한 경우라면 우리의 형사제도상이나 법 감정상 구속재판을 하는 것은 얼마든지 있을 수 있는 일이다.

시청 공무원들은 비리시장에 대해 탄원 서명운동을 벌인 것도 부족해 시장의 공판시 서울까지 올라가 방청석에서 '시장님 파이팅' 이라는 구호를 외치고 박수를 치는 등 일부 공무원들의 과잉충성과 비리시장 감싸기는 원칙을 벗어난 매우 한심스러운 행동인 것이다.

요즈음 대검에서 국민들의 전폭적인 지지를 받으면서 강도 높게 대선자금 수사를 하여 범법사실이 포착되면 여야, 지위 고하를 막론하고 소환, 구속 기소하여 재판을 하고 있는데 혐의자들은 무조건 부인부터 하면서 정치탄압, 표적수사니 마녀사냥이니 온갖 변명을 하고 발버둥을 친다. 범법행위를 하지 않았고 정말로 억울하다면 떳떳하게 검찰에 나가서 자신의 결백을 입증하면 될 것이다. 범법행위를 한 자, 그것도 범법행위의 액수가 상당하고 죄질도 좋지 않은 이들을 법 절차에 따라 수사하고 재판하여 처벌을 하는 것은 법치사회에서 지극히 당연한 것 아닌가. 다른 사람을 처벌하면 사법정의 실현이요 자신을 처벌하면 정치탄압이라는 말인가.

우리 나라의 많은 집단의 사람들은 자기가 소속한 집단의 구성원에 대한 비리는 옳고 그름을 떠나 무조건 감싸려고만 하고 자기 집단에 대한 건전한 비판도 수용하기를 거부하는 경향이 너무 강하다. 선진사회에서는 많은 사람들이 원칙을 따라야 하고 원칙을 따르는 사람들이 대우받는 사회가 되어야지, 원칙을 지키는 사람이 손해를 보고 원칙이 무너지는 사회가 되어서는 절대로 안 된다. 정말로 원칙이 바로 서는 나라에서 살고 싶다. (광주일보 2004. 2. 27.자 기고문)

21C엔 폭탄주 문화를 청산하자

1976년 3월 재수하면서 술을 마시기 시작하였으니 주력은 25년째요, 변호사 개업 이후 폭탄주를 마시기 시작했으니 폭탄주 주력은 만 10년이 넘었으며, 술좌석에서 폭탄주를 주도했던 사람 중의 한 사람이고 폭탄주를 10잔 이상 마셨으니 폭탄주에 대해서 약간은 논할 자격이 있을 것 같다. 술이란 인류에게 특히 예로부터 음주가무를 즐기는 한민족에게는 필수불가결한 음식의 하나이며 생활의 윤활유가 되기도 한다.

그러나 술은 원래의 용법대로 물(水)을 닭(酉)이 쪼아 먹 듯 천천히 음미하면서 마셔야 한다는 것이다. 술은 타고난 체질과 관련도 있지만 체력과 밀접한 관련이 있는 것 같다. 필자의 경우 하루 저녁에 폭탄주 10잔 이상을 마신 경우 30대 중반에는 아침에 일어나기가 약간 힘들 뿐 이었으나 30대 후반에는 점심때가 되어야 머리가 맑아지고 40대 초반에는 퇴근 때쯤 되어야 컨디션이 회복되며 요즈음은 하루를 더 자고 나야 기력이 회복된다. 최근에는 폭탄주를 10여잔 이상 마시면 가끔 필름이 끊기는 경우가 있어 정신을 잃은 동안 무슨 실수라도 하지 않았을까 다음날은 너무도 두려운 생각이 든다.

폭탄주 예찬론자들이 그 주요한 논거로 드는 것은 다음의 2가지다.

첫째는 값싼 비용으로 빨리 취할 수 있다는 것이다. 그러나 폭탄주를 마시는 경우 절대로 값싼 것이 아니다. 폭탄주를 마시지 않는 경우 양주를 잘 마시지 않게 되고 맥주, 소주를 마시게 되며 맥주, 소주는 술값도 쌀 뿐 아니라 그에 따른 안주도 저렴하여 3, 4명이 마셔도 10만원 미만으로 즐겁게 마실 수 있다. 그러나 폭탄주를 마시는 경우 그 장소부터가 대부분 단란주점, 고급카페 등 일단 술값이 비싼 곳이고 폭탄주에 따른 안주 등도 너무나 비싸며 대부분 서빙하는 아가씨가 1, 2명 따르게 된다. 또한 그 날의 주인공이나 좌장이 먼저 제조하여 한 순배 돌리고 그 다음 사람들이 2, 3 순배 돌리면 분위기가 고조되어 계속 제조하여 돌리고 얼마 뒤에는 술이 술을 먹게 되어 금새 7, 8잔 되어 버린다. 폭탄주를 마시면 잔으로 그냥 양주를 마시는 것보다 적게 마신다고 항변하는 사람도 있지만 몇 순배를 돌리게 되고 분위기가 고조 된데다 아가씨까지 있게 되어 훨씬 많이 마시게 된다.

둘째 이유는 지위 고하, 노소 불문하고 잔 하나로 폭탄주를 돌려 마시면 일체감이 형성되고 우의가 더욱 돈독해진다는 것이다. 함께 폭탄주를 마시면 약간은 친밀감이 더해지는 것은 사실이나 그 부작용이 훨씬 더 많은 것 같다. 몇년 전 동기검사들이 부임해 와 연수원 동기 모임을 가졌는데 저녁식사 후 폭탄주가 돌기 시작했는데 모 검사가 폭탄주 2잔을 마신 뒤 토하고 고생을 하였는데 2년 뒤 다른 곳으로 전근 갈 때까지 몇 차례의 모임동안 한번도 참석치 않았었다. 어찌 우의가 돈독해 지겠는가. 사람마다 주량이 다르거늘 폭탄주가 돌게 되면 주량이 약한 사람은 얼마나 고역이겠으며 거절하는 것이 어디 쉬운 일인가.

폭탄주를 즐기는 변호사님 들이여! 주머니 사정도 예전과 같지 않고 주력이 늘어남에 따라 건강도 악화되지 않았습니까. 게다가 취중진언이나 취중실언을 하고 패가망신한 법조 선배님들도 있었지요. 금년에는 맑은 정신으로 준비서면을 쓰고 건강한 모습을 간직할 수 있도록 우리 모두 폭탄주 문화를 청산합시다. [광주지방변호사 회보 2000. 3. 15.자 변호사 수첩]

달라져야할 골프문화

골프에 입문한지 5년 가량 되었으나 미국 가서 혼자 시작하였고 소질도 없는 데다 별로 좋아하지도 않고 필드나 연습장에도 별로 나가지 못하는 형편이라 스코어는 90대 중반에 머물고 있다. 날씨 좋은 날에 맑은 공기를 마시면서 푸른 잔디를 밟으며 마음 맞는 동반자와 스코어에 별다른 신경 쓰지 않고 골프를 칠 때면 기분이 상쾌해지고 즐거운 일이다. 그러나 그 즐거움에 비해 부작용이나 짜증나는 일이 너무나 많다.

먼저 부킹의 어려움과 온갖 청탁에 의한 부킹의 무질서이다. 약간의 사람을 제외하고는 평일은 근무중이어서 대부분의 골퍼들은 토요일 오후나 일요일, 공휴일 등에만 가능하다. 몇몇의 골프장을 제외하고는 회원권을 소지하고 있으면서도 토 · 일 · 공휴일 등에 골프 한번 치기 위해서 부킹 예약 시간에 전화를 하거나 팩스를 보내려 해도 통화하는 것 자체가 하늘의 별따기다.

과연 공휴일 그것도 황금 시간대에 골프를 치는 사람들은 2시간 동안 계속 전화를 걸어 운 좋게 통화가 되어 부킹을 한 사람일까, 아니면 금전이나 친분관계, 지위를 이용하여 청탁에 의한 부킹일까, 너무나 자명한 것이다. 오죽했으면 얼마 전 국세청장이 세무공무원들에게 부킹 청탁을 거절하라는 공문을 보냈을까라는 생각이 든다.

또 하나는 골프 치면서 내기를 하여 골프장 질서를 문란케 한다. 우리나라 골퍼들 중 많은 사람들은 금액의 차이는 있지만 골프를 치면서 내기를 하고 내기를 거절하면 왕따 당하는 분위기다. 첫 홀을 시작할 때부터 핸디를 몇 개 주느냐는 문제로 실갱이를 벌이면서 돈이 오간다. 게임이 시작되면서 벌타 유무, 벌타의 수, OB선상이다 아니다, 몇 타 쳤는지 등으로 실갱이를 벌이고 한사람이 많이 잃었을 때는 분위기가 살벌해 지는 등 온갖 추태를 볼 수가 있다. 대부분의 사람들이 내기를 하지 않으면 집중이 되지 않고 대충 치게 되므로 내기를 해야 된다는 것이다. 돈 내기를 하지 않으면 집중이 되지 않고 대충 치게 되는 골퍼라면 이미 골퍼로서 자격이 없는 것이다.

셋째는 운동 한번 하는데 그린피, 캐디피, 그늘 집(필드 안의 매점) 비용 등으로 비회원의 경우 20만원 가량이 소요되고 거기다가 내기를 하거나 저녁식사까지 하는 경우 10만원 가량이 추가되고 비싼 골프 옷, 골프채, 연습장 비용, 레슨비 등 부대비용이 얼마나 많이 드는가. 골프를 진정한 운동으로 생각하고 대중화하려 한다면 캐디를 없애고 골프 백을 직접 끌고 다니며 치고 그늘 집을 없애고 비싼옷, 비싼 채만 고집하지 말고 값싼 국산 채를 이용하고 내기를 하지 않고 저렴한 비용으로 누구나 즐기게 할 수 있어야 한다.

미국 유학시절 30여 군데의 골프장을 가봤지만 캐디나 그늘 집은 없었으며 샤워장은 2~3군데에 불과하였고 거의가 카터를 직접 끌면서 햄버거나 콜라를 집에서 가져와 먹으면서 골프 자체를 즐기며 치는 것이다. 건강이 약하거나 경사가 너무 심한 곳이라면 골퍼가 직접 전동 카터를 몰고 다니면서 치는 경우가 거의 대부분이었다. 한국사람을 제외하고 돈내기를 하는 외국인은 단 한 사람도 보지 못했다.

깨끗하고 비싼 옷을 입은 채 캐디를 데리고 복잡하고 세밀한 경기규칙 속에서 골프를 치는 것이 다른 운동에 비해서 몸싸움이 전혀 없고 조용히 치므로 겉으로는 신사적인 운동처럼 보인다. 그러나 온갖 청탁을 통해 부킹을 하고 돈내기를 하면서 실갱이를 벌이고 스트레스 풀러 왔다가 스트레스 쌓여서 가는 가장 비신사적인(?) 운동이 골프가 아닐까. 이러한 비신사적인 골프문화를 하루빨리 개선해 보자. (광주일보 2001. 3. 19자 기고문- 당시 친구인 광주일보 체육부장의 골프 예찬 칼럼에 대한 반론의 글임)

언론 보도! 이런 점은 고치자

내가 구입한 재화 중 지불한 값에 비하여 효용이 큰 즉 소비자 잉여가 가장 큰 재화로는 신문, 볼거리가 많은 해외여행, 멋진 운동경기이다. 나는 집과 사무실에서 지방지 1개, 중앙지 3개 등 4개의 신문을 구독하며 신문을 읽는데 하루에 2시간 가량을 투자한다. 바빠서 못 읽는 경우 모아 놓았다가 휴일 날 한꺼번에 읽는데 가히 신문매니아라 할 수 있다. 기사를 통해 많은 정보를 취득하고 공감이 가는 칼럼 등을 읽노라면 카타르시스를 느끼게 된다. 그러나 신문을 읽다보면 짜증이 나고 눈살을 찌뿌리게 하는 경우가 자주 있게 된다.

첫째, 과격하고 전투적이며 선정적인 제목이다.

제목을 보면 뉴스가 보인다고 기사 내용을 일일이 안 읽어도 몇 마디 제목 속에 사건의 핵심이 함축되어 있으므로 제목은 참으로 중요하다. 신문사의 입장에서는 독자들의 관심을 끌고 효율적인 제목 선정을 위하여 약간의 과장, 축약, 생략 등의 표현기법이 필요할 수는 있다. 그러나 내용과는 별 상관없이 과장하여 '파국, 대란, 혼미, 내분, 초토화, 엽기' 등 과격하고 선정적이며 전투적인 구호를 너무 자주 사용한다. 자극적이고 전투적인 제목을 버리고 좀 더 세련되고 함축적이며 멋있는 제목을 사용해 보자.

둘째, 지나친 특종, 속보경쟁 때문에 사실확인 작업을 소홀히 한다.

다른 언론사보다 하루 한시라도 빨리 보도하려는 그 놈의 특종경쟁 때문에 사실확인 작업을 소홀히 하고 '카더라' 식으로 일단 터트려 놓고 본다. 책임을 면하기 위해서인지 확인되지 아니한 일방적 주장을 따옴표로 묶어 보도하거나 취재원 제시 없이 '전해졌다, 알려졌다.' 식으로 인용하고 보도의 기본인 반론권도 보장해주지 않는다. 대법원 판례는 인용보도라 하더라도 사실확인 작업을 소홀히 한 경우 위법성을 인정하고 있다. 또한 의료, 법조, 과학기술 등 여러 전문적인 분야에 대한 용어 사용이나 문제점의 지적시 해당 전문가에게 자문을 구하면 곧 바로 알 수 있는 것을 자존심 때문인지 전문가에게 자문을 구하지 않아 너무도 기본적인 것마저 잘못된 보도를 할 때가 많다. 피고와 피고인, 민사와 형사 소송절차도 구별 못하고, 집행유예의 요건 및 뇌물죄와 정치자금법의 구성요건이나 법정형도 모른 채 형평성에 어긋난다고 보도한다. 전문분야에 관한 보도는 최소한 주변의 전문가에게 검증을 거치는 노력과 예의는 갖추어야 할 것이다.

셋째, 언론의 사명인 건전하고 올바른 여론을 형성하고 다양한 의견을 균형 있게 수렴하여 공정하고 중립적인 보도를 하여야 한다.

최근의 탄핵사건, 김선일 피랍사건, 남파간첩의 전향공작에 저항한 행위에 대한 의문사위의 민주화운동 인정사건, 송두율 교수사건 등 여러 사건에서도 언론이 자신의 성향에 따라 선호하는 방향으로 자기논리를 정당화하거나 편파보도를 한다. 사회적 갈등의 구조적 배경은 설명하지 않고 외부로 표출된 갈등의 모습만 보도하여 오히려 사회적 갈등을 부추기는 모습을 보여준다. 또한 여론이 첨예하게 대립되는 사안에 관하여는 찬성, 반대 의견을 같은 비중으로 다루고 전문적이고 깊이 있는 내용으로 분석, 비판하고 대안을 제시하며 설득하는 모습을 보여주어야 한다.

넷째, 적극적인 정정 보도는 오히려 신뢰를 갖게 한다.

언론이 잘못 보도를 하여 개인에게 피해를 주었을 때는 반론문을 실어주는 시늉만 하지말고 잘못을 솔직히 시인하고 적극적으로 정정, 반론보도를 싣자. 피해자에 대한 진실한 구제노력을 보여줄 때 독자로부터 신뢰를 얻게 되고 장기적으로는 언론기관에도 도움이 된다.

한국 언론재단이 시민과 언론 종사자에게 최근에 실시한 여론조사 결과에 의하면 언론의 문제점으로 일방의 주장만 보도하는 편파보도(38%), 사실여부를 확인하지 않은 부정확한 보도(19.0%), 흥미위주의 선정적인 보도(16.5%), 사건의 전체가 아닌 일부만의 보도(13.5%)로 조사되었고, 시민의 6.5%, 언론종사자의 33.5%만이 우리나라 언론이 사회적 공익이나 개인적인 권익 보호를 위해 책임과 의무를 성실히 수행하고 있다는 결과는 우리 언론의 문제점의 심각성을 보여주고 있다. (광주일보 2004. 8. 23. 자 월요광장)

회원으로서 권리와 의무

회원수의 급격한 증가, 변론 준비절차 시행으로 인한 법정출입 횟수 감소, 개인주의적 성향이 강한 신세대 회원들의 등장, 치열한 수임경쟁 등으로 인하여 각 지방 변호사회마다 이름이나 얼굴도 모르는 회원들이 늘어나고 회원들간의 교류가 소원해져 간다고 한다. 광주 지방변호사회도 예외는 아니며 내가 97년 가을에 광주에 이전 개업할 때 99번째였는데 그 뒤로 7년여 동안 40여명의 회원이 더 늘었고, 회원들로부터 이름과 얼굴을 모르는 회원이 여러 명이라는 말을 자주 듣곤 한다.

그러나 광주 지방변호사회는 다른 지역에는 거의 없는 좋은 전통이 몇 가지 있다. 신입회원의 개소식 때 회장을 비롯한 집행부가 모두 참석해서 축하를 해주고, 회장이 신입회원에게 순금으로 된 변호사 뱃지를 달아주면서 변호사로서 무거운 책무를 느끼고 사회정의 실현과 인권옹호에 힘쓰라고 격려해 준다. 또 하나는 매년 봄 신입회원 환영을 위한 등반행사와 가을에 회에서 경비를 전액 지원하여 1박 2일간의 가족동반 여행을 하는데, 60대, 70대의 원로회원들이 많이 참석하여 후배들에게 좋은 말씀을 들려주는 것이 참 좋아 보인다. 97년 이후에 가족여행을 간 곳은 강화도 마니산, 속리산, 제주도, 안동 하회마을, 단양 8경, 경북 영일 내연산, 안

면도, 거문도와 백도이고, 98년 이후 신입회원 환영등반을 한 곳으로는 월출산, 담양 금성산성, 보성 제암산, 승주 조계산, 무주 적상산, 부안 내소산, 해남 달마산 등이다. 원로회원들은 20여 년 이상을 전국의 명승고적을 찾아다니다 보니 안 가본 곳이 거의 없고 이제는 과거에 갔던 곳을 다시 가게 된다고 한다. 나는 개인적인 사정에 의해 모두 3회(속리산, 영일 내연산, 담양 금성산성) 참석하지 못하였는데 위 15번의 행사 중 12번 즉 80%를 참석하였다. 회원들은 위 15회의 행사 중 몇 번 정도 참여하였는지 스스로 헤아려보자.

물론 변호사란 직업이 각종 모임에 참석해야 하므로 매우 바쁘고, 가정사나 몸 상태 등 여러 가지 사정에 의하여 매번 참석할 수는 없고 불참한 경우가 얼마든지 있을 수 있다. 그러나 회원들 중 위 15회의 행사 중 한번도 참석하지 않은 회원도 몇 사람되고, 50% 이하로 참석한 사람들도 상당수 되는 것으로 안다. 몇 년 전 신입회원 환영 등반 가는 날 젊은 회원 4명이 함께 골프 치러 갔다는 얘기를 듣고 귀가하는 버스에서 오락사회를 보면서 그 회원들에게 "자주 치는 골프, 한번 안치면 어디 덧나나. 대자연의 맑은 공기 마시면서 신입회원 환영해주고 선후배들과 술 한잔하면 얼마나 좋은가. 오늘 같은 날, 골프 치러 가는 회원들은 나쁜 사람들이야!" 라고 핀잔을 주었던 기억이 난다.

동창회나 향우회 등 각종 모임에서 평소 잘 참석하지도 않고 모임의 사정도 잘 모른 사람이 어쩌다 한번 참석하여 불평만 하는 경우를 종종 보게 된다. 검찰이나 시민단체에서 법조비리에 대하여 수사를 한다거나 접수창구를 개설하면 변호사회의 행사에는 전혀 참석하지 않은 사람이 제일 먼저 변호사회를 찾고 많은 요구사항과 불평만 늘어놓은 모습을 본다. 변호사회가 비리 회원의 방패막이 해주는 곳인가. 평소에 변호사회의 행사에나 잘 참여할 일이지, 불리할 때만 변호사회를 찾는가. 또 회의 행사에는 거의 참석하지 않은 사람이 회장 등이 되어서는 안 된다고 생각한다. 매년 위 2번의 행사와 송년회 등 회의 행사에 자주 참석한 사람이 집행부가 되어야 권위가 서고 회원들에게 참여를 요청할 수 있을 것이다.

회원이라면 여러 가지 권리도 있겠지만 그에 앞서 의무도 있는 것이고, 의무를 떠나서 맑은 공기 마시면서 명산고찰 관광하고 회원들과 친교의 시간을 갖는 것도 큰 즐거움이며, 변호사 업계가 어렵고 삭막해질수록 회의 행사에 가능한 한 참여하고 협조해 주면 얼마나 좋은 일인가. 변호사회가 나를 위해 무엇을 해 줄 것인가를 묻지 말고 내가 변호사회를 위해 무엇을 할 것인가를 생각해보자. (광주지방변호사 회보 2004. 12.월호 시론-광주 지방변호사회 총무이사 민경한)

화목하고 순박한 화순 모습을 되찾자

70년대까지만 해도 화순하면 떠오르는 것이 무연탄과 이서 적벽이었고 포장된 도로 하나 없이 광주에서 화순을 가려면 그 위험한 너릿재 고개를 넘어야 하는 산간벽지였다. 80년대, 90년대 들어서 운주사와 고인돌 군이 알려지기 시작하여 외지 관광객이 많이 유입되고, 골프장과 온천단지까지 들어서서 지금은 화순이 문화, 레져 고을이 된 것 같다. 사통팔달로 도로가 뚫리고 광주에서 가까워서인지 직장은 광주이고 화순에서 잠만 자는 베드타운이 형성되어 인구가 늘고 외지인이 많이 유입되어 서울 인근의 일산, 분당과 같은 광주의 위성도시로 변모하였다. 지금은 화순, 능주, 이양 모두 읍, 면 소재지를 통과하지 않은 외곽도로가 뚫려 산수동 집에서 이양 부모님 댁까지 차로 30분이면 충분하고, 어떤 때는 어머니 생각이 나면 점심시간에 시골집에 가서 점심을 먹고 오기도 한다.

그러나 가끔 시골에 갈 때면 옆 마을에는 농공단지가 들어섰고 소달구지 달리던 마을 앞길은 포장된 외곽도로가 생겨 통행량이 많아 교통사고가 자주 발생한다. 심지어는 마을 뒷산 한 가운데로 화순~보성간 고속도로 공사가 한창인데 산업화, 도시화의 물결 속에 어쩔 수 없다고 자위해 보지만 평화롭고 아늑한 옛날 시골 마을의 정취는 느낄 수가 없어 안타깝기만 하다.

나는 서울 쪽에서 생활할 때 고향이 어디냐고 물으면 글자 그대로 화목하고 순박하며 순리대로 살아가는 전남 화순(和順)이라고 자신 있게 말하였다. 예로부터 우리 화순은 서로 다투지 않고 평화롭고 화목하며 욕심부리지 않고 양보하며 순리대로 살아가는 사람들이 모여 사는 인심 좋은 곳이라고 소개되었다. 내가 1999. 1.부터 2003. 1.경까지 만 4년 동안 전라남도 공무원 인사위원회 부위원장으로 있을 때 한 달에 한 번씩 약 50여 회의 인사위원회를 개최하여 수백 명의 공무원이 인사위원회에 회부되었으나 내 기억으로 화순 공무원 중 단 2건 3, 4명의 공무원이 조그마한 실수로 인해 경징계만 받을 정도로 화순 공무원들은 모범적인 공무원이었다.

그러나 산업화의 영향인지 광주 근교여서 도시 문명의 유입으로 인한 것인지 아니면 다른 이유인지 몰라도 우리 화순이 분열, 대립이 심하고 분쟁이 많은 지역으로 낙인찍히는 안타까운 상황에 처하게 되었다. 화순은 무슨 정치꾼들과 파당이 그렇게 많은지 선거 한번 치르면 홍역을 치르고 반목, 질시, 분열, 대립이 상존하고 최근 10여년 동안 선거로 인해 군민들은 분열되고 군정이 중단되기까지 하는 창피한 군이 되어 버렸다. 다른 어느 지역보다도 분열, 대립, 갈등이 많아 단합된 힘을 보여주지 못하여 시간과 정력의 낭비가 많았으며 비생산적이고 침체된 모습을 많이 보여주었다. 예나 지금이나 우리 화순사람들은 정직하고 순박한 사람들이었는데 근자에 들어 왜 이렇게 분열, 대립만 하고 부패한 지역으로 낙인찍혔는지 안타까울 따름이다.

세상을 살아가면서 가슴속에 변하지 않고 남아 있는 것은 어머님의 품 같이 포근하고 정겨운 고향에 대한 향수일 것이며 나이가 들어갈수록 그 정도가 더해 갈 것이다. 세상이 아무리 변하였다하여도 내가 태어나고 꿈과 희망을 키웠던 우리의 영원한 고향인 화순을 사랑하는 마음을 갖고, 언제나 반목, 질시만 할 것이 아니라 타인을 존중하고 화순과 국가를 발전시킬 수 있는 자질 있는 지도자를 뽑고 원래의 화순의 모습인 화목하고 순리를 따르는 인간미 넘치는 화순 사람들이 되자.

앞으로 우리 화순도 지난 날의 대립, 분열을 극복하고 화해와 용서로써 포용하며 안정되고 희망찬 사회로 다시 도약할 수 있도록 힘을 모아 보자. 또한 우리 화순이나 우리나라 곳곳에서 부패가 근절되고 부패 및 비리사범은 철저히 도태되고 모든 분야에서 정의와 형평이 살아 숨쉬는 사회를 만들도록 우리 모두 노력해보자. (재광 화순군 향우회지 '청정골 화순' 2005년 창간호)

정치인, 판결 그리고 준법의식

진정한 민주주의의 달성을 위해서는 법치주의를 실현해야 하고 법치주의의 근간은 사법기관의 엄격한 법 집행과 국민들의 철저한 준법의식이다. 우리 국민은 죄를 짓고도 잘못을 반성하기는커녕 재수가 없어 나만 걸렸다고 생각하고 확정된 판결도 따르려 하지 않는 경향이 강하다. 정치인이나 고위 공직자들이 사면, 복권으로 금방 빠져 나오고 형평 잃은 수사와 처벌, 사법 불신 등이 그 원인일 수도 있지만 국민들의 잘못된 준법의식과 집단 이기주의에서 비롯된 면이 훨씬 더 큰 것 같다.

'2억원 굴비사건' 도 한나라당 소속 인천시장의 진술에 모순점이 너무 많고 의심 가는 대목이 한 두 가지가 아니므로 수사 및 처벌을 하는 것은 너무도 당연한 것이다. 그러나 한나라당은 야당 탄압이고 무죄라는 주장까지 하며 난리인데, 야당 단체장은 불법을 저질러도 수사를 해서는 안 된다는 말인가.

불법 대선자금 수수혐의 등으로 구속되어 있는 정대철 전 민주당 대표는 "대선 때 그렇게 열심히 뛰었는데…."라며 흥분하여 탁자를 내리치다 팔뼈에 금이 가고, "대통령이 이럴 수 있느냐. 나를 언제까지 삼옥에 눌 거냐?" 라고 하면서 그동안 면회 온 여권 인사들에게 몇 차례 격한 감정을 드러냈다고 한다.

그렇다면 대통령이 검찰이나 재판부에 청탁이나 압력을 가하여 수사를 중단시키거나 집행유예 등으로 석방시켜야 한다는 말인가. 여당대표를 지낸 사람이 이럴 정도이니 한심하기도 하지만 우리나라의 준법의식의 현주소를 보는 것 같아 정말 부끄러울 뿐이다.

전남에서는 2년 전 기초단체장 선거에 당선된 3명의 군수가 금품선거로 인하여 집행유예와 당선무효의 벌금형이 확정되었다. 최근에 재선거를 하게 되었는데 2곳에서 전 군수의 부인들이 출마하여 1명은 당선되고 1명은 낙선되었다. 물론 부인도 얼마든지 출마할 수 있는 것이고 아무런 법적 하자는 없다. 그러나 그들이 남편의 선거운동에 깊이 관여한 것은 누구나 다 아는 사실이고 남편의 불법선거로 인하여 재선거를 치르게 돼 군민들에게 많은 피해를 주었는데 처가 바로 그 재선거에 출마한다는 것은 도덕적으로나 법 감정상 있을 수 없는 일이다.

두 부부가 군민들에게 "군민 여러분! 저의 불법선거로 인해 2년여 동안 군정공백이 있었고 군민들이 분열 대립하고 또다시 수 억원의 군비를 낭비하여 재선거를 치르게 된 점에 대하여 깊이 사과드립니다."라고 무릎 꿇고 빌어도 그 동안의 피해를 생각하면 용서하기가 힘들다. 더 가관인 것은 언론보도에 의하면 출마의 변이 '남편의 명예를 회복하고 남편이 추진하던 사업을 계속하기 위해서' 라는 것이다. 명예를 회복하려면 부당하고 억울하게 손상된 명예가 있어야하는데 무슨 명예가 훼손되었다는 말인가. 그럼 대법원에서까지 잘못 판결을 하여 금품제공을 안 했는데도 억울하게 누명을 썼다는 말인가. 남편이 추진하던 사업이 꼭 필요한 사업이라면 후임 군수가 누가 되든지 계속 해야 하는 것이고, 바람직하지 못한 사업이면 중단해야 할 것이다. 남편이 추진하던 사업은 그 부인이 무조건 계속 맡아야 한다는 무슨 황당한 논리인가.

또한 당선된 군수가 불법선거로 구속되었을 때 진원지는 알 수 없으나 당시 그 지역 현역 국회의원이 그 군수를 구속시켰다는 소문이 그 지역 군민들에게 파다했으며, 여러 사람이 법조인인 나에게 그런 것이 가능하냐고 물었다. 국회의원이 군수까지 당선된 사람을 죄도 없는데 구속시킬 힘도 없고, 국회의원이 청탁이나 압력을 가한다고 하여 죄 없는 군수를 구속할 우리나라 판, 검사는 한 사람도 없으며 그것은 전혀 근거 없는 황당한 이야기라고 답변해도 잘 믿으려고 하지 않았다.

왜 우리 국민은 자신들의 잘못을 반성하지 못하고, 죄를 지은 뒤에도 그에 상응하는 벌을 받으려 하지 않고 사법판결에도 승복하려 하지 않을까. 최첨단 문화가 발달하고 아무리 세월이 흘러도 국민들의 도덕수준과 정치의식은 바뀌지 않으니 서글플 뿐이다. 국민들이여! 준법의식을 높이자.

(광주일보 2004. 11. 22자 월요광장)

불평등한 SOFA 전면개정에 적극 동참하자

얼마 전부터 나의 승용차 뒷 유리창에 천주교 정의평화 위원회에서 준 "Reform the SOFA! 불평등 SOFA 전면개정" 이라는 스티커가 붙어 있다. 평소 불평등한 SOFA는 전면 개정되어야 한다는 생각을 강하게 갖고 있었고 위 위원회 위원인 나는 위 스티커를 차에 부착하게 되었다.

일반적으로 국제법상 외국군대는 주둔하는 나라의 법률질서에 따라야만 하고 외국인이 국내에서 범죄를 저질렀을 경우 국내법에 의해 내국인과 똑같이 처벌을 받아야 하는 것이다. 다만 외국군대는 주둔하는 나라에서 수행하는 특수한 임무의 성격상 협정에 의해 일정한 편의와 배려를 제공받고 있다. 그러나 한미주둔군 지위협정은 미군들에 대한 편의제공 차원을 넘어 한국의 주권을 상실할 정도로 다른 나라 협정에 비해 지나치게 불평등하며 불평등한 조항의 구체적 내용은 언론 매체 등에 의해 수없이 보도되어 왔으므로 지면관계상 생략하기로 한다.

몇 년 전까지 내가 살았던 인천 부평의 아파트 단지의 담을 경계로 부평 미군기지가 있는데 미군들은 오래 전에 모두 철수하고 현재는 빵, 인쇄공장, 캠프마켓 정도로 사용하고 있는데 이곳에 근무하는 미군 등은 약 30

여명(실제는 11명이었으나 시민단체에서 항의하자 최근에 30여명으로 늘렸다고 함)이 근무하고 있을 뿐인데 인천 부평 도심 한가운데의 금싸라기 땅을 16만평이나 차지하며 반환을 거부하고 있는데 이 도심 한복판의 16만여 평의 땅에 공원을 조성하고 공공시설을 설치하여 시민들에게 휴식공간을 제공한다면 얼마나 가치 있는 일이겠는가.

독일 보충협정이나 미일 협정 등은 필요성을 상실하였거나 다른 시설이 대체될 때에는 지체 없이 사용을 해제하거나 무조건 반환의 원칙을 규정하고 있으나 한미협정에서는 사용의 필요성 여부, 즉 기지의 반환 여부를 사용국인 미국 측에 일임하고 있음은 주권국가 국민으로서 수치스러운 일이며 국토의 효율적인 이용이나 국민 경제에도 엄청난 손해임에 틀림없다.

얼마 전 주한 미 8군이 서울시민의 젖줄인 한강에 극독성 물질인 포름알데히드를 하수구에 몰래 방류한 사건이 있었다. 미군당국은 희석 처리한 뒤 방류했으므로 환경에 아무런 영향을 주지 않는다며 유감을 표시할 뿐 공식사과를 않고 어물쩍 넘어가려다 국민들의 비난여론이 거세어지자 사과의 주체, 대상, 문구 등으로 한참 실강이를 벌이다가 마지못해 형식적으로 사과하는데 그쳤으며 책임자 처벌이나 향후 대책에 대한 구체적인 언급은 없었다. 만약 뉴욕이나 LA의 식수원인 강물에 한국인에 의해 이러한 일이 벌어졌다고 해보자. 더군다나 고의로 이루어진 경우 중한 형사처벌과 천문학적인 징벌적 배상, 상상하기도 힘든 엄청난 비난 등이 가해졌을 것이다.

우리 국민을 살해한 미군을 구속하지도 못하고 확정판결이 날 때까지 그의 신병을 미국 측에 맡겨 놓아야 하고 1심에서 무죄가 선고된 경우 검사가 항소조차 할 수 없는 등 한국의 재판권 행사를 제약하고 있는 형사재판에 관한 조항(한국정부의 1998년 미군범죄에 관한 재판권 행사율은 3.9%에 불과함)에 대한 비난여론이 비등하자 최근의 협정 개정안에서는 미국은 미군 피의자 인도시기에 대해서 기소단계로 앞당길 수 있다면서도 한국의 수사관행, 인권과 사법제도에 대해서는 신뢰할 수 없으니 피의자의 법적 보호장치가 필요하다는 주장을 고수하며 여러 가지 조건을 내세우고 있으나 주권국가 국민의 법 감정으로는 도저히 이해가 되지 않는다.

SOFA의 개정 방향은 형사관할권, 미군기지 및 시설(1993. 4. 기준으로 주한미군이 현재 무상으로 사용중인 사유지 및 국유지는 10,547만평, 인천의 1.5배에 해당, 연간 임차료는 24억 달러에 이름)의 공여, 반환, 관리문제(환경오염 문제 포함), 민사청구권 및 노무관련 조항, 출입국 및 통관절차, 관세 및 과세 등 불평등하고 부당한 모든 조항을 대상으로 전면 개정되어야 하며 호혜평등 원칙 아래 검토돼야 한다. 미군범죄를 줄이고 주권국가로서의 자존심을 회복하기 위해서는 정부당국에서도 너무도 불평등한 SOFA의 개정에 적극적으로 나서야 할 것이며, 특히 법률전문가인 법조인들부터 SOFA 개정의 필요성을 인식하고 전면 개정에 적극적으로 동참하자. (광주지방 변호사 회보 2000.9.15 자 시론)

부패방지법의 제정이 시급하다

당국의 감독 소홀과 유착 비리가 어린이 등 23명의 생명을 앗아간 씨랜드 화재의 상처가 채 아물기도 전에 청소년 55명의 목숨을 앗아간 인천 호프집 참사는 더 이상 할 말을 잃게 한다. 인천 호프집 참사는 업자와 공무원간의 총체적 비리 커넥션을 극명하게 보여 주었으며 호프집 주인과 관계 공무원간의 구조적 부패 사슬이 결국 이 많은 청소년들의 목숨을 빼앗아 간 것이다.

현 정부 출범후 반 부패위원회를 설치하고 '공직자 10대 준수사항'을 만드는 등 부패척결을 위한 강한 의지를 보이고 있으나 국감자료에 의하면 작년 9월부터 금년 8월까지의 뇌물 공무원은 전년도에 비해 2.7배 증가하였다. 최근에 국제투명성 기구에서 발표한 결과를 보면 한국의 국가부패지수는 99개 국가 중 50위, 뇌물지수는 조사 대상국 19 개국 중 18위로서 부패의 정도는 날로 심각해져만 가고, 부패현상이 구조화, 관행화되어 있고 하나의 삶의 방식으로 되어 있는데 문제의 심각성이 있다.

이러한 부패척결을 위한 방안으로는 철저한 단속과 통제, 공무원의 의식전환과 처우개선, 시민의 원칙준수와 고발정신, 행정기관과 기업의 정보공개 및 시민의 행정참여 보장, 비현실적인 행정규제와 기준의 정비 및 애매 모호한 규정과 기준을 분명히 하는 등 여러 가지가 있을 수 있다. 그러나 부패가 워낙 고질화돼 있고 의리와 충성의 문화가 뿌리박혀 있으며 고발의식이 부족한 우리 국민의 정서에 비추어 볼 때 실효성이 거의 없는 것 같다. 우리 사회의 부패고리를 끊기 위해서는 내부고발자 보호제도, 돈 세탁 방지, 예산부정 방지와 보상금 등을 담은 부패방지 기본법의 제정이 절실히 필요하다.

최근의 씨랜드 참사도 불의에 저항했지만 끝내 타협할 수 밖에 없었던 군청 여계장이 소신껏 일할 수 있는 분위기가 마련되고 내부고발이 있었더라면 막을 수 있는 사건이었고, 보광 그룹, 한진그룹의 탈세조사, 의정부 · 대전 법조비리 사건도 내부자의 제보가 결정적이었으며 이문옥 감사관, 이지문 중위, 윤석양 이병 등 내부고발자에 의한 부패의 폭로와 그 개선은 절대적이었다고 할 수 있다. 의리와 집단 이기주의 문화가 뿌리깊은 우리 풍토에서 내부고발자는 '고자질 쟁이'로 비쳐지고 '왕따'를 당할 수밖에 없었으며 파면, 전직 등의 인사조치를 당하거나 구속되는 고통까지 감수해야 했다.

미국에서도 내부고발자(Whistle-blower)보호제도는 중요한 부패통제 장치로 활용되고 있으며 부패감시에 큰 역할을 하고 있다고 한다.

지난해 말 여당인 국민회의가 발의한 '부패방지 기본법안'에는 전 · 현직 공직자와 공직 유관단체 임직원의 내부 부패행위 고발자에 대한 신분보장, 신변보호, 책임의 감면 등 공익정보 제공자를 보호하는 규정 및 예산부정 고발행위에 대한 보호와 보상제도까지 포괄하고 있는 바람직한 법안으로서 일단 국회에 제출된 만큼 공무원들이 극심한 반발을 보이고 있다 하나 시급히 위 법안을 통과시켜 시행하여야 될 것이다. (법률신문 1999. 11. 25.자 목요일언)

부패방지법의 철저한 시행을

며칠 전 차기 전투기(FX) 기종 선정과정에서 군 고위층이 외압을 가했다는 의혹을 제기했던 조모 대령이 국군기무사에 소환되어 보안업무 위반 여부에 대해 조사를 받던 중 구속되었고, 가족들은 위 대령이 강제연행 되었다면서 방어권 보장을 위해 참여연대 소속 변호사 선임을 하였다는 보도가 있었다.

같은 날 부패방지 위원회는 지방공직자와 주민들의 부패신고를 적극 유도하기 위해 3월 11일부터 부산을 시작으로 4월 하순까지 6개 도시를 순회하며 부패신고를 받기로 하였으며, 신고자는 철저하게 보호하고 최고 2 억원까지 보상금을 준다는 광고를 전국 일간지에 내고 있다.

한편에서는 보상금을 줄 테니 부패신고를 적극 장려한다고 광고까지 하면서 다른 한편에서는 5조원의 예산이 소요되는 대규모 사업의 비리를 폭로하고 그 사업의 필요성에 대해 의문이 제기되는 상황에서 그 사업의 필요성 유무, 선정과정의 공정성, 외압유무 등 진상규명은 소홀히 한 채 부패신고자의 보안규칙 위반 여부나 조사하고 있는 등 정부의 모순적인 행동을 이해할 수 없다. 2002. 1. 25.부터 시행되고 있는 부패방지법의 실효성이 의문시된다.

우리나라에서는 내부 고발자가 엄청난 고민 끝에 앞으로 닥쳐올 불이익을 감수하며 심각한 비리를 폭로하게 되고 지금까지 그 폭로 내용의 거의 전부가 진실인 것으로 밝혀졌다. 하지만 폭로 당시 폭로내용의 진상을 규명하기보다는 그 자료의 유출경위나 그 고발자의 사소한 사생활 상의 흠을 찾아 그를 매도하는데 혈안이 되어 있고 파면, 전직 등의 인사조치를 하거나 구속까지 시키는 일이 다반사였다. 이문옥 감사관, 이지문 중위, 윤석양 이병 등 내부고발자들에 의해 폭로된 내용의 거의 대부분이 조사결과 진실한 것으로 밝혀졌다. 또한 그들의 폭로에 의해 그 비리의 대부분이 개선되었으며, 나중에 그들의 명예가 회복되기는 했지만 그들은 왕따를 당하고 구속, 파면 등을 당하는 엄청난 고통을 감수해야만 했다.

우리 법조인들을 서글프게 하였던 의정부, 대전 법조비리 사건도 내부자의 제보가 결정적이었으며 그로 인하여 법조계의 문화도 많이 개선되었던 것이다. 공직자의 부패를 없앤다며 공직자 윤리강령 마련, 재산등록, 사정과 감찰기능의 강화, 부패방지 교육 실시 등 야단법석이다. 하지만 인간의 탐욕스런 본능과 의리와 충성, 집단 이기주의 문화가 뿌리깊은 우리나라에서는 거의 실효성이 없고 각종 게이트는 끊임없이 발생되고 부패의 정도와 방법은 더욱 지능화, 거대화되고 있다. 구조적이고 관행화된 부패는 워낙 은밀히 이루어지고 교묘하여 외부의 감시와 통제로는 한계가 있을 수밖에 없다. 부패의 폭로와 개선은 내부사정을 잘 알고 있는 내부고발자의 공익정보 제공과 고발행위가 가장 실효를 거둘 수 있는 방법인 만큼 내부고발자의 고발행위를 적극 장려하고 이에 맞추어 내부고발자의 보호에 만전을 기해야 할 것이다.

미국에서도 내부고발자(Whistle-blower) 보호제도는 중요한 부패 통제 장치로 활용되고 있으며 부패감시에 큰 역할을 하고 있다고 한다. 2002. 1. 25.부터 시행되고 있는 부패방지법이 국회의원들의 집단 이기주의로 돈세탁 방지조항이 빠져있고 내부 고발자에게 불이익 조치를 한 자에 대한 형사처벌 조항이 없이 최고 1,000만원의 과태료 부과에 불과하는 등 미흡한 점이 많이 있다. 그러나 부패행위 고발자에 대한 신분보장, 신변보호, 책임의 감면, 상당한 액수의 보상금지급 등 부패행위 신고자를 보호하는 규정 및 보상금 지급규정이 있는 만큼 이를 철저하게 시행하여 부패신고를 적극 유도하여야 할 것이다. 부패방지법이 시행된 이후 첫 부패행위 신고자인 조 대령에 대한 신분보장, 신변보호, 책임감면 및 보상금 지급 등 위 법에 규정되어 있는 조항의 정당하고 엄정한 적용을 기대해 본다. (광주지방 변호사 회보 2002. 3. 15.자 시론)

집단이기주의를 탈피하자

몇 년 전 유력 중앙일간지 회장이 검찰에 출두하게 되자 부하직원들이 도열하여 회장을 배웅하고 회장은 손을 흔들며 회사를 떠나는 장면이 언론에 보도되는 것을 보고 많은 국민들이 쓴웃음을 지은 적이 있다. 깊은 사죄를 하고 용서를 빌어도 시원찮은 판에 전장에 출두하는 장수 마냥 의기양양해하며 언론탄압이라고 외쳐대고 그 부하들은 상관이라고 범법행위를 한 회장에게 머리를 조아리는 모습을 볼 때 무엇이 正인지 不正인지 구별하기가 어려웠다.

얼마 전에는 불법적인 대선자금과 뇌물을 수수한 국회의원들이 검찰의 출석요구에 불응하였다. 또 동료 의원들이 이들을 보호하기 위한 임시국회 소집으로도 모자라서 비리에 연루된 국회의원 7명에 대한 체포동의안을 모두 부결시킨 뒤 해당 의원들에게 가서 축하악수를 나누고 희희낙락한 장면이 어려운 경제사정으로 고통을 받고 있는 국민들의 가슴을 다시 한번 멍들게 하였다.

우리네 국회의원님들은 동료의원들의 비리를 감싸고 체포를 막는 일은 그렇게 일사분란하고 신속하게 처리하면서도 자신들의 기득권을 박탈 또는 제한하는 정치개혁 입법이나 선거구 획정, 의원 정수 등의 문제는 총선이 3개월 밖에 남지 않은 지금까지도 확정하지 못하고 있다. 모 신문사 사회부장은 이러한 국회의원들의 행태를 '원숭이보다 못한×, 고릴라가 웃을 일이다' 고 혹평하고 있다.

최근에는 서울지검이 기업체로부터 1천만원 상당의 뒷돈과 향응을 받은 혐의가 잡힌 대검찰청 직원을 입건조차 하지 않고 대검에 징계하도록 통보한 사실을 두고 언론마다 제 식구 감싸기라고 비난하고 있다. 수사기관이나 사정기관, 공무원 인사위원회 등에서도 소속직원의 비리가 생기면 될 수 있는 한 쉬쉬하면서 덮으려하고 어쩌다 외부에 알려지면 솜방망이 처벌을 하여왔다.

이 모든 것이 다 제 식구 감싸기나 집단 이기주의의 발로인 것이며 우리의 일상생활 도처에 구조화 되어있고 관행화 되어있다. 언젠가 어느 외국인 기자가 우리나라의 발전과 투명성을 가로막는 가장 큰 병폐는 혈연, 지연, 학연에 얽매이는 집단 이기주의 문화 즉 패거리 문화와 형식과 체면에 얽매이는 겉치레 문화라고 말한 것을 본적이 있다. 우리나라는 유교적인 영향으로 예로부터 인정과 의리를 중시하여 자기가 소속한 집단의 구성원에 대한 비리는 옳고 그름을 떠나 무조건 감싸려고만 하고 자기 집단에 대한 건전한 비판도 수용하기를 거부하는 경향이 있다.

우리 변호사 사회도 예외는 아니다. 변호사 몇 명이 최근에 개인적인 비리로 구속되었는데 변호사 10, 20명이 집단으로 변호사 선임계를 제출하여 공동 변호인이 되었다. 물론 구속된 변호사도 헌법상의 권리인 변호인의 조력을 받을 권리가 있는 것이고 평소 그 변호사들과 가까운 몇 명의 변호사가 무료로 변론을 해줄 수는 있을 것이다.

구속된 변호사들이 순간적인 실수가 아닌 개인적인 비리로 범정이 별로 좋지 않은 범죄로 구속되었는데 단지 동료 변호사라는 이유로 또는 학교 선후배라는 이유로 10, 20명의 변호사가 집단으로 공동변호를 한다는 것은 명분도 약하고 납득하기 어렵다. 만약 그 변호사들이 변론을 하다가 구속되었다거나 거대한 공권력으로부터 침해를 당했거나 기타 사회적으로 가치 있는 일을 하다가 구속되었다면 많은 변호사들이 공동으로 도움을 줄 수 있을 것이고 주어야 할 것이다.

21C에는 집단의 힘을 이렇게 무가치하고 사회적 공감대에 반하는 집단 자체 만의 이익을 위한 목적으로 남용하지 말고 좀 더 가치 있고 절대적으로 필요한 곳에 써보도록 노력해 보자. 총선이 다가오는데 이번만은 학연, 지연, 혈연 등 연고에 얽매이지 말고 집단 이기주의를 탈피하여 정직하게 살아왔고 청렴성과 개혁성을 갖춘 사람을 뽑아 정치개혁을 이루어 보자. (광주 지방변호사 회보 2004. 1. 15.자 시론)

응급실엔 전문의가 필요하다

얼마 전 한국 보건산업 진흥원이 민주당 K의원에게 제출한 '응급의료 센터 평가지침 및 시행방안 보고서' 에 따르면 1995. 1.부터 2000. 6.까지 대표적인 대학병원 응급의료 센터 네 곳의 진료실태를 사후 점검한 결과 개두(開頭)술을 받은 환자의 경우 66.2%가, 개복(開腹)술의 경우 56.7%가 적절한 시점보다 늦게 치료를 받았고 그 결과 부적절 지연환자의 사망률이 정상치료 환자의 사망률의 두 배를 넘었다는 것이다. 또한 보고서는 적기에 치료를 받았으면 생존할 수 있었던 예방가능 사망률이 우리나라의 경우 50.4%로 세계 최고 수준이며(선진국 20%), 그 원인은 응급실 전문의가 부족한데다 응급 의료수가가 낮아 치료 우선 순위에서 밀려나기 때문이라고 하였다.

응급실에 가는 환자는 중환자로서 병실이 없거나 야간에 각종 사건 사고에 의한 중환자가 대부분으로 생명이 촌각에 달려있는 위급한 상황인 경우가 많다. 이런 때일수록 지식과 경험이 많은 노련한 전문의가 적절한 처치를 하고 필요한 검사를 하여 검사결과를 정확히 해독하는 것이 필요하다. 검사결과 병명이나 치료방법을 확정할 수 없는 경우라면 지식과 경험에 근거한 가장 최선의 시술을 하면 사망이나 증상의 악화를 막을 수 있을 것이다. 여러 가지 사정이 있겠지만 가장 시급하고 중요한 응급실에 경험과 지식이 많은 전문의는 없고 수련과정에 있는 인턴이나 저년차의 레지던트가 당직을 서면서 적절한 진단 및 치료를 못하는 경우가 많아 정말 안타깝다는 생각이 들 때가 많다.

사기, 횡령, 배임 등 재산범죄나 각종 경제사범은 사실관계가 복잡하고 고도의 법률지식이 요구되거나 법적 판단이 애매한 경우가 상당수 있다. 이러한 사건에 대한 검찰수사에 있어서도 최종 결정은 검사가 한다고는 하지만 검찰의 조사과나 수사관들 또는 경찰에 수사를 맡기는 것보다는 업무량이 많아 어려움이 있겠지만 경험과 지식이 많은 검사가 직접 수사하는 것이 바람직할 것 같다는 생각을 해 본다.

재판과정의 조정에 있어서도 비슷한 경우이다. 오직 법률과 엄격한 증거에 의한 판결이 아니라 양보와 타협에 의한 조정을 하는 경우라면 양당사자의 관계, 그 사건의 배경, 진행과정, 증거관계 등 그 사건에 대한 제반 사정을 잘 알아야 하고 많은 경험과 지식을 바탕으로 한 원숙한 조정술이 필요할 것 같다. 재판장이 의지를 가지고 사전에 기록을 완전히 파악한 뒤 자신이 생각하는 조정안을 미리 가지고 당사자와 대화하고 설득하면서 재판장이 직접 조정을 하는 경우 조정 성공률이 훨씬 높았다는 제주 지방법원 K 부장판사의 기고문은(법률신문 2001. 6. 7.자 12면) 매우 설득력이 있어 보인다.

또한 몇 개월 전 어느 지방 모 부장판사가 어머니 · 딸과 아들들이 편이 갈라져 첨예하게 대립된 모자간의 소송에서 양당사자를 조정실로 불러놓고 회심곡 테이프를 10여분간 들려준 뒤 소성에 임하여 성공하였다는 신문보도도 같은 맥락이 아닐까 생각해 본다. 최소한 형사사건의 담당판사만이라도 법조경력이 10년 이상 되고 40대 이상의 판사를 배치하자고 주장하는 법조인들도 있는데, 형사사건만이라도 인생 경륜과 법조경험을 바탕으로 원숙한 재판을 하도록 해보자는 취지인 것으로 생각되며 경청해 볼 만하다.

한편 영 · 미에서 시행하고 있는 법조 일원화나 법조경력이 10여년 이상 되고 50대 이상의 법조인 중 임명되고 있는 시 · 군법원 판사의 경우 원숙한 인생경륜과 폭넓은 법조경험을 살린 재판진행으로 매우 긍정적으로 평가를 받고 있는 것 같다. 모든 분야에서 이해관계가 첨예하게 대립되거나 급박한 상황일수록 원숙한 경험과 지혜를 필요로 하는 것이 아닐까 생각해 본다. (대한변협신문 2001. 10. 8.자 민경한 변호사의 칼럼)

국회의원들이여, 특권을 포기하자

17대 국회는 초선의원이 63%나 되고 진보정당 의원도 10여 석이나 진출하였으며 개혁을 외치던 다수의 운동권 출신들이 국회로 들어가고 개원 전부터 여러 공부 모임을 만들었다. 따라서 17대 국회만큼은 입법기관과 국정의 비판, 감시기관으로서 의원들이 본래의 역할을 할 것이라고 많은 기대를 갖게 되었다. 그러나 개원한 지 한달 밖에 되지 않았지만 17대 국회에서도 여러 면에서 구태를 답습하고 개혁적인 의원들에게 가졌던 기대가 허물어져 가고 있다.

대통령의 개원연설 때 일어나지도 않고 비웃는 소리를 해대며, 선거법 위반으로 체포영장이 발부된 한나라당 P모 의원은 잠적해 있다가 국회가 개원하여 불체포 특권이 적용되자 지역구에 나타나 보궐선거를 하는 볼썽사나운 모습을 보여줬다. 법사위원장 배분 등 상임위 구성부터 삐걱거리고, 비리를 저지른 대통령의 최 측근인 A씨의 선고일 하루 전에 여당의원 82명이 집단으로 탄원서를 제출하는 등 일부 국회의원들은 이전의 국회와 똑같은 모습을 보여주고 있다.

지금까지 국회의원들은 최고의 특권인 면책특권, 불체포 특권을 남용하여 무책임하게 허위, 비방성 폭로를 자행해 왔고, 수단방법을 가리지 않고 부정과 비리를 저지른 동료의원들이 체포되는 것을 막는데 앞장서 국민들의 지탄의 대상이 되었다. 면책특권이나 불체포특권은 과거에는 절대군주나 군사독재의 전횡에 대항해서 국회의원의 신분과 독립성을 보장하려는 취지에서 생겨난 것이다. 지금은 행정부나 집권여당을 비판하는 야당의원의 탄압을 방지하여 의회를 활성화하기 위한 수단으로 발전한 제도이나, 이를 제한적으로 해석하는 것이 세계적인 흐름이고 이를 선구적으로 헌법화 했던 영국이나 미국에서도 유명무실해 졌다.

그러나 지금 같은 세상에 어떤 국회의원이 대통령이나 행정부의 권력이 무서워 발언을 자제하거나 발언으로 인한 신변위협을 걱정하는 사람은 없을 것이고, 명색이 국회의원인데 죄도 없고 증거도 없는 의원을 수사하거나 체포할 사법기관은 없을 것이므로 면책특권이나 불체포특권을 폐지하여도 의원들의 의정활동에는 아무런 지장이 없을 것이다.

혹자는 면책특권을 폐지하면 의원들의 국정 비판기능이 약화될 것이라는 의문을 제기할지도 모르겠지만, 형법 제 310조는 타인의 명예를 훼손하는 발언을 하였더라도 진실하고 공공의 이익을 위한 때에는 위법성이 조각되어 처벌하지 않으므로 진실하게 비판 폭로를 하면서 얼마든지 국정을 비판, 감시할 수 있는 것이다. 면책 특권과 불체포 특권의 폐지는 헌법 개정 사항으로 국회의원의 2/3이상의 찬성이 있어야 되므로 쉽지 않을지 모르지만 개혁적인 초선의원들부터라도 아예 면책특권 및 불체포특권의 포기선언을 하자.

국회의원에 출마한 적이 있는 지인에게 "많은 사람들이 왜 돈 쓰고 그 고생하며 국회의원이 되려고 하느냐"고 묻자 그 지인은 "국회의원이 되면 300여 가지의 특권이 있고 여러분들이 생각하는 것보다 10배는 더 좋다고 생각하면 된다"고 답변하여 모두들 웃은 적이 있다. 의원이 되면 1년에 엄청난 세비를 주고, 4급 보좌관 2명 포함하여 6명의 보좌관을 배정해 주며, 후원회 한번 하면 몇 억원의 후원금이 들어온다. 여기에 비행기나 기차를 어느 때나 무료로 1등석에 탑승할 수 있으며, 공항에 내리면 도·군의원 등 10여명이 마중 나와 모셔가고, 온갖 시찰명목으로 자주 외국 여행을 가는 등 너무도 특권이 많은 것 같다. 얼마 전 민주노동당 의원들이 모든 세비를 당에 반납한 뒤 전국 근로자 평균 임금인 180만원 가량만 당으로부터 지급 받고 비행기, 기차의 무료탑승 등 여러 특권을 거부하겠다고 선언하여 신선한 충격을 주었다.

의원들이여, 세비 반납은 그렇다 치고 업무와 직접 관련이 없는 여러 특권들을 포기하고 지역구에 내려갈 때도 조용히 내려가고, 지역구에 내려가서도 건축업자나 지방의 토호세력들 만나서 폭탄주나 돌리지 말고 민초들과 막걸리 마시면서 그들의 쓴 소리를 들어 보라. 재선, 3선 아니 그 이상이 보장될 것이다. (광주일보 2004. 6. 21. 자 월요광장)

정의가 살아 숨쉬고 부패 없는 사회를 만들자

法이란 물(水)이 흘러가듯(去) 순리에 따르는 것이고 法治사회란 법의 양대 이념인 정의와 형평이 살아 숨쉬는 사회를 말한다.

구약성서의 욥기에 "왜 선한 자가 이 땅에서 고난을 받는가"라고 되어 있듯이 이 세상에서는 정의보다는 부정의가 지배하고 악화가 양화를 구축하고 있다.

그러나 단기적으로 보면 부정의가 성공하는 것 같아도 긴 역사를 통해서 보면 결코 악한 세력보다는 선한 인간의 양심과 노력의 방향으로 움직여지고 있음을 알 수 있다. 부정의가 정의를 누르고 현저히 형평성에 어긋나는 생활 모습들이 우리 주변에는 너무도 많다.

수 천만원, 수 억원의 정치자금을 받은 정치인들은 구속도 되지 않고 불구속 기소가 되더라도 재판 출두마저 거부하고, 어쩌다 처벌을 받더라도 얼마 지나지 않아 사면·복권되고, 몇 백만원 받은 말단 공무원은 오랫동안 구속되었다가 석방된 뒤 공무원 신분마저 박탈당하고 퇴직금마저 제대로 못 받는 경우가 수없이 많다. 식견과 철학이 있고 정직하고 성실하게 생활해 오면서 민의를 중시하는 사람보다는 정치자금이나 많이 주고 술수와 줄서기에 능한 사람이 당선되는 경우가 부지기수다.

또한 축적된 시공기술이나 단단한 재무구조를 갖춘 회사보다는 수단 방법을 가리지 않고 입찰 예정가를 알아내고 입찰 공무원에게 검은 돈을 주어 입찰을 받아내는 업체들도 얼마나 많은가. 명절 때면 다른 사람들은 14~15시간 걸려 고생하여 차를 운전하여 고향에 내려오거나 몇 시간씩 서울역 앞에서 노숙하며 겨우 표 몇 장 구하는데 전화 한통화로 몇 장의 비행기나 기차표를 얻어내는 고관대작들은 그것이 무슨 능력(?)이나 되는 냥 자랑하는 모습을 보면 역겨움을 느낀다.

1차선은 좌회전 차선이고 2, 3차선은 직진 차선일 때 직진 차량들이 차량 정지신호에 따라 2, 3차선에서 길게 늘어서 대기하고 있는데 뒤늦게 도착한 직진하려는 차량이 1차선에 대기하고 있다가 직진신호로 바뀌면 2, 3차선으로 끼어 드는 차량을 많이 보는데 위 차량 때문에 교통사고의 위험도 있고 2, 3차선의 뒤쪽에 대기한 차량은 신호가 바뀌어 다음 신호까지 기다려야 하는 경우가 허다하다. 어찌 법규를 위반하고 뒤늦게 온 차량은 먼저 가고 법규를 지키면서 먼저 와 뒤쪽에서 기다리는 차량들은 못 가게 되는데 얼마나 정의에 반하는가.

최근의 씨랜드 화재나 인천 호프집 참사는 업자와 공무원간의 총체적 비리 커넥션을 극명하게 보여 주었으며, 업자와 관계공무원 간의 구조적 부패사슬이 결국 이 많은 청소년들의 목숨을 앗아간 것이다.

현정부 출범 후 부패척결을 위한 강한 의지를 보이고 있으나 부패의 정도는 날로 심각해져만 가고 부패현상이 관행화, 지능화되어 가고 생활 곳곳에 만연해 있어 문제가 심각하다. 우리나라 사람들은 합리적인 사고가 부족하고 외리의 집단 이기주의가 팽배하며 혈연, 지연, 학연 등 온갖 연줄을 동원하여 온갖 비리, 불법 등을 해결하려 하며 어쩌다 소신 있는 공무원이나 학자가 불의와 타협하지 않고 소신껏 일하고 부패를 폭로하면 왕따를 당하고 조직에서 퇴출당하는 사례가 너무나 많았다. 화성 씨랜드 참사도 불의에 저항했지만 끝내 타협할 수밖에 없었던 군청 여계장이 소신껏 일할 수 있는 분위기나 내부고발이 있었더라면 막을 수 있었을 것이다.

21C에는 부패가 근절되고 부패 및 비리사범은 철저히 도태되고 모든 분야에서 정의와 형평이 살아 숨쉬는 사회를 만들어야 할 것이다. (화순 군민신문 2000년 신년호)

광주고검 및 지검의 국정감사 방청 소감

1989. 여름 경 광주지검에서 검사시보를 할 때 조선대생 이철규 변사사건에 대해 국회의 국정조사가 있었다. 의원들의 추상같은 질문에 당시 검사장이 긴장하고 떨린 목소리로 답변하였던 모습이 떠오른다. 그때 국정조사를 방청하면서 국회의원의 위세를 보았고 국정조사는 꼭 필요하다고 느꼈었다. 지난 9. 29. 열린 국회 법사위원들의 광주 고검 및 고검 산하 광주, 전주, 제주지검에 대한 국정감사를 방청하였다. 과거 국정조사의 재미있었던 기억이 떠오르고, 가까운 3, 4명의 율사출신 의원들도 오랜만에 만나보고 싶고, 언론에서 집중보도 한 X파일에 대한 질의 응답 또한 관심의 대상이었다. 예정보다 1시간 늦은 오후 5시경에 시작되었는데 약속 때문에 7시까지 두 시간 동안 방청하다가 돌아왔는데 1시간 가량 더 진행되었다고 한다.

평소 법정에서 증인들이 선서하는 것만 보다가 고검장을 비롯한 4명의 검사장이 선서하는 것을 보자 분위기가 상당히 엄숙해졌고 나도 긴장이 되었다. 네 검사장의 간략한 업무현황 보고에 이어 의원들의 질의가 시작되었다. 대부분 업무관련 질의를 간단히 마치고 A고검장의 X파일과 관련한 떡값 수수 문제 등을 집중 추궁하였다. 의원들이 업무관련 질의시 구체적인 통계나 언론보도 등을 인용하면서 상당히 예리하고 성실한 질의를 하였다. 성매매 사범의 기소율 저하로 인한 단속의지 미약, 긴급체포 후 구속영장 기각률의 증가와 원인, 공무원 관련범죄의 실형율 저하와 위증죄의 기소율 저하 등 상당히 구체적이고 핵심적인 질의가 있었다. 4개 검찰청과 7개 지청의 업무를 몇 시간 안에 감사하기에는 너무 시간이 짧았겠지만 더 광범위하고 심층적인 감사가 있었으면 하는 아쉬움이 컸다. 국정감사 기간을 좀 더 늘려서 보다 실질적이고 심층적인 국정감사가 이루어지면 좋을 것 같다. 3, 4명을 제외하고 대부분의 의원들이 질의를 마치거나 질의 순서가 많이 남은 경우 국감장 밖으로 나가고 자리를 지키지 않았는데 동료 의원들의 질의나 피감기관의 답변을 경청하는 성숙한 모습이 아쉬웠다.

두 번째 질문자인 B의원이 A고검장의 X파일에 대한 질의를 시작하자 위원장이 피감기관의 업무와 관련이 없는 질문은 삼가 달라고 요청하였으나 의원들이 X파일 관련 질문에 강한 의지를 나타내고, A고검장이 답변 의사를 밝힘에 따라 X파일에 관한 매서운 질의응답이 진행되었다. 나도 법률가로서 업무와 관련성이 없는 A고검장의 개인적인 문제가 국정감사의 대상이 될 수 있을 것인가에 대해 의문을 가져보았다. 녹취록에 근거한 확인되지 않은 A고검장의 개인적인 문제가 피감기관의 업무와 직접적인 연관성은 없지만 A고검장은 호남지역 4개 검찰청의 수장으로서 수사를 총 지휘, 감독하는 막중한 역할을 담당하고 있어 국민들의 수사에 대한 불신을 초래할 수 있고 많은 국민들이 관심과 의혹을 갖고 있는 만큼 국민의 대표기관인 국회에서 감사를 할 수 있겠다는 생각이 들었다.

민노당의 노회찬 의원이 최고의 관심의 대상이었는데 여러 가지 예리한 질문을 하였다. A고검장은 그런 일은 상상도 할 수 없으며 삼성으로부터 떡값을 받은 일이 없고 검사들에게 교부한 일이 없다고 강하게 부인하였다. 특히 사건 이후 형과 안부전화는 하였으나 형이 곤궁에 처한 상태이고 8년 전의 일이라 기억할 수 있을지도 의문이며 조사가 예정된 사건이므로 X파일에 관해서는 아무런 질문을 하지 않았다고 답변하였다. 상식적으로 납득하기가 힘들었다. 이어서 여러 의원들이 검찰 수사에 대한 국민의 신뢰를 위해 또는 노블레스 오브리즈를 들먹이며 사퇴의사 여부를 묻자 사퇴를 하면 이를 모두 인정하는 셈이고 이는 혼자만의 문제가 아니라 검찰과 후배 검사들의 명예와 관련된 문제이므로 용퇴하지 않겠다고 분명히 말하였다. X파일의 사실 여부에 대해 수사를 하게 될지, 수사를 하더라도 진실이 밝혀질 지 알 수 없으나 당사자들과 신만은 진실을 알 것이다.

C의원은 프랑스의 드레퓌스 사건을 인용하면서 '억울한 누명을 쓴 사람이 가져야 할 덕목은 인내와 용서다. 근거 없는 의혹으로 곤경에 몰아넣고 있는 세력을 용서하고, 끝까지 검사로서 지위를 지켜낼 것을 약속하라' 고 옹호 발언을 해 눈길을 끌었다. 국감이 끝날 무렵 노회찬 의원과 C의원이 위 사건을 드레퓌스 사건에 비유한 것에 대해 설전을 벌였다는 보도를 보았다. 동일한 사건을 두고 이렇게 시각이 다를 수도 있구나라는 생각이 들었다. 음과 양, 흑과 백, 강과 온, 진실과 거짓이 동시에 존재하는 게 인간 사회이고 그래서 인간 역사는 재미있는가 보다는 생각이 든다. 국감장을 나오면서 16년 전 국정조사때 의원들의 모습에 비해 이번 의원들은 훨씬 젊고 참신하며 부드럽고 점잖은 말투에 인신모욕적인 발언이나 권위적인 모습은 보이지 않아 우리 의원들의 수준이 과거에 비해 한층 향상되었다는 생각이 들었다. (광주지방변호사회보 2005. 10월호 시론)

변호사의 기다림의 경지

10여년 전 개업한지 얼마 안되어 중요한 형사사건의 판결 선고를 며칠 앞두고 노심초사하고 있을 때 어느 선배 변호사가 변호사란 기다리는 직업이며 3가지에 대한 기다림의 경지에 이르러야 변호사를 편하게 할 수 있다고 하셨는데 그 말이 갈수록 실감이 나고 경지에 오르는 것이 정말 힘든 것 같다.

첫째는 사무실을 유지해야 하므로 사건을 기다리는 것이다.

손익분기점이 월 5건이라는데 임대료, 봉급, 생활비를 줘야 하는데 월말이 되어도 몇 건 밖에 선임하지 못하였을 때는 무척 초조함과 답답함을 느낀다. 상당수 변호사들은 기다리지 못하고 브로커나 법조 유관기관 직원들을 통하여 사건 소개를 받고 선임료의 20~30%를 지불하고 있다니 얼마나 부끄러운 일인가. 그래도 적자가 나거나 사무실 유지가 힘들어 소개비를 지급하는 「생계형 비리」는 이해가 가지만, 재산도 많고 사건도 많으면서 더 많은 돈을 벌겠다고 소개비를 지급하고 브로커를 고용하는 「축재형 비리」는 변호사로서 퇴출대상 1호이다.

둘째는 법정에서 재판순서를 기다리는 것이다.

30분 이상을 기다리고 있는데 상대방 대리인이 나타나지 않을 때는 상당히 짜증이 난다. 재판순서가 되었고 증인이 없어 금방 끝날 사건인데 상대방 대리인이 없어 진행할 수 없어 다음 순번에 양보하였는데 다음 사건이 증인이 두 명이나 되고 주신문, 반대신문 하느라 1시간 이상이 걸린 경우는 더욱 짜증이 난다. 더욱이 상대방 대리인이 공실에서 바둑을 두느라 늦게 올 때는 정말 화가 치민다. 변호사님 들이여, 바둑을 두시더라도 상대방의 입장을 생각하여 재판을 끝내고 둡시다.

오후 재판의 경우 증인신문이 대부분이기 때문에 1시간 이상 기다리는 것은 허다하고 어쩔 수 없이 기다려야하지만 기다릴 때면 정말 피곤하고 시간 낭비라는 생각이 들고 전날 술이라도 몇 잔 마신 경우는 기다리기가 더욱 힘들어 진다. 여유 있는 마음으로 독서라도 하면서 느긋하게 기다리면 좋으련만 30분 정도만 기다리면 짜증이 나니 얼마나 변호사 생활을 더해야 기다림의 경지에 오를 수 있을까.

셋째는 판결선고를 기다리는 것이다.

1년여의 치열한 공방 끝에 선고를 기다리는 경우 승패가 예측되는 경우도 많지만 결과를 예측할 수 없는 경우도 상당히 있다. 그러나 민사사건의 경우 패소하더라도 대리인이 열심히 하는 것을 보아왔고 증거가 부족해서 패소하였으므로 의뢰인이 항의하는 경우는 거의 없다.

형사사건의 경우는 영장실질심사, 구속 적부심이나 보석 신청, 결심 후 판결선고 등 단계마다 기다림의 연속이다. 특히 항소심에서 선임된 경우 변론을 마치고 집행유예나 감형을 노심초사 기다리고 있는데 항소기각이 된 경우 당사자는 "변호사가 한 것이 뭐가 있느냐. 실형을 살려면 많은 돈

들어가며 무엇 때문에 변호사 선임했느냐"고 항의한다. 특히 합의를 했는데 집행유예가 안되고 형만 약간 감형된 경우는 거세게 항의하고 항의뿐만 아니라 선임료도 다 내놓으라고 한다. 합의까지 했는데도 집행유예가 되지 않을 정도라면 전과가 많거나 죄질이 상당히 중할 텐데 변호사는 뭐 만병 통치약인가. 그러나 선임당시 석방이나 감형을 약속했다면 그에 대한 책임은 져야 할 것이다. 재판을 끝내고 점심시간이 되어 가는데도 항소기각이 되어 동정만 살핀 채 사무실에 들어가지 못하고 공실에서 기다리고 있는 변호사를 간혹 보는데 기다리고 있는 동안 그 변호사는 무슨 생각을 하고 있을까. (1999. 7. 어느 무더운 여름, 법정에서 재판을 기다리며)

변론경험담

국선변호 체험기

사법연수원에서 전반기 교육을 마치고 후반기 실무수습을 받으러 고향으로 내려오게 되었다. 먼저 광주지방법원에서 시보를 하게 된 나로서는 판결문 작성 요령을 터득하는 것도 중요하지만 국선변호인으로서 수사기록을 검토하고 피고인을 접견하여 피고인의 방어권 보장을 위해 재판에 참여할 수 있다는 것이 무엇보다도 기대 되었으며, 또한 한 사건이 종결될 때마다 5만원의 국선변호료까지 지급된다니 더욱 의욕이 생겼다.

내가 제일 처음 국선변호인으로 선정된 사건은 18세의 구속 피고인이 같은 또래인 10대 여고생 3명을 술집 접대부로 팔아 넘겼다는 속칭 인신매매 사건으로서 신문에까지 보도되었던 사건이었다. 죄질이 좀더 가볍고 피고인에게 동정의 여지가 있는 사건도 많을 텐데 하필이면 조직적이고 흉악한 인신매매범들이 활개를 쳐 부녀자들이 외출을 하기가 두려우며 형법의 형량이 너무 가벼워 형법을 개정하여 중형에 처해야 한다, 이에 대한 대책 마련이 시급하다는 등 연일 매스컴이 떠들어 대고 국민 여론이 들끓고 있는 시기에 이 사건을 맡게 되었다. 나 또한 이러한 파렴치범은 중형에 처해야 한다는 생각을 가지고 있었기 때문에 그에 대해 변호할 필요성이나 의욕을 갖지 않은 채 기록을 접하게 되었다.

그런데 수사기록을 검토하고 피고인을 접견하여 피고인으로부터 사건 전모를 듣고 난 후에는 피고인이 보통의 악질적인 인신매매범이라기 보다는 억울하게 구속된 피고인이라는 생각이 들었다. 그래서 조금 전까지의 편견을 버리고 진실을 규명하여 이 피고인의 억울함을 풀어 주어야겠다는 생각을 갖게 되었다. 우선 사건의 진상파악과 유리한 증거수집을 위해 범행 현장인 술집에 가서 술집 상황, 술집 주인들의 이야기를 듣고, 전주에 가서 피해자 중의 한 사람과 그 피해자의 어머니를 만나보니 더욱 억울한 피고인이라는 생각이 강하게 들었다.

사건의 진상은 피고인과 알고 지내던 여고 2년생이 친구 2명과 함께 가출하여 피고인에게 찾아와 "우리는 도저히 학교에 다니기 싫으니 술집에 가서 아르바이트를 하며 지내겠다"면서 아르바이트 자리 소개를 부탁하였다. 중학교까지는 성적이 상위권이었으나 고교를 중퇴한 것이 뼈저리게 후회스럽던 피고인은 피해자들에게 집으로 돌아가 학교에 계속 다닐 것을 수차 설득하였으나 피해자들이 거절하였다. 그 여고생들이 자신들에게 일 할 술집을 소개해 주지 않으면 아무 곳에나 가 버릴 것이라고 하자 피고인은 그냥 내버려두면 돌이킬 수 없는 나쁜 곳으로 가 버릴 것만 같아 피고인이 가 본 적은 없고 전화번호만 알고 있는, 아는 사람이 경영하는 OB생맥주 집에 소개해 주고 자신도 같이 가서 아르바이트를 하게 되었다. 처음 간 날 술집 주인이 피고인에게 밥값과 옷값으로 10만원을 주었고, 그 후 피고인은 추석 전날 귀가하고 피해자 중 한 명도 집으로 돌아가고 나머지 두 명은 자의로 여러 술집을 돌아다니던 중 다른 사건으로 조사를 받다가 경찰이 인지했던 것이다.

기록을 몇 번이고 반복해서 읽고 수사가 미진한 점에 대해서는 피고인을 두 세 차례 더 접견하여 사건의 세세한 부분까지 파악하여 철저히 방어 태세를 갖추고 변론에 임하게 되었다. 드디어 결전의 날인 1989. 1. 26. 제 1회 공판기일을 맞았다. 많은 방청객과 근엄한 재판부 앞에서 혹시 실수는 하지 않을까라는 떨리는 마음과 처음으로 법정에 데뷔한다는 약간의 설레는 마음으로 재판에 임하게 되었다.

검사의 피고인에 대한 날카로운 신문이 끝나고 내가 30여 항목에 걸친 피고인에 대한 반대신문을 끝내자, 재판장이 증거의 인부를 묻기에, 검사 작성의 피고인에 대한 피의자 신문조서는 그 조서를 읽어주거나 열람하게 한 적도 없고 검사가 직접 수사하거나 조서를 작성하지 않고 권한 없는 입회 계장이 수사하고 조서를 작성하였으니 위 검사 작성의 피의자 신문조서의 형식적 진정성립을 부인한다고 하였다. 재판장이 그렇게 원칙대로 하려면 대한민국 검사 작성의 피의자 신문조서의 대부분은 증거 능력을 잃게 되고, 조그마한 사건까지 검사가 하나하나 직접 수사하고 조서를 작성해야 한다면 그 많은 사건을 어떻게 처리하겠느냐는 등 여러 가지 실무관행을 설명해 주셨다.

증거 인부가 끝난 후 검사 측이 피해자 중의 한사람과 그 어머니를 증인으로 내세우고 피고인측에서는 술집 주인을 증인으로 신청하여 채택하게 되었다. 2차 기일이 되어 양측 증인들이 모두 불출석하고 3월초 판사의 이동 등으로 재판이 4주 후로 연기되고 재판부의 변동이 있었다. 1989. 3. 16. 양측 증인이 모두 출석하여 증인 신문에 들어갈 즈음 재판부의 비공개 심리 결정이 있자, 방청객들이 모두 퇴정한 상태에서 1시간 가량 3명의 증인에 대해 검사와 열띤 공방전을 펼친 끝에 피고인에게 유리한 증언을 많이 끌어내게 되었다. 검사가 피해자 중의 다른 한 사람을 증인으로 신청했으나 제 4차 기일에 그 증인이 불출석하자 검사는 그 증인을 철회하고 제 5차 기일에 직업 안정법위반의 예비적 공소 사실을 추가하는 공소장 변경 신청이 있었고 제 6차 기일에 예비적 공소 사실에 대한 검사측 신문과 반대신문이 끝난 뒤 검사의 구형이 있었고, 밤 늦게까지 작성한 10여 장의 변론요지서를 제출한 뒤 변론을 하고 변론이 종결되었다. 1989. 5. 25. 법원 시보가 거의 끝날 무렵 만 6개월에 걸친 심리결과, 주위적 공소사실인 영리유인의 점은 무죄, 직업안정법 위반에 대하여는 벌금 80만원이 선고되었다.

법정을 나오는 순간 피고인의 부모가 고생했다며 악수를 청하면서, 피고인의 고향집에 가자고 간청하여 피고인의 고향인 전북 김제에 있는 금산사를 구경하고 금산사 입구에 있는 매운탕 집에서 소주 한잔을 곁들이게 되었다. 예비 법조인으로서 한 피고인의 억울함을 풀어주기 위해 최선을 다 했으며 좋은 결실을 맺었다는 뿌듯함을 느끼기도 했지만 한편으로 18세의 어린 소년이 억울하게 5개월의 수형 생활로 받은 정신적 고통, 시골에서 농사짓는 순박한 부모들이 받았을 '사람을 팔아먹은 놈의 부모'라는 주위 사람들의 냉대와 멸시로 인한 정신적 고통 등은 무엇으로 보상하여 줄 것이냐는 생각도 들었다.

그리고 피고인이 혹시 다른 수감자들로부터 나쁜 영향을 받을까봐 5개월 동안 20여 회에 걸쳐 전북 김제에서 광주까지 먼 길을 면회 오는 父情, 피고인을 위해 그렇게 열심히 노력해 주신데 대한 은혜는 평생 잊지 않겠다며 3, 4일에 한번씩 밀리 시외전화로 나에게 안부를 물어오는 시골 농부의 인정 등은 잊지 못할 것이다. 검찰에서 피해자들이나 술집 주인 등

참고인 조사 한번 하지 않고 피고인에 대한 단 한번의 조사만으로 기소를 하였는데 좀 더 철저한 수사를 했었더라면 하는 아쉬움 등 많은 것을 느끼고 생각해 볼 기회가 되었으며 형사 소송법상의 여러 부분에 걸쳐 많은 공부를 했던 사건이었다. (사법연수원 법문학 연구회, 법문학 4집(1989. 4.))

변호사 선임 유감

헌법에 의하면 누구든지 체포·구금을 당한 때에는 즉시 변호인의 조력을 받을 권리를 가진다고 규정되어 있고, 민사 합의 사건의 경우는 변호사만이 소송대리를 할 수 있고 일반사건도 당사자는 변호사의 조력을 받기 위해 변호사를 선임하게 된다. 형사사건의 경우 변호인은 법률전문가로서 수사 절차나 공판 절차에서 법률지식이나 소송기술면에서 검사와 대등한 위치에서 당사자의 방어력을 보충해 주는 보조자라 할 것이다.

민사사건의 경우에도 변호사는 당사자의 대리인으로서 사실과 증거 등 소송자료를 수집하여 상대방의 공격, 방어에 대응하여 논리 정연하게 주장, 입증하는 것이 주된 역할이라 하겠다. 그런데 당사자들이 변호사를 선임하게 되는 실상을 보면 형사사건의 경우 변호사만 선임하면 죄질에 관계없이 당연히 풀려나거나 형량을 낮게 받을 수 있는 것으로 인식하고 있다. 민사사건의 경우도 변호사에게 사건만 의뢰해 놓으면 모든 것이 해결되는 것처럼 여기고 증인이나 증거서류의 제출 등 변론자료의 수집 요구 등에 매우 비협조적이고 이것 때문에 재판이 지연되는 경우가 많고 승패에 영향을 미치는 경우도 있다. 거의 대부분의 당사자가 상담이나 소송수행 과정에서 피고인을 석방시킬 수 있느냐, 석방될 확률이 몇 %나 되느냐를 단도직입적으로 묻는 경우가 허다하다. 변호사가 피고인의 성향, 전과, 범죄 당시 상황, 범죄 후의 상황 등 여러 가지 사정을 종합하여 판단되므로 그 여부를 특정해서 답변할 수 있는 성질의 것이 아니고 최선을 다해 보겠노라고 하면 이 변호사는 능력이나 자신이 없는 것으로 여긴다. 석방되지 않거나 중형이 선고되는 경우 수임시 그러한 약속을 하지 않았음에도 '석방되지 않으려면 왜 변호사를 선임했느냐' 며 강력하게 항의를 한다.

최근에 경험한 일인데 소년부 송치의 전과가 두 번이나 있는 16세 소년의 강도상해 사건을 열심히 변론하여 소년부 송치 처분을 받았다. 그러나 피고인의 부모는 사무실에 찾아와 『왜 집행유예 처분을 받지 못했느냐』 며 『소년부 송치의 경우 변호사를 또 선임해야 하니 비용이 들고 보호자 위탁이 안되고 소년원 송치되면 어떻게 하느냐』 며 야단법석이다. 피고인의 장래를 위해서나 집행유예 기간 중 범행을 또 다시 저지르는 경우 피고인에게 엄청난 불이익이 있으므로 소년부 송치 처분이 훨씬 낫다고 설득하여도 막무가내다.

민사사건의 경우도 특히 손해배상 사건의 경우 당사자로서 그 금액에 관심이 있는 것은 당연하겠지만 변호사에게 그 금액을 특정지어 줄 것을 요구하여, 피해자의 수입, 노동장해, 사고 당시의 과실 비율 등을 종합하여 배상의 범위가 결정되므로 이들 요소를 정확히 특정 할 수가 없기 때문에 배상의 범위를 산정 할 수 없다고 하면 장해와 과실을 대략 어림잡아 배상액수를 계산해 달라고 끈질기게 요구한다. 할 수 없이 장해와 과실정도를 여러 가지 경우로 나누어 배상의 범위를 추산해 주는데, 열심히 변론하였으나 그 결과가 기대에 못 미치는 경우 판결이나 변호사에게 심한 불만을 토로한다. 당사자들은 변호사에게 사건을 의뢰하였으면 변호사를 신뢰하고 변호사의 요구에 따른 변론자료 등을 충분히, 신속히 제공해 주고 변호사에게 소송 수행을 맡겨 판결의 결과를 기다려야 할 것이다. 재판부의 권유도 있고 또한 변호사로서도 일도양단적인 판결보다 화해로 사건을 해결하는 것이 타당하다고 생각되어 당사자에게 화해를 권유하게 되면 당사자들 중 상당수는 변호사가 상대방 및 상대방 대리인과 통모한 양 불신하고 있다, 변호사와 당사자의 신뢰관계가 송두리째 무너지는 순간이다.

당사자들은 변호사를 민·형사사건의 방어력의 보조자, 주장, 입증의 대리인으로 여겨야지 죄질이나 증거 등은 생각지도 않고 변호사만 선임하면 반드시 석방되고 반드시 승소해야 하는 것처럼 여기는 풍토에 대해서는 심히 유감이 아닐 수 없다. 어떤 변호사가 자기가 수임한 당사자가 석방되고 승소할 것을 바라지 않는 변호사가 있겠는가.

당사자들은 변호사의 역할을 잘못 인식하고 있기 때문에 대부분의 당사자들이 변호사를 샀다(買受)고 표현하고 있다. 변호사는 賣物이 아니기 때문에 샀다는 말 자체가 성립될 수 없는 것이다. 변호사를 샀다고 말하는 당사자의 입장에서 보면 당사자가 변호사에게 지불한 착수금 또는 성공보수금 등을 매매대금 쯤으로 생각하는 것 같다. 변호사의 신뢰를 회복하기 위해서는 당사자들의 변호사 선임 풍토도 개선되어야 하겠지만 변호사의 위상이 확립되고 품위를 인정받을 수 있어야 한다고 생각한다. 그러기 위해서는 나를 믿고 사건을 의뢰한 당사자에게 사회의 기대에 부응하는 직업 윤리의식을 지니고 능력이 미치는 범위 안에서 최선을 다 할 것을 굳게 다짐해 본다. (법정신문 1993. 9. 27.자)

변호사의 인내와 보람

1. 사건의 개요

가. 피고인은 30세의 늦은 나이에 1997. 3. 모 전문대학교에 입학하여 학교를 다니던 중, 1997. 4. 20. 15:30경 당시 여고 2년생이던 피해자 박○○(16세, 이하 피해자라고 한다)을 모델이나 영화배우가 될 수 있도록 도와주겠다고 속여 피해자를 가출시킨 뒤 피고인의 자취방, 위 전문대학교 등지로 피해자를 데리고 다녀 미성년자를 유인하고, 97. 4. 29. 04:00경 경기도 소재 피고인의 형 소유인 빈집의 작은방으로 피해자를 유인하여 1회 강간하고, 유인한 미성년자에게 가혹행위를 하였다는 혐의로 1997. 4. 30. 긴급체포 되었다.

나. 이후 검찰은 피고인을 1997. 5. 26. 특정범죄가중처벌 등에 관한 법률위반(약취유인), 강간치상, 미성년자 간음 혐의로 기소하였다. 피고인은 1심에서 징역 5년의 판결을 선고받았고 피고인이 항소하여 항소심에서 항소기각 판결을 선고 받았으며 피고인이 상고하여 대법원에서 원심판결이 파기되어 환송되었고 광주고등법원에서 무죄판결이 선고되고 검

찰이 상고 포기하여 98. 10. 21. 위 판결이 확정 되었는 바, 피고인은 파기환송된 후 광주고등법원에서 98. 6. 10. 보석으로 석방되어 만 403일 동안 구금되었던 사건이다.

2. 피고인의 성향과 변호인 선임 경위

가. 피고인은 어머니가 산부인과 병원을 개업한 의사이고(노령으로 몇 년전 폐업함), 큰형수가 의사이며 큰형님이 종합병원의 이사장으로 있는 등 부유한 환경에서 자랐으나 선천적으로 몹시 허약하여(쌍둥이 중 형으로 태어남) 공부를 제대로 못하고 어머니가 경영하는 산부인과 병원의 간호조무사(자격증 있음), 잡지사 기획실장으로 일하다가 30세의 늦은 나이에 97. 3. 전문대에 입학하였다. 그 동안 시집을 출간하고 2개의 극단을 운영한바 있으며 모 잡지사의 기획실장으로 근무하는 등 감수성이 예민하고 문학성이 있는 예술가이기도 하다. 피고인의 가정의 프라이버시기는 하지만 이 사건 변론활동에 상당한 관계가 있었기에 약간을 언급하자면 피고인의 아버님은 계시지 않고 피고인의 형이 아버지 역할을 한데다 모든 경제적 부담을 하였지만, 피고인의 형과 피고인, 피고인의 쌍둥이 동생, 피고인의 어머님 등 세 사람의 관계가 원만치 못하여 의사소통이 잘 되지 않고 불협화음이 많아 변론을 진행하기가 몹시 힘들었다.

나. 피고인 및 그 가족들의 잦은 변호사 교체

(1) 피고인은 수사단계에서 Y변호사를 선임하여 Y변호사가 구속적부심사를 청구하는 등 변론활동을 하였으나 해임하고, K변호사를 선임하여 K변호사가 변론을 하던 중 피고인이 교도소에서 자살을 기도하여(97. 7. 2.

04:30경 어머니, 동생 등에게 5통의 유서를 남기고 런닝샤쓰를 찢어 끈을 만든 뒤 화장실에서 목을 메어 자살을 시도하다 교도관에게 적발되어 미수에 그침) 피고인의 몸 상태가 안 좋아 재판이 약간 연기되었다. 9. 30. 7차 변론까지 진행되었으며 8차 변론기일이 97. 10. 10. 오후 2시로 지정되어 있었고 그 기일에 이 사건의 핵심증인인 피해자를 비롯하여 4명의 증인 신문이 예정되어 있었다.

(2) 피고인 및 그 가족들은 위 K변호사와도 서로 신뢰를 못하고 언쟁이 잦아 위 K변호사를 해임하고 인천에 있는 C변호사에게 이 사건을 변론해 달라고 수 차례 요청하였으나 C변호사가 거리관계상 변론을 할 수 없다면서 필자를 소개해 주어 필자가 변론기일 하루전인 10. 9. 피고인 가족들과 면담을 하게 되었다.

가족들과 면담을 해보니 요구사항도 많고 변호사를 2번이나 교체하고 하여 변론하기가 썩 마음에 내키지 않았다. 그러나 가장 친한 친구인 C변호사의 간절한 부탁과 K변호사도 신뢰에 금이 가 더 이상 변론하기가 힘들다고 하여(K 변호사의 사임계가 제출되어 있지 않아 필자가 변호하기가 꺼림찍하여 K변호사에게 전화하여 사임하게 된 경위, 피고인 가족들의 성향, 사건의 개략적인 내용 등을 물어보니 하루빨리 이 사건에서 손을 떼고 싶고 가족들이 무척 까다로우며 약간 억울한 점은 있으나 무죄는 쉽지 않을 것 같다고 말함. 그러나 2번이나 변호인 사임계를 내면 모양이 좋지 않을 것 같아 K변호사의 사임계는 제출치 않고 필자가 추후 변론을 담당하기로 상호 협의함) 변론을 하기로 결정하였다.

(3) 재판기일 하루 전에 무죄를 다투는 복잡한 사건의 기록복사 및 검

토, 4명의 증인 신문사항 작성 등이 어려울 것 같아 담당재판부를 찾아가 필자가 새로 변호인으로 선임되었는데 재판준비의 시간이 절대적으로 부족할 것 같으니 기일을 연기해 달라고 부탁하였으나 만기가 10월 말일로 너무 촉박하니 연기해 줄 수 없다는 것이었다.

(4) 필자는 시간이 촉박하여 그 두꺼운 기록을 복사할 시간도 없을 뿐 아니라 기록이 재판부에 있어 K변호사로부터 기록을 빌려와 10. 9. 저녁 7시부터 다음날 새벽 5시까지 위 기록을 2회 정독하고 4명의 증인에 대한 신문사항을 작성하여 변론준비를 마쳤다. 개업이후 재판 준비하느라 밤샘하기는 처음이었는데 기록을 2회 정독한 결과 피해자 및 그 가족들의 진술의 모순점이 너무나 많고 피고인이 무죄라는 심증을 강하게 가질 수 있어 위 피고인의 억울함을 풀어줘야겠다는 강한 사명감이 생겼다.

3. 1심 재판과정

가. 10. 10. 8회 기일이전까지 피고인의 어머니, 피고인의 같은 과 급우, 피해자의 고모(현직 여자경찰인데 이 건 고소 및 수사과정, 피고인의 체포 전 피고인에 대한 폭행건 등에 대해 깊이 관여함) 등 3인의 증인신문과 몇 가지 사실조회, 소견서, 참고자료 제출 등의 증거조사가 진행된 상태였다.

나. 밤샘하여 4명의 증인신문, 반대신문사항을 작성하여 법정에 나갔으나 피해자, 피해자의 어머니, 피해자의 오빠 등 3인은 출석치 아니하였고, 피해자를 진단하였던 산부인과 의사는 필자가 그 필요성이 없을 것 같고

의사가 재판부에 출석치 않겠다는 편지도 보내와서 철회하였으나, 4명의 증인 중 1명도 신문이 이루어지지 않아 정말 허탈하였다.

다. 일주일 후인 10. 17.로 다음기일이 예정되어 있어 피고인의 접견을 가서 사건개요를 듣고 피고인의 요구사항을 듣게 되었다. 피고인이 억울하다는 생각은 상당히 있었지만 피고인의 요구사항이 지나치고 까다로운 주문이 많았으며, 필자가 지엽적인 문제는 신경 쓰지 말고 이런 방향으로 진행하겠다고 조언하면 변호사가 억울한 자신의 입장을 대변하지 않는다고 불평이 대단했지만 억울하니까 그런가보다고 꾹 참고 경청하였다.

피해자가 가출하기 전의 상황, 피해자가 가출하여 피고인, 그 급우들과 함께 있었던 4. 20.부터 4. 29.까지의 10일간의 행적을 철저하게 조사하다 보니 3시간 30분 가량이나 접견하였으며 대략의 사건 윤곽을 파악하게 되었다. 당시까지 피고인은 교도소에서 편지지에 띄어쓰기도 하지 않은 채 깨알같은 글씨로 1회에 20여장의 분량이 되는 진정서 등을 6회나 재판부에 제출해 놓은 상태였고, 피해자와 그 고모, 오빠 등에 대해 피고인에 대한 상해죄 등으로 고소해 놓았고, 청와대, 대검 등 곳곳에 진정서 등을 제출하였다.

라. 위 변론준비 과정에서 필자도 사임하고픈 생각이 들 때가 한 두번이 아니었으나 억울함이 많아 그러겠지 하면서 꾹 참았으며 두 번이나 변호사가 사임한 것이 이해가 되었다. 피고인의 가족들은 창구가 단일화되어 있지 않아 똑같은 내용을 피고인의 형과 동생에게 반복해서 설명해 줘야 하고 증인 신문사항의 작성에도 지나치게 간섭하고 지엽적인 문제의 입증을 위해서 3, 4명의 증인신청을 요구하곤 했다. 심지어 피고인의 형은

승용차에 피고인이 피해자를 강간했다는 방의 이불을 가져와서 피해자가 침대 위에서 옷을 벗고 이불을 덮고 있는데 피고인이 이불을 걷어내려고 하여 서로 실갱이를 벌이다가 피해자가 힘이 딸려 강간을 당했다는 피해자의 진술이 허위라는 것을 입증하기 위해서는 그렇게 실갱이를 벌렸으면 이불이 찢어졌을텐데 아무렇지도 않으므로 그 이불을 재판정에 현출시켜 달라고 하여 설사 강간을 하였더라도 이불이 찢어지지 않을 수도 있는 것이므로 제출할 필요가 없다고 설득하자 무척 서운해했다.

피고인은 접견을 가면 증인신문 사항은 이런 식으로 해주라며 편지지에 깨알같은 글씨로 10～20장씩 작성하여 와 여러 차례에 걸쳐 건네주었다. 출소하는 동료 수감자에게 시간을 특정해서 나에게 수 차례 면회를 와 달라고 요청하고, 자신의 사업상의 마무리를 위해 동업자에게 자신의 의사를 전달해 달라고 하고, 심지어는 가족들의 면회가 뜸하니 필자에게 교도소에서 입을 내복 2벌까지 요청하여 필자가 직원을 시켜 내복 2벌을 반입해 준 적이 있을 정도로 온갖 주문을 하고 또한 자신이 피해자 가족들을 고소한 사건까지 처리해 달라고 요구하였다. 그러나 피고인은 필자가 장문의 변론요지서를 보여주며 읽어보라고 하자 그때부터 필자를 신뢰하고 상당히 협조적이었으며, 피고인의 솟아오르는 분노, 불안정한 마음을 달래주기 위해 필자가 시집과 몽테뉴의 수상록 등을 반입해 주었다.

마. 접견 후 무죄라는 확신은 더욱더 강해졌고 피고인과 피해자의 10일간의 행적, 피고인이 피해자를 유인하지 않았음을 뒷받침할 사유 및 증거, 피고인이 피해자를 강간하지 않았다는 증거 등을 최대한 거시하여 44쪽에 달하는 변론요지서를 제출하였다. 10. 17. 9차 기일 때 피해자와 피해자의 어머니에 대한 증인신문이 행해졌는데 위 두 사람의 증언이 강간

을 당했다는 점에 대해서는 모순점이 너무 많았고 강간을 인정할 만한 증거가 되지 못하였으며, 유인 부분에 대해서도 모순되는 부분이 많았지만 피고인에게 불리한 부분도 있었으며 피고인의 유인 부분에 대한 증언을 탄핵하기 위해 피고인의 급우 중 피해자와 밤늦게까지 술을 마시며 서로의 고민을 털어놓은 여학생을 증인으로 신청하였다.

바. 위 증인은 변론 기일 전날 필자의 사무실에 찾아와 증인신문 사항까지 함께 작성했는데 막상 10. 24. 10차 변론기일에는 출석하지 않았고, 필자는 위 여학생의 증인을 철회하고 검찰 측에서도 증인인 피해자의 오빠를 철회하고 피해자의 증언의 신빙성을 반박하는 12쪽의 변론요지서를 제출하고 결심하여 10. 28.로 선고기일이 잡혔다. 검찰에서 강간부분에 대한 공소장 변경을 위해 10. 29. 오전 10시에 재개되어 검찰이 강간부분을 미성년자 간음으로 공소장 변경을 하였으며, 간략한 변론요지서를 제출한 뒤 결심하고 10분 후에 선고를 하였는데 정확히 6개월 만기일인 10. 29. 피고인의 유죄가 인정되어 실형 5년이 선고되었다.

재판부에서 합의를 권유하였고 자백을 했으면 하는 눈치여서 결과를 어느 정도 예상하기는 했지만 1심에서 유죄판결을 받고 보니 무척이나 허탈하였다. 항소심에서 반드시 무죄를 받겠다는 강한 오기가 생겼다.

4. 항소심 재판과정

가. 항소심에 기록이 송부되자 97. 11. 24. 항소이유서(16쪽)를 제출하면서 97. 11. 26. 보석청구서(37쪽)를 제출하였으나 항소심 원래 선고기일

인 98. 2. 18.에야 보석기각 결정이 되었다.

나. 항소심 구속만기가 98. 2. 28.인데 98. 1. 15.에야 첫 기일이 열렸는데 미성년자 간음부분은 유죄의 증거가 없어 무죄의 확신이 섰지만 유인부분에 대해서는 미진한 부분이 약간 있는 것 같았다. 그래서 피해자가 피고인의 사실적 지배를 벗어나 피고인이 학교 수업중이거나 야간에 학원 일을 하고 있을 때 피고인의 과 급우들과 소주방, 노래방 등을 다녔다는 것을 입증키 위해 과 급우들을 증인으로 신청하였으나 피해자의 오빠가 깡패라는 소문이 돌아 증인 서기를 무척 꺼려하여 겨우 1명의 증인과 1심에서 필자가 변론하기 전 증언을 하였던 급우를 증인 신문하고 3차 기일인 2. 12. 결심하여 선고기일이 98. 2. 18.로 지정되었다.

다. 선고기일 며칠 전 피고인의 형이 새로운 증거를 입수할 것 같다며 선고를 연기해 달라고 요청하여 재판부에 사정하여 2. 25.로 선고를 연기해 놓았다(만기가 2. 28.이라 재판부에서 몹시 난색을 표시함). 애초부터 예상된 일이기는 하지만 새로운 증거를 입수할 리가 만무하였다. 피고인의 형은 선고기일 이틀전인 2. 23. 어떤 경로로 알아봤는지 잘 모르겠지만 담당 재판부에서 유죄의 심증을 갖고 항소기각 판결을 할 것 같다면서 정말 억울하기는 하지만 항소기각이 되면 피고인이 5년간 실형생활을 하는 경우 건강도 악화되고 폐인이 될 것이라며 필자에게 피고인을 접견하여 이러한 형의 의사를 전달하고 자백을 하면 즉시 피해자와 합의를 하겠다고 접견을 요청하였다. 필자는 인간적인 측면에서 피고인의 형의 입장이 이해는 되었지만 정말 난감하였다. 피고인이 승낙할지 여부도 문제지만 피고인과 필자가 10개월 여 동안 싸워왔던 것이 수포로 돌아가는 것이 아닌가. 내키지 않는 마음으로 피고인을 접견하게 되었다. 필자가 형의 입장을 전달하며 어렵게 이야기를 꺼내자 피고인은 처음에는 완강히 거절하다가 인간적인 고민을 한참 하더니 필자에게 "만약 자백을 하고 합의를 한다면 집행유예가 가능 하느냐, 무죄를 끝가지 다툴 경우 대법원에서 무죄의 가능성이 얼마나 되느냐" 고 묻기에 필자는 내심으로 자백을 원치 않았고 확실한 답변도 하기 어려운 질문이어서 "위 물음에는 답변하기가 힘들다. 그러나 무죄를 다툰다면 상고심에서도 열심히 변론해 주겠다" 고 답변하였다. 피고인은 오랫동안 고민을 하더니 마침내 "죽는 한이 있어도 자백을 못합니다. 나의 억울함을 풀고 싶으니 변호사님께서 도와 주십시요" 라고 말하여 "그렇게 하자" 고 답변한 뒤 돌아와서 형에게 피고인의 답변내용을 전하자 형은 필자에게 피고인을 설득하지 못하였다면서 상당히 불만스러워 했다. 예상대로 2. 25. 항소기각 판결이 선고되었다.

5. 상고심 및 파기환송심 과정

가. 피고인, 피고인의 동생, 어머니는 필자에게 상고심의 변론을 해달라며 선임계약을 하고 선임비용은 피고인의 형이 지불할 것이라고 하여 상고이유서를 준비하고 있는데, 피고인의 형이 상고이유서 준비를 보류해 달라, 변호사 선임여부를 추후에 통보해 주겠다는 연락이 왔다. 기다리고 있는데 아무런 연락이 없어서 몹시 기분은 나빴지만 혹시 상고이유서 제출기간을 도과해 버릴까 봐 대법원에 확인하여 사건번호와 상고이유서 제출기간 만료일을 피고인의 형에게 우편으로 통보해 주었다. 나중에 피고인의 형이 서울에서 유명한 S변호사를 선임했다는 연락이 왔다.

나. 피고인 및 가족의 무리한 요구, 가족들의 의사 불통일과 여러 사람의 반복된 똑같은 질문, 정도에서 벗어나는 방법동원 등 기분 나쁘고 의욕을 잃게 하는 경우도 여러 번 있었지만 가족들이 처한 심정을 고려하여 이해하려고 최대한의 인내심을 발휘하였다. 모두 15회의 접견(접견 1회마다 1시간 이상씩 소요됨), 9회의 재판기일(1심 5회, 2심 4회), 4회에 걸친 70여장에 이르는 변론요지서 제출, 항소이유서(16매), 보석청구서(37매) 제출 등 온갖 노력을 다하였으나 결과는 5년형이 선고되고 의뢰인은 필자를 불신하여 다른 변호사를 선임하여 필자에게 끝맺음을 할 기회마저 주지 않아 너무도 안타깝고 신뢰와 인내에 대해서 많은 것을 생각케 해 주었다.

다. 너무도 심혈을 기울였던 사건이기에 가끔씩 대법원에 선고 결과를 알아보았는데 98. 5. 15. 파기환송 판결이 있었고, 환송심 첫 기일이 6. 9.로 예정되었다고 법원으로부터 기일 며칠 전 통보가 와서 너무나 기뻤다. 피고인의 가족에게 전화하여 6. 9.로 기일이 지정되었으며 파기 환송심에서는 그 이전의 항소심에서의 변호인이 그대로 변호인이 될 수 있으니 필자가 최대한 열성을 다하여 변론을 하겠으며 대법원에서 무죄의 취지로 장문의 판결문을 작성하여 파기 환송되었으니 환송심에서는 크게 문제될 것이 없을 것 같으니 새로 변호사를 선임할 필요가 없고 비용을 절약하라고 친절하게 알려 주었으나 무슨 이유에서인지 서울의 S변호사를 다시 선임하여 공동변론을 하게 되었다.

라. 보석청구를 하여 첫 기일 다음날인 6. 10. 보석허가 결정이 나와 석방되었다. 재판진행 과정이나 보석허가 결정이 난 뒤에도 피고인 및 그

가족들은 필자에게 고맙다는 인사나 전화 한번 없었고 열심히 한 것은 같으나 무죄를 못 받아냈으니 무슨 소용이 있느냐는 투였다. 그런데 보석으로 석방된 뒤 피고인 및 그 가족들이 고마움을 전하러 S변호사를 찾아갔는데 S변호사가 자신은 별로 한 것이 없고 1, 2심에서 해놓은 것을 정리했을 뿐이며 필자가 1, 2심에서 워낙 열심히 잘 해놓아서 파기될 수 있었다며 광주에 있는 필자에게 찾아가서 반드시 고마움을 전해라고 몇 번이나 말씀하였다고 한다. 그때서야 피고인과 그 가족들이 필자가 기울였던 열성과 노력을 이해하고 고마움을 갖게 되었다며 피고인과 그 가족들이 경기도에서 광주까지 내려와 필자에게 감사의 마음을 진정으로 표시하였다. S변호사는 실력 못지 않게 모든 공을 필자에게 돌리는 겸손까지 갖추었음을 알 수 있었다.

마. 4회의 기일동안 검찰 측에서 1심에서 증언하였던 피해자 등을 비롯한 증인을 여러 차례 신청하였으나 재판부에서 채택하지 않았고 피고인의 같은 과 급우였던 증인 1명의 신문을 마치고 9. 15. 결심하여 10. 13. 예상대로 원심파기, 무죄 판결이 선고되었고 검찰이 상고를 포기하여 10. 21. 판결이 확정되어 1년 6개월의 대단원의 막이 내렸다.

6. 변호사로서의 보람

가. 피고인은 10. 21. 무죄 판결이 선고된 당일 필자의 사무실로 가족과 함께 찾아와 필자의 방에서 어머니에게 먼저 큰절을 하고 필자에게 땅바닥에 엎드려 생명의 은인이라고 진정으로 감사의 뜻을 전하며 큰절을 하였고 퇴근 때까지 기다렸다가 필자의 사무실 전 직원을 회식시켜 주었다.

한 피고인의 억울함을 풀어주는데 최선을 다했다는 뿌듯함과 개업이래 변호사로서의 최대한의 보람과 기쁨을 만끽하였다.

나. 필자도 이 사건을 변론하면서 몇 번이나 사임하고픈 생각이 들기도 했으나 피고인의 억울함을 풀어주어야겠다는 사명감과 나중에는 그동안 투자한 시간, 노력 등이 아까워 반드시 상고심에서는 무죄를 밝혀야겠다는 오기 등이 발동하였고 언젠가는 피고인 및 그 가족들이 필자의 열성과 노력을 인정해 줄 것이라는 믿음으로 인내하였다. 그 결과 필자의 바램이 모두 이루어져 너무도 기뻤으며 오늘은 개업 이후 처음으로 해 보는 형사보상 청구서를 작성하여 피고인 명의로 제출케 하였으며 조만간 국가를 상대로 손해배상 청구를 할 예정이다.

다. 필자는 88. 12. 광주지방법원에서 시보를 할 때 첫 번째 국선사건이 미성년자 영리유인 사건이었는데 그때도 피고인의 억울함을 풀어주기 위해 예비 법조인으로서 최선을 다한 결과 6개월 만기가 거의 다 될 무렵 피고인이 무죄를 선고받은 적이 있었는데 10년 전의 그 사건이 떠올랐다. 당시의 예비 법조인으로서의 순수한 마음과 열정을 계속 간직해야겠다고 다짐해 보면서 필자와 미성년자 영리유인 사건이 묘한 인연이 있구나 라는 생각이 들었다. (민변 1998. 12월호 변론경험담)

노동변론 경험담

'소위 노동변호사' 들이 취급하는 일반적인 사건을 분류해보면 산재사고로 인한 손해배상 및 직업병 · 과로사의 업무상 재해 여부, 임금 · 퇴직금 청구사건, 해고 · 전보 · 전직 · 감봉 등 무효확인 사건, 노조의 파업으로 인한 업무방해로 인한 손해배상 · 업무방해죄의 형사사건 등 4가지로 크게 분류해 볼 수 있을 것이다. 나는 민변 회원 중 이러한 류의 사건을 많이 취급하는 소위 노동변호사에 명실상부한 변호사들만큼은 노동관계 사건을 많이 취급해 보지는 못했지만 일반 변호사에 비해서는 상당히 많이 소송을 수행한 편에는 속할 것이다.

인천에서 6년 간 변호사 생활을 할 때는(1990~1996년) 노동관계 사건이 한 달에 한 건 이상은 됐던 것 같은데 광주로 1997. 9월 이전한 뒤 3년 6개월 가량 되었지만 산재사고는 단 1건 수행해 보았고 과로사 4건, 임금, 퇴직금, 해고무효 확인 6, 7건이 거의 전부이다. 광주는 인천에 비해서 공단이 거의 없다시피 하고 산업시설이 워낙 빈약하여 산재사고로 인한 손해배상 청구소송이 거의 없고 산재사고가 있더라도 여러 가지 연줄에 의해 합의로 끝난 경우가 많은 것 같다.

산재사고로 인한 손해배상의 경우 사고경위, 피해자의 과실비율 등을 산정하기 위해 같이 작업했던 동료 근로자의 증인이 필요한 경우가 많은데 동료 근로자가 피고 회사에 근무하는 경우가 대부분이어서 증언을 기피하고 증언을 하더라도 진실성을 담보한 경우가 드물다. 산재사고의 경우 휴업급여, 장해급여의 공제, 한시 장해율, 피해자의 과실상계, 영세한 회사의 경우 집행의 곤란 등의 사유로 성공보수금을 20~30%로 하여 변호사보수가 상당히 되는 경우가 허다한데 교통사고로 인한 손해배상의 경우도 성공 보수금이 상당히 된다.

각종 금전청구, 부동산 관련소송 등 당사자가 여유 있고 당사자에게 상당한 이득을 주는 사건의 경우 사례금이 없는 경우도 많고 사례금을 약정하더라도 얼마 안 되는 경우가 부지기수이다. 산재사고나 교통사고의 경우는 일반 민사사건에 비해 소송의 난이도가 훨씬 쉬운 경우가 많고, 영구히 장해가 생기거나 사망하고 가족들이 너무도 어려운 환경에 처해 있는 당사자들이 많은데 일반 민사사건보다 더 많은 수임료를 받는 것이 참 아이러니하다고 생각된다.

인천에서 염료공장에서 근무하였던 근로자가 만성 기관지천식에 걸려 회사를 상대로 손해배상 청구(직업병) 소송을 하였는데 1991년 당시만 해도 법원에서 직업병을 인정하는 예가 거의 드물었고 입증에 어려움이 있었다. 피고회사는 상장회사로서 우리나라 염료회사로는 1, 2번째 큰 회사였다. 회사측에서는 같은 회사에서 같은 조건으로 근무하는 근로자들의 소송이 잇따를 것이 염려되어 회사측에서는 '근로자들이 재판에서 이기기도 힘들고 이기더라도 많은 시간이 걸리게 하여 근로자들을 지치게 해야겠다'면서 끈질기게 물고 늘어져 1심에서 거의 1년 반 이상이 걸렸다

(1심에서는 장해율이 45% 가량임). 회사에서 항소하여 서울 고등법원에서 재감정을 하였는데 오히려 장해율이 100%로 나오자 회사측에서 항소를 취하해 버려 종결되었는데(회사측에서 항소한 뒤 부대항소를 항소기간이 만료된 뒤 제기하여 더 이상 진행할 수 없었음) 1심판결 선고 후부터 1년 가량이 진행되어 지연이자가 25%여서 상당한 액수가 되었다.

이 사건을 진행하면서 기관지 천식에 대해 공부하기 위해 내과학을 사서 많은 연구를 하였다. 현장검증을 갔을 때 고온에다 분진, 냄새, 소음 등 작업환경이 너무나 열악하였는데 근로자들이 이러한 환경에서 일년 365일 어떻게 근무할까 한편으로는 측은하기도 하고 한편으로는 대단하다는 생각이 들었다. 이 사건의 상담시부터 소송진행 도중 당사자를 여러 번 만났는데 면전에 있는 당사자가 숨을 헐떡거리는 데다 냄새가 많이 나서 정말 불쌍하다는 생각이 들어 꼭 승소해야겠다는 생각이 강하게 들었다. 정말 열심히 한 결과 승소하였고, 착수금은 없었으나 20% 가량의 사례금도 받았으며 인천에서 최초의 직업병 판정이라는 신문보도가 났었고 덤으로 위 당사자가 항소심 진행 도중 낚시대 제조회사에서 근무하는 비슷한 증상을 보인 근로자를 소개해 주어 소송을 수행하는 소득이 있었다. 위 회사도 상장회사로서 우리나라 낚시대 제조회사에서는 1, 2번째로 큰 회사인데 소송이 진행되자 10억 여원을 들여 환풍기, 정화시설 등 시설을 대폭 교체해 버려 작업환경이 매우 개선되었기에 현장 검증시나 입증시 매우 어려움이 있었다. 그러나 피고 회사가 많은 돈을 들여 개선하기 전에 시설개선 명령을 내린 공문을 어렵게 관공서로부터 입수하여 입증에 많은 도움이 되었다. 이 사건도 물론 회사가 항소하여 서울고등법원까지 다니며 승소하였으나 당사자의 처가 워낙 까다로워 고달픈 사건 중의 하나였다.

90년 중반까지만 해도 법원에서 과로로 인한 것이지만 사인불명, 돌연사, 간암으로 인한 사망의 경우 업무상 재해로 인정되는 사례가 거의 드물어 인천에서는 과로사 소송을 다뤄본 경우가 한번도 없었지만 최근에는 과로사의 경우 업무상 재해로 인정하는 판례가 늘어나고 언론에 많이 보도됨에 따라 과로사로 인한 유족급여 청구소송이 늘어나고 있는 것 같다. 2, 3년 전 사립대학 서무과장이 과로사로 인한 유족급여 청구에서 심사청구, 재심에서 기각당한 뒤 선배 교수님의 소개로 나의 사무실을 찾아와 소송을 수행한 결과 1심 재판부는 이미 예단을 가졌는지 재판을 너무 일찍 종결해 버리고 원고 패소판결을 받았는데, 다행히도 의뢰인이 나를 신뢰하여 항소심을 맡겨주어 항소심에서 열심히 하였다. 담당 배석판사가 실력 있고 평소 노동문제에 관심이 많은 판사의 덕분이였는지(?) 승소하였고 피고가 상고하였으나 상고기각 되었다. 이 사건의 승소 뒤 의뢰인이 그 해 동지날 동지 죽을 써서 나의 집에 찾아왔을 때 큰 보람을 느꼈다. 광주는 좁은 지역이어서 인지 위 사건의 승소 소문을 듣고 찾아왔다며 사립학교 직원의 과로사로 인한 유족급여 청구소송이 1건 진행중이고 1건은 곧 진행될 예정이며 시외버스 운전사의 과로사건 등 3건이 진행중이다.

과로사로 인한 소송을 진행하면서 판례의 변천이나 비슷한 상황에서의 상이한 판결 등 문제점이 많은 것 같아 현재 전남대학교 대학원에서 노동법을 전공하는데 석사학위 논문으로 '과로사'를 논문 제목으로 삼아 자료를 수집중이다. 혹시 이 글을 읽으신 분 중 과로사에 관한 외국논문이나 자료(이왕이면 번역되어 있으면 좋겠지요)가 있으시면 연락 주십시오,

술한잔 쏘겠습니다(?).

민주노총의 추천 케이스로 전남 지방노동위원회의 심판담당 공익위원으로 1년여 활동하고 있는데 우리나라 사용자들의 경우 노조를 상대방 파트너로 인정치 않고 너무나 불온시하며, 가장 기본적이고 상식적인 근로기준법이나 취업규칙조차 지키지 않고 회사의 비리나 잘못된 관행을 시정하려는 근로자를 기본적인 절차도 지키지 않고 해고해 버리는 사례를 자주 접하게 된다. 누가 해야될 지 모르겠지만 사용자들에게 근로기준법이나 취업규칙, 단체협약의 의미, 준수, 징계절차 등 노동법의 ABC에 대한 교육의 필요성을 절실히 느꼈고, 노동위원회에 구제신청을 하는 근로자의 경우 주장, 입증이 너무나 부족하여 패소하는 것이 안타깝고 심판위원들의 합의과정에서도 어려움이 많았다. 작년 민변 노동위원회에서 오오사카 지방노동위원회를 방문하였을 때 노동자의 거의 전부가 저렴한 비용으로 일본 노동자 변호사단의 도움을 받고 있다는 데에 큰 감명을 받았는데(중앙노동위원회 발행의 노동과 심판(2001. 제4호)에 필자의 오오사카 지노위 방문기가 실려있음) 소위 노동 변호사들이라도 노동위원회의 구제신청 사건을 저렴한 비용으로 대리하여 도움을 주는 것이 변호사의 업무영역 확대, 근로자의 권익보장이라는 측면에서도 도움이 될 것 같다.

끝으로 '민변 노동변론' 창간을 진심으로 축하하고 노동변호사의 위상과 전망에 대해 진솔하고 깊은 고민이 담긴 글을 써 달라는 청탁을 받았는데 전제조건인 내가 과연 소위 노동변호사의 자격이 있는지 부터가 의문이 간다. 한가지 바램이 있다면 노동 변론지에 노동위원회 회원들이 수행하였던 사건 중 의미 있는 하급심 판결을 매월 연재해 주셨으면 좋겠다. (민변 노동위원회 잡지 '노동변론' 2002년 창간호)

못된 사업가와
순박한 시골 농민들의 승소

1. 농민들과의 인연

가. 미국에서 귀국하면서 1997. 9. 초경 고향인 광주로 사무실을 이전 개업하였는데 광주지역 신문에 사무실 이전 개업 광고를 내게 되었다. 9. 하순경 화순군 모지역 마을 대표인 3, 4명의 농민들이 신문에서 개업광고를 보았다면서 나의 사무실로 찾아와서 상담을 하였다.

나. 마을에서 200미터 가량 떨어진 야산에 A 주식회사(대표이사 B씨)가 1996. 초 폐기물 처리회사를 설치하여 주민들의 반대에도 불구하고 폐기물 처리공장을 가동하게 되어 우여곡절 끝에 1996. 7. 30. 마을 주민들과 폐기물 종류, 야적 물량, 작업 시간, 방지시설 등 10여개 항의 합의를 하였다. 그런데 위 회사가 합의내용 거의 대부분을 지키지 않고 있어 분진, 소음, 매연, 침출수 등으로 인해 피해가 크고 주민들의 고통이 심하니 영업을 중단시켜 달라는 내용이었다.

2. 1차 영업금지 가처분 신청의 제기 및 진행

가. 1997. 10. 2. C씨 외 27명 등 마을 주민 28세대가 A회사를 상대로 폐기물 처리 영업금지 가처분 신청을 제기하여 심문을 하게 되었다. 현장검증, 비디오테이프 검증 등 변론을 거친 뒤 재판부에서 위 약정 위배와 피해사실이 인정되므로 영업금지 결정을 하여야 하나 많은 돈을 투자하여 설치한 공장을 폐쇄하는 것이 국가 경제적으로도 손실이 아니냐며 5, 6차례의 조정을 시도하였다. 주민들은 많은 양보를 하였으나 회사에서 작업시간, 폐기물 반입량 등 욕심을 챙기려다 조정이 성립되지 않고 1998. 3. 16. 공탁금 5,000만원(보증보험증권 가능)을 조건으로 영업금지 가처분 결정이 선고되었다.

나. 재판 도중 회사측에서 자신들은 법원장 출신의 변호사를 선임하였는데 주민들이 선임한 나는 판사경력도 없는 데다 이전 개업하여 판사들도 아는 사람이 없어 회사가 100% 이길 것이라고 장담하였다면서 마을 주민들은 자신들이 변호사를 잘못 선임한 것이 아닌 가라고 불안해하는 것 같았다. 회사측의 생각이 잘못 되었다는 것을 꼭 일깨워 주기 위해 오기가 생겼고 한편으로는 주민들을 구제해 줘야겠다는 생각이 강하게 들어 정말 열심히 하여 승소하였다.

다. 2000. 8. 경 이 사건의 승소 소문을 듣고 찾아왔다면서 광산구 ○○동 주민 60여 세대로부터 폐기물 처리회사를 상대로 한 영업금지 가처분 사건을 수임하는 덕을 보게 되었고 이 사건도 가처분 결정을 선고받게 되었다.

3. 주민들과 회사의 합의 및 합의사항 미이행

가. 위 사건에서 주민들이 승소하여 가처분 결정으로 영업이 정지되자 회사는 나와 친분이 있는 시골 군의원, 면장 등 여러 사람을 동원하여 나에게 합의 중재를 요청하여 왔다. 주민들에게 합의 의사를 묻자 주민들은 자신들이 그 동안 너무 무시당했다면서 단호히 거절하였다. 회사에서 주민들에게 계속하여 합의를 간청하였으나 주민들이 거절하다가 회사의 읍소에 의해 1998. 4. 2. 주민들과 합의를 하게 된 것이다.

나. 합의의 주된 내용은 방지시설을 하고 쓰레기 반입량은 5만톤을 초과하지 않고 1998. 4. 2.부터 2000. 12. 31.까지만 영업을 하며 회사에서 주민들에게 영업시작 하면서 약간의 돈을 지급하고 도로에서 처리장까지의 진입로가 마을의 소유인바 위 진입로의 토지사용료로 매월 사용료를 지급하며 부도 시를 대비하여 폐기물 처리비용을 예탁하기로 하였다. 회사는 재판 도중 5, 6차례의 조정에서 양보를 않고 욕심을 챙기려다 조정시보다 몇 배의 손실을 보게 된 것으로서 욕심이 과하면 화를 입는다는 것을 뼈저리게 느꼈을 것이다.

다. 1998. 4. 2. 합의가 끝난 후 며칠 뒤에 회사의 대표이사는 마을의 대표자들이자 합의를 끝까지 반대하고 발언권이 센 C씨, 두 명의 J씨 등 3명에게 고맙다며 각 1,000만원씩 3,000만원을 C씨의 차 속에 집어넣어 주었던 것이다. 위 대표이사는 발언권이 센 3명에게 돈을 주어 2년 반후 계약기간이 끝난 뒤에 위 3인으로 하여금 기간 연장 반대에 앞장서지 못하게 하도록 치밀한 계획아래 미끼를 던진 것이었다. 그러나 순진한 시골 농민들은 회사의 책략을 모르고 돈을 받았다가 2000. 12. 16. 두 명은 각 1,000

만원을 반환하였고 나머지 J씨는 완전히 회사의 선봉에 서서 기간 연장을 내세우고 있는바 그 돈의 반환여부는 모르겠다.

라. A 회사는 1999. 2.경 주위토지를 경락 받아 시설을 2배로 확장하고 합의사항의 거의 대부분을 지키지 않으며 2000. 1월분부터는 사용료도 미지급하고 2000. 4.경부터 쌍방이 내용증명 우편을 교환하며 치열하게 다투고 있었으며, 2000. 12. 31. 기간이 만료되면 주민들은 영업기간을 연장해주지 않을 것이 확실시되었다. 그러나 나는 가처분 결정 이후 마을 주민들이 이러한 내용을 알려주지 않아 합의하여 영업기간이 연장되었던 것만 알았지 합의의 구체적 내용이나 합의사항의 이행여부 등에 대해서는 전혀 모르고 있었고 2년 반 동안 한번도 찾아오지 않아 잘 해결된 것으로만 알고 있었다.

마. 그런데 위 A회사가 폐기물 처리를 해 주고 그 대금을 못 받은 회사를 상대로 용역비 청구소송이 제기되어 진행중인데, 위 소송의 3차기일 하루 전인 2000. 10. 5. 위 회사의 간부 등이 나를 찾아와 이 사건의 수임을 의뢰하였다. 나는 그동안 마을 주민들로부터 아무런 연락이 없어서 마을 주민들과 회사간에 아무런 일이 없는 것으로 생각하였고, 회사에서 강력히 수임을 요청하여 약간 꺼림직 하였으나 수임하여 2, 3회 변론을 진행하고 있었다. 그런데 12. 중순경 마을 주민대표 C, J씨 등이 찾아와 그 동안의 상황을 설명하고 조만간 위 A회사를 상대로 영업금지 가처분 신청을 해야겠다면서 자신들이 회사로부터 1,000만원씩 받은 사실을 고백하였다.

2000. 12. 31. 계약기간이 만료되면 주민들의 반대로 영업연장이 안될

것이고 나아가서 주민들이 A회사를 상대로 영업금지 가처분 신청을 할 것이 너무도 자명한 것이다. A회사에서는 위 내용을 잘 알고 있고 이전에도 소송을 수행한 적이 있는 내가 위 사건을 수임할 가능성이 많으므로 미연에 위 사건의 수임 방지를 위해 치밀한 계획아래 회사의 용역비 청구 소송의 대리인으로 나를 선임한 사실을 알고 위 회사의 책략에 말려들었다는 사실에 대해 몹시 화가 났다. 주민 대표에게 1,000만원씩 받은 돈을 받은 즉시 반환해 주지 않았음을 호통치고 여러 가지 인간적인 얘기를 하면서 떳떳하게 살아가자며 그 돈을 회사에 반환해 줄 것을 권유하고 회사 대표이사가 거절하면 소액환으로 보내는 방법까지 알려주었다. 나도 속아서 A회사의 다른 사건을 수임하였는데 이를 사임하고 주민들을 도와주겠다고 하니까 그 동안 자신들도 돈 받은 것 때문에 떳떳치 못했는데 나의 말이 맞다면서 당장 돈을 반환하고 가처분 신청 준비를 하겠으니 잘 도와 달라면서 사무실을 나갔다.

바. 2000. 12. 중순경 사임의사를 밝히며 회사 관계자에게 사무실로 내방을 요청하였으나 계속 불응하여 우편으로 변호사 사임을 통보하고 수임료 전액을 반환하였다. 그러자 12. 21. 회사의 대표이사가 사무실로 찾아와 사임하지 말아달라고 간청하였다. 내가 그 대표이사에게 '마을 대표를 돈으로 매수하고 소송제기의 움직임이 있자 그 사건을 못 맡게 할 속셈으로 나를 속여서 다른 사건을 의뢰하고 기간만료가 가까워옴에도 마을 주민들을 무시하고 인근 토지를 매수하여 야적장 시설을 10배로 확장하는 등 기업인도 윤리가 있는 법인데 그렇게 비윤리적이고 비열하게 기업을 경영하면 안 된다' 고 크게 꾸중하자 말없이 돌아갔는데 그 날 저녁 대취하였다고 나중에 들었다.

4. 2차 영업금지 가처분 신청과 회사의 온갖 협박

가. 2001. 1. 16. 마을주민 30세대가 위 A회사를 상대로 1998. 4. 2. 약정위반 및 생활방해 사실을 이유로 영업금지 가처분 신청을 하였다.

담당 재판부에서는 약정위반이 인정되고 피해가 발생하고 있으니 가처분 결정을 할 수 있으나 수십억원을 투자한 경제적인 면을 고려하여 주민의 70~80% 이상의 동의를 얻으면 달리 생각해 볼 수 있지 않느냐며 시간을 주자, 회사는 마을 주민들로부터 영업 연장의 동의를 얻기 위해 수단방법을 가리지 않게 되었다. 위 회사 이사의 부인이 주민회의 석상에 양동이로 물을 끼얹기도 하고 회사의 이해관계인(지입차량 소유자, 작업인부, 동생이 주유소 경영 등)들이 혼자 사는 연로한 할머니들에게 늦은 밤에 욕설을 하며 온갖 협박을 하였다. 마을 이장이 소제기 후 회사의 편으로 돌아서고, 회사의 대표이사가 마을 대표자인 J, 이웃마을 이장 등을 등산용 도끼로 내리쳤으나 피하여 약간의 상해를 입게 되었다. 또 다른 마을 대표자인 C씨 및 그 사위에 대해서까지 사생활에 대해 온갖 뒷조사를 하고 아무런 비리가 없자 표고목 벌목시 허가 면적을 초과했고 또한 C씨가 협박하여 A회사가 위 3,000만원을 주게 되었다며 산림법 위반 및 공갈죄 등으로 진정을 하는 등 소를 제기한 주민들을 괴롭혔다. 내가 변호인의견서 등을 제출하며 이 사건 배경, 진정 경위, 피의 사실 등에 대해서 변론을 하여 검찰에서도 이해를 하며 산림법 위반만 기소를 하게 되었다.

나. A 회사에서 주민들로부터 동의를 얻기 위하여 순진한 마을 주민들을 상대로 회유와 온갖 협박을 하며 발버둥 쳤으나 39세대 중 8세대는 회사의 영업연장에 찬성하였다. 6세대는 처음에 소송까지 제기하고 주민들의

입장에 동조하였으나 회사의 협박과 회유에 못 이겨 나중에는 회사 입장에도 동조하는 등 양쪽 입장 모두에 찬성하게 되었으며, 25세대는 끝까지 영업연장에 반대하였던 것이다.

이 과정에서 회사는 회유하고 협박하여 마을 주민들을 이간질시키고 마을은 양분되어 갈등, 대립이 격화되는 등 평화로운 시골마을의 정서가 피폐되어 가고 있었다. 6, 7명씩의 동네 주민들이 나의 사무실로 자주 찾아와 하루 하루가 너무나 고통스럽고 혼자 사는 연로한 할머니들이 회사의 온갖 농간과 협박에 흔들리고 있으니 하루 빨리 재판을 끝내 달라고 하여 내가 끝까지 도와줄 것이니 용기를 잃지 말라고 격려하였다. 회사에서 재판을 지연시키기 위해 3차 기일에야 소송대리인을 선임하였으나 순박한 시골 농민들이 너무도 고통을 받는 것 같아 이러한 사정을 재판부에 전달하였고 재판부에게 약속한대로 회사에서 주민들의 70~80%의 동의를 못 얻었으니 신속히 재판을 종결해 달라고 하였다. 담당재판부가 기일을 속행하려 했으나 나의 강력한 요청에 의해 2001. 5. 4. 4차의 조정기일 끝에 종결을 하고 5. 7. 현금 2억원을 공탁하는 조건으로 가처분 결정이 내려졌다.

다. 공탁금 2억원의 배경은 2년여 동안 주민들이 회사로부터 수령한 1억 5천만원 가량을 감안하고 주민들에게도 고통이 따라야 한다면서 결정했다고 하나 주민들에게는 너무나 과다한 금액이었다. 회사로부터 2년 반 동안 수령한 1억 5천만원은 마을 대표인 C, J씨 명의로 예치되어 있었는데 소송 제기 후 회사 편으로 돌아선 마을 이장이 위 예치금을 임의대로 해지하고 J씨의 동의도 없이 위 J씨 명의로 농협에 5년 만기 공제저축에 가입하고 통장을 미 교부하여 인출할 수가 없게 되었다. 주민들이 농협에 찾아가 위 예치금을 임의로 해지한 사실과 J씨의 서명, 날인 없이 5년 장기공제 저축에 가입한 사실에 대해 강력히 항의하자 농협에서 위 장기공제 저축을 해지하고 위 이장 명의의 통장에 입금하고 이장은 종적을 감춰 버려 또다시 인출할 수 없게 되었다. 마을 주민들 중 최후까지 남은 20여 세대가 눈물겹게 2억원의 현금을 마련하여 가처분 집행 만료일인 5. 21. 겨우 집행을 할 수 있었던 것이다.

라. 위 회사는 가처분 결정 2, 3개월 전부터 지입차주, 근로자, 주유소 등 여러 곳에 의도적으로 채무를 변제하지 않았다. 영업금지 가처분이 집행되어 영업이 중단되자 회사는 마을 대표인 C, J씨 등이 주도하여 영업이 중단되어 채무를 변제하지 못하게 되었다고 회사 채권자들을 부추키자 위 채권자들이 C, J씨 집의 유리창을 깨고 협박을 하며 마을 사람들에게는 손해배상 청구를 하고 논, 밭에 경매를 신청하겠다고 협박을 하여 주민들이 나의 사무실에 찾아와 고통을 호소하며 여러 가지 법적 자문을 구했던 것이다. 그러나 최근에 주민들 중 위 회사의 영업연장에 반대했던 사람들은 위 회사로부터 사과를 받고 약간의 돈을 받은 뒤 3년간 영업을 다시 연장해 주기로 하는 합의를 하였다고 하나 이 사건으로 양분된 주민들의 감정의 골을 누가, 무엇으로 메꾸어야 할지 생각해 보니 씁쓸해진다.

5. 글을 마치며

이 사건을 접하면서 회사는 마을 주민들을 너무나 무시하고, 영업기간이 2000. 12. 31.로 만료됨에도 야적장을 10배 가량 늘리고 몇 십억원을 들여 시설확장을 하고, 주민들을 폭행, 협박하여 이간질시키고, 온갖 비열한 행동을 하며 최후의 발악을 하였으나 가처분 결정이 내려졌다. 시골 농부들 중 몇몇은 회유와 협박에 의해 회사의 편으로 돌아섰으나 대부분은 몹시 고통을 받으면서도 흔들리는 마음을 추스리며 끝까지 투쟁을 하였고, 시골 농민들 20여세대가 짧은 기간에 2억 여원을 마련한다는 것은 거의 불가능에 가까운 일이었으나 눈물겹게 만들어 내어 결국은 가처분이 집행되었다.

이 사건은 정의는 불의를 이긴다는 진리를 깨우쳐 주었고 주민들이 고통 속에서 흔들릴 때마다 내가 주민들에게 옆에서 도와 줄테니 끝까지 나아가자며 용기를 북돋우어 준 것이 결실을 맺었다. 순박한 시골 농민들과의 약속을 어기고 농민들을 무시하고 온갖 협박을 일삼고 환경을 파괴하는 악덕 기업주에게 승리를 했다는 만족감을 맛보게 되었다. (민변 2001. 5, 6월호 변론경험담)

미디어 비평의 활성화에 관하여

최근에 언론보도로 인해 피해를 입었다고 주장하는 사람들이 출판물에 의하여 자신의 명예가 훼손되었다면서 언론기관이나 담당기자를 상대로 한 형사고소 및 손해배상 소송이 증가하고 있고 법원에서 책임을 인정하고 위자료 액수도 늘어나는 추세에 있다.

개인에 대한 언론보도의 경우 개인의 기본권 침해와 언론의 자유가 충돌하는 경우가 많으므로 양자의 기본권을 조화적으로 해석하는 것이 필요하다. 최근에 언론보도의 경향을 보면 특종성이나 신속성에 치우친 나머지 사실 확인을 소홀히 하고 제목 등을 자극적이고 선정적으로 다는 경우도 있고, 특정인이나 특정단체 죽이기에 혈안이 되어 공정성을 결하거나 무책임한 추측성 보도를 자주 접하게 된다. 언론자유의 보장도 중요하지만 사실확인 작업을 소홀히 하고 무책임한 보도를 한 언론종사자에게 책임을 묻는 것은 지극히 당연한 것이다.

그러나 언론보도에 대한 평가나 책임은 언론의 발전을 위해서는 사법기관에 의해서 보다는 자기 반성이나 언론사 상호간의 미디어 비평의 활성화에 의한 것이 훨씬 낫다고 보여진다. 광범위한 매체간의 상호 비평의 활성화는 언론의 부패를 막고 국민의 알 권리의 폭을 넓혀 올바른 여론형성과 언론개혁 논의의 활성화에 기여할 것이므로 이를 비판하여 견제할 자유가 있어야 하며 또 이러한 비평은 폭넓게 받아들여져야 한다.

호남대 김덕모 교수는 미디어란의 신설에 의한 미디어 비평의 본격화는 그동안 우리 언론계의 병폐 중 하나였던 동업자 봐주기와 침묵의 카르텔을 깨고, 언론계 내부의 동종매체간 그리고 이종매체간 상호 비판이라는 감시와 견제의 새장을 펼침으로서 누구로부터도 비판받지 않던 언론이라는 성역을 언론 스스로의 힘에 의해 무너뜨렸다는 긍정적 의미가 있고 언론개혁 논의의 물꼬를 튼 것이라고 평가하고 있다. 언론비평은 지금 전국적으로 한겨레신문을 비롯해 경향신문 등 여러 신문으로 확대되었고 MBC에서도 '미디어 비평' 을 통해 언론사간 매체비평에 앞장서고 있다.

광주, 전남지역의 언론사들은 자성의 목소리나 개혁의 움직임이 전혀 보이지 않음은 물론 미디어 비평은 요원한 것 같다. 이때 '시민의 소리' 신문은 건전한 비판과 토론 문화 속에서 지역언론이 함께 발전하고 상호견제, 감시하자는 뜻에서 '미디어를 쏴라' 는 지면을 신설하여 지금까지 지역 언론에 대한 미디어 비평을 해오고 있다. 위 '미디어를 쏴라' 의 2001. 7. 25.자 지면에 이 지역 두 언론사 사장의 골프칼럼에 대한 논평기사를 게재하였는데 두 신문사 사장은 '시민의 소리' 의 편집인, 편집장, 담당기자 등 3인을 형사 고소하여 검사가 공소를 제기하였으나 위 3인은 2003. 3. 28. 대법원에서 1, 2심과 같이 무죄판결이 확정되었다(대법원 2003 도 163 판결). 위 판결들의 요지는 이 사건 기사는 모두 진실하고 이건과 같은 비판기사는 올바른 여론 형성을 위한 언론매체 상호간의 정당한 비판의 일환으로 공익적 차원에서 작성된 것으로서 비방의 목적이 없으므로 무죄라는 것이다.

1심부터 대법원까지 위 사건을 무료 변론한 필자로서는 가슴 뿌듯하였고, 이 판결을 계기로 위와 같이 언론 발전과 개혁을 위해 긍정적인 효과가 많은 미디어 비평이 더욱 활성화되었으면 하는 바램이며 이 지역의 유일한 미디어 비평란이 있는 시민의 소리가 미디어 비평을 선도해줄 것을 기대한다. (시민의 소리 신문 2003. 4.)

1000일 간의 소송

광주로 이전 개업한 지 4개월쯤 된 1998. 1. 중순경 IMF 직후 모 자동차 제조회사로부터 해고당한 근로자들의 사건을 맡게 되었다.

사건의 요지는 회사에서 70여명의 근로자들을 대기 발령하자 근로자들이 사표를 냈는데 회유, 강압에 의해 어쩔 수 없이 사표를 제출한 것이므로 실질적인 해고이며 대기발령자의 선별기준이 몹시 부당하고, 생활이 힘들어 97. 12. 말경 퇴직금을 수령하였지만 퇴직금의 산정에 문제가 있고 임금의 일부를 받지 못했다는 것이다.

퇴직금 산정시 평균임금에 포함되는 지의 여부가 논란이 되는 항목(성과급, 가족수당, 판매수당, 학자금 지원비 등등)이 여러 개이고 미지급 임금 항목이 10여개나 되어 재판을 빨리 종결하기 위해서 67명의 임금청구 사건을 퇴직금 청구사건과 나누어 별소로 제기하였고, 42명의 당사자는 해고무효 확인 소송을 제기하는 등 1998. 1. 하순경 3건의 소송을 제기하였다. 당사자도 많고 사건도 복잡하였으나 어려운 당사자들이라 선임료도 아주 저렴하게 받을 수 밖에 없었다.

해고무효 확인사건은 여러 번의 심리 끝에 2번의 재판장이 바뀐 뒤

1999. 7. 경 원고 패소판결을 받았다. 판결의 요지는 사직서를 제출하였으나 회유와 기망에 의하여 원고들의 의사에 반한 것이므로 실질적인 해고이고, 해고의 부당성이 인정되나 퇴직금을 이의 없이 수령하였으므로 신의칙에 위반된다며 원고청구를 기각하였다.

판결선고 후 며칠 뒤에 법원에서 우연히 담당 재판장을 만났는데 재판부도 많이 고민하였다면서 항소를 할 것인지에 대하여 관심이 많았다. 당사자들은 해고사실과 해고의 부당성이 인정되어 자신들의 명예가 회복되었으므로 굳이 항소심에서 신의칙 위반 여부를 다투고 싶지 않다면서 항소를 포기하였다. 항소심에서 이의를 유보하지 못하고 퇴직금을 수령할 수 밖에 없었던 사유를 더 입증하면 충분히 승소할 수 있을 것 같았으나 당사자들이 더 이상 재판을 하고 싶지 않다면서 빨리 다른 두 사건이나 끝내 달라고 하여 소송 대리인으로서 아쉬움이 많았다.

임금과 퇴직금 사건은 담당 재판부의 변경이 모두 4, 5차례 있었으며 수 차례의 쟁점 정리 및 정리기일을 거쳤고, 5, 6번의 변론종결 및 재개를 거쳐 약 1000일간의 소송 끝에 3년이 다 되어 가는 2000. 12. 중순 경 판결이 선고되었다.

심리 도중 자주 임금 해당 여부 및 평균임금 포함항목이 달라지게 되고 그때마다 개인별 임금 및 평균임금이 달라져서 67명분을 다시 계산하려면 무척 힘들었다. 담당 재판부의 주심판사가 항목이 워낙 많아 계산이 복잡하여 계산된 디스켓을 좀 달라고 하여 디스켓을 주기도 하였는데 그 고충이 충분히 이해가 갔으나 결국 그 재판부 때 선고를 하지 못했다. 또한 어떤 재판부의 경우 인사 이동철이 되었는데 결심을 하려고 하지 않아 인사이동 무렵의 기일 며칠 전에 주심 판사에게 오랫동안 심리를 하였는데 결심할 수 있는 정도가 되지 않았느냐고 물었다. 그 판사는 '워낙 쟁점이 많아 사료를 수집하고 검색하면서 많은 공부를 하였으며 판결 쓸 준비는 충분히 되었으므로 재판장에게 말씀드려라' 고 하였다. 재판장에게 '당사자들이 2년이 지났는데도 판결선고가 안 된다고 너무나 재촉하고 주심도 판결 쓸 준비가 되었다고 한다. 또 재판부가 바뀌면 오래 갈 지도 모르므로 결심을 하여달라' 고 부탁하였으나 결국 재판부가 바뀌게 되었고 예상대로 또다시 거의 10개월이 경과하여 판결이 선고되었다.

판결 내용은 근로자들이 회사의 어려운 사정을 감안하여 상여금과 일부 수당 등을 묵시적으로 포기하였고 일부 항목은 평균임금에 포함되지 않는다는 이유로 임금청구는 몇 개 항목만 인정되었고 퇴직금 청구는 기각되었다. 이런 이유로 기각판결을 받기 위해 임금 해당 및 평균임금 포함 여부에 대해 3년이나 그렇게 치열하게 공방을 벌였던 것인가. 3년 간의 소송 끝에 얻은 판결결과를 보고 너무 허탈하였으며, 재판절차에 대해서 많은 것을 생각케 해주었다.

당사자들은 판결결과에 승복하기가 어렵지만 1심에서만 3년이 걸려서 너무나 지쳤고 또 얼마를 기다려야 할지 모른다면서 항소를 포기하였다. 당사자들의 3년 동안의 초조함과 긴장감은 이루 말할 수 없었을 것이며 이해가 간다. 얼마 전 모 조선회사 해고 노동자가 97년 노조 활동을 하다가 명령 불복종으로 해고되어 법원에 해고무효확인 소송을 하여 1, 2심 법원에서 모두 복직판결을 받았으나 회사가 불복하여 2002. 2.에 상고하였다. 만 3년이 지난 2005. 2. 말까지도 상고심 판결이 선고되지 않아 당사자가 대법원 앞에서 1인 시위를 하고 있다는 많은 언론보도를 보았을 때 이해가 되었다. 재판의 신속도 공정 못지 않게 매우 중요한 재판의 이념이며, 법조인 모두가 당사자의 입장에서 깊이 한 번 생각해 볼 사건이었다. (광주 지방변호사 회보 2005년 5월호 변론경험담)

법에도 눈물은 있다

형사 처벌 법규 중 모든 죄에 벌금형이 있는 것은 아니다. 법정형에 벌금형이 없는 경우 아주 사소한 범죄라도 금고 이상의 형을 선고받아 공무원 신분 상실이나 여러 가지 자격이 제한되는 등 많은 불이익이 있게 된다. 과거 대표적인 죄가 교통 사고를 내고 도주한 뺑소니 사범이나 공무집행 방해죄였으나 법 개정으로 위 두 죄는 법정형에 벌금형이 추가되었으나 강도, 간통, 성폭력 관련범죄 등 벌금형이 없는 죄가 많이 있다.

또 판사가 형을 선고하는 경우 모든 죄에 대하여 집행유예를 선고할 수 있는 것은 아니다. 3년 이하의 형을 선고할 때만 가능하다. 피고인이 초범이며 피해자와 합의하였고 범죄를 모두 자백하고 잘못을 깊이 뉘우치는 경우 등 정상참작을 하여 형을 감경하는데 이를 작량 감경이라고 한다. 또한 미수범이나, 범죄 후 자수하는 경우, 심신 미약 상태에서 범죄를 저지른 경우 등에 형을 감경하는 경우를 법률상 감경이라고 한다. 법정형에 하한선이 있는 경우에 감경을 할 때 그 절반으로 감경을 한다. 예를 들어 강도 상해죄의 경우 형법 제 337조의 법정형이 무기 또는 7년 이상의 징역에 처한다라고 되어 있다. 강도 상해죄의 피고인이 초범이고 범죄사실을 자백하고 피해자와 합의되어 정상참작 사유가 있어 작량감경 하면 위 7년의 절반인 3년 6월 이상을 반드시 선고하여야 한다. 집행유예는 3년 이하의 형을 선고하는 경우에만 가능하므로 강도범이 집행유예를 선고받기 위해서는 위 3년 6월에서 한번 더 감경 되어야 3년 이하의 형의 선고가 가능하므로 위 법률상 감경사유가 있어야 한다. 미수범이나 자수범의 경우 법률상 감경이 가능하여 집행유예의 가능성이 높지만 이러한 사유가 없는 경우 법률상 감경을 받기 위해 심신미약 상태에서 범행을 저질렀다고 변소를 많이 한다. 가장 흔한 예가 술에 만취하여 의식이 없는 심신 미약 상태에서 범행을 했다고 변명하는데 실무상 잘 인정되지 않는다.

2005. 1. 초경 중학교 동창이 중학교 졸업 후 32년 만에 나에게 전화를 하였다. 그 친구는 중학교 때 별로 가까운 친구는 아니었다. 고교 졸업 후 서울에서 직장 생활을 하던 중 교통사고를 당하여 오래 전에 시골로 내려와 비닐하우스 등 농사를 짓고 있다고 하였다. 그런데 서울 명문대학교 경제학과 2학년을 휴학하고 시골 면사무소에서 행정병으로 근무를 하고 있는 자신의 아들이 구속되었다고 한다. 자신의 유일한 희망이자 全部인 아들이 구속되어 아들의 장래가 망쳐버릴까 봐 너무나 고통스러워하고 불안해하였다. 우리나라에서 시골 농부가 무슨 희망이 있는가. 오직 자식 하나 보고 그 고생을 하는 것이다. 내가 나의 어버지의 희망이자 전부였듯이 그 친구의 입장이 충분히 이해가 되었다. 그 친구가 사건을 나에게 의뢰하며 자신 좀 도와 달라고 간청하였다. 나도 15년 간의 변호사 생활을 하는 동안 군 범죄사건은 처음이었다. 그러나 친구의 입장이 충분히 이해가 되었고 선친의 얼굴이 떠올라 꼭 도와주어야 겠다는 생각이 강하게 들었다.

구속된 범죄사실은 친구 아들이 2004. 12. 31. 근무를 마치고 시골 친구들과 늦게까지 술을 마시며 망년회를 하고 집으로 돌아오던 길이었다. 평소 같은 동네에 살던 여고생을 짝사랑하였는데 그 집 앞을 지나던 중 그 집의 창문이 열려 있어 술김에 신을 신은 채로 창문을 넘어 언니, 동생과 함께 여고생이 자고 있는 방으로 들어갔다. 방에 들어가서 막 그 여고생을 추행하는 순간 옆에 있던 언니가 소리를 질러 여고생의 아버지에게 붙잡혔던 것이다. 법률을 엄격하게 적용한다면 주거침입을 한 자가 강제추행을 하였으므로 성폭력 범죄의 처벌 및 피해자 보호 등에 관한 법률 제5조 위반죄가 그대로 적용될 수밖에 없다. 위 죄의 경우 법정형이 무기 또는 5년 이상의 징역으로 벌금형이 없고 친고죄도 아니어서 합의가 되더라도 징역형의 처벌을 받게 되어 있다. 친구와 아들은 군 제대 후 공부를 열심히 하여 행정고시를 합격하여 고위 공직자가 되고자 하는 꿈을 가지고 있었다. 그런데 벌금형이 없어 집행유예를 받게 되면 공직은 물론이고 사회생활에 막대한 지장이 있을 것이라며 친구는 하늘이 무너지는 듯 한숨만 쉬고 있었다.

고민을 거듭하던 끝에 사건을 나누어 법률적용을 달리 하는 방법 밖에 없었다. 주거침입 부분은 폭력행위 등 처벌에 관한 법률위반(야간, 주거침입)죄를 적용하고 강제추행 부분은 청소년의 성 보호에 관한 법률위반(청소년 강간 등)죄를 적용하면 전자의 법정형에는 벌금형이 있고 후자는 친고죄이므로 합의를 하면 공소권 없음 처분을 받으면 될 것 같았다. 담당 검찰관을 찾아가 딱한 사정을 호소하는 방법 이외에 다른 방도가 없었다. 먼저 장기 군법무관 출신의 변호사로부터 군 검찰의 접견 절차, 수사지휘계통, 담당 검찰관의 이름, 군 검찰의 사건처리 관행에 대한 대강을 듣고 변호사 생활이후 처음으로 군 검찰관을 만나 변론을 하게 되었다.

피의자와 피의자 부모의 딱한 사정을 이야기하면서 피의자의 장래를 위하여 위와 같이 사건을 나누어 법률 적용을 해줄 것을 부탁하였다. 그러나 인상 좋게 생긴 군 검찰관은 성폭력 범죄의 처벌 및 피해자 보호 등에 관한 법률 위반죄에 명백히 해당되는데 다른 법률을 적용한다는 것은 절대로 안 된다고 단호하게 거절하였다. 한번 더 사정하였으나 도저히 안될 것 같아 그냥 돌아 왔다. 며칠 뒤에 다시 검찰관을 찾아가서 피의자와 피의자의 부모의 딱한 사정을 다시 한번 이야기하고 형벌이라는 것이 응보적인 목적도 있지만 교육, 개선의 목적도 있지 않느냐면서 검찰관을 설득하였다. 그러나 검찰관은 명백히 성폭력범죄 위반에 해당되는데 변호사가 있다고 다른 법률을 적용하면 안 된다고 또 다시 거절하였다. 나는 변호사가 있기 때문에 다른 법률을 적용해 달라고 한 것이 아니라 변호사 유무에 불구하고 전도 양양한 나이 어린 대학생이 술김에 우발적으로 저지른 실수에 대하여 징역형을 선고하여 젊은이의 장래에 막대한 지장을 초래하는 것보다는 한번 선처하여 재생의 기회를 부여하는 것이 형사정책으로도 타당하지 않느냐, 법에도 눈물이 있지 않습니까 라고 간절히 호소하였다. 검찰관은 이전보다는 약간 누그러지기는 하였으나 긍정적인 답변은 하지 않았고 계속 있기가 민망하여 돌아왔다. 구속 만기일은 다가오고 매우 초조한 상태에서 결과를 기다리는데 구속기간이 연장되었다. 구속기간이 연장된 것을 보고 희망을 갖게 되었다. 친구는 그 사이에 피해자와 합의하기 위해 무척 노력하였으나 피해자의 아버지가 너무나 과다한 합의금을 요구하여 합의에 어려움을 겪고 있었고 결국 1500만원을 주고 이렇게 합의하였다.

구속기간이 연장된 뒤에 세 번째로 검찰관을 찾아갔다. 법에도 눈물은 있다고 느꼈는지 검찰관도 이전보다 훨씬 우호적이었고 피해자와 합의는 가능한지 물었다. 합의가 되면 검찰관의 입장에서도 법률적용을 달리하는 것이 훨씬 부담이 덜 할 것이다. 나는 합의가 되었지만 합의가 되었다는 말을 하지 않고 합의가 거의 성사 단계에 있으므로 조만간 꼭 합의가 될 것이다고 대답하였다. 합의가 되었으면서도 검찰에 합의서를 제출하지 않은 것은 검찰 입장을 고려한 것이었다. 검찰에 합의서를 제출하면 청소년의 성 보호에 관한 법률위반은 공소권 없음이 되어 기소를 못하고 이 사건을 폭력행위 등 처벌에 관한 법률위반(야간, 주거침입)죄로만 기소하여야 한다. 그러면 모양이 좋지 않을 것 같아 검찰에서 청소년의 성 보호에 관한 법률위반(청소년 강간 등)죄와 폭력행위 등 처벌에 관한 법률위반(야간, 주거침입)죄로 기소한 뒤에 법원에 합의서를 제출하여 법원에서 청소년의 성 보호에 관한 법률위반(청소년 강간 등)죄에 대하여 공소기각 판결을 받으면 모양이 좋고 검찰도 부담이 덜 할 것 같다고 생각하였고 검찰관에게도 이런 취지로 살짝 이야기하였다.

검찰관은 결국 이 사건을 청소년의 성 보호에 관한 법률위반(청소년 강간 등)죄와 폭력행위 등 처벌에 관한 법률위반(야간, 주거침입)죄로 기소하였다. 법원에 합의서를 제출하여 청소년의 성 보호에 관한 법률위반(청소년 강간 등)죄에 대하여 공소기각 판결을 받았고, 폭력행위 등 처벌에 관한 법률위반(야간, 주거침입)죄는 벌금 200만원을 선고받아 친구 아들은 1달여 만에 석방되었다. 보통 이 정도의 사건이면 상당한 사례금을 받을 것이나 시골에서 농사를 짓는 친구에게 사례금을 받는 것은 무리일 것 같아 1원도 받지 않았다.

그런데 구정이 지난 며칠 후에 친구가 아들을 포함하여 전 가족이 자가용인 1톤 트럭을 타고 그 트럭 위에는 쌀 1포대, 자신이 재배한 토마토, 싱

싱한 굴 등을 싣고 나의 집으로 찾아와 이 은혜 평생 잊지 않겠다고 고마움을 표시할 때 변호사로서 보람을 느낀 순간이었다. 친구 아들은 2005. 7. 경 제대하여 복학 준비중이며 열심히 공부하고 있다고 한다. 친구 아들이 과거의 아픔을 딛고 부모에 효도하고 국가에 봉사하는 훌륭한 공직자가 되기를 기원해본다.

또 하나의 사례를 본다. 2002. 6. 경 평소 잘 알고 지내는 모 프로야구단 K 감독이 모 종목의 국가대표 선수를 지낸 자신의 후배가 구속되었다며 피의자 가족을 소개하여 내가 변론을 하게 되었다.

범죄 사실은 피의자가 별거하는 피의자의 처와 부정행위를 한 피해자를 피의자의 봉고차에 태워 으슥한 공터로 데려가 봉고차 안에서 피해자를 매우 심하게 폭행하여 고막이 파열되는 등 4주 상해를 입혔고, 폭행 후에 피해자의 인적사항을 확인하기 위해 피해자의 지갑을 호주머니에서 꺼내 주민등록증과 운전면허증을 뺏고 지갑을 차안 의자 밑으로 던져버리고 피해자를 내려놓은 뒤에 도망을 갔다. 피의자는 며칠 뒤에 체포되었고 체포당시 타고 있던 봉고차 안에 며칠 전에 피의자가 던져버린 피해자의 지갑이 의자 밑에 그대로 있었고 지갑 안에 신용카드와 현금 10만원이 들어 있었다. 강도상해죄로 구속된 것이다. 피해자도 무직자로 피의자의 처와 부정행위를 하고 피의자의 처로부터 돈도 뜯어내는 등 질이 별로 좋지 않은 사람이었다.

현금강취 의사가 있었다고 보기는 어려운 점도 있으므로 강도죄의 성립 여부에 다툼의 소지는 있으나 쉽지 않을 것 같았다. 강도 상해죄가 성립되면 피의자에게 미수나 자수, 심신 미약 등 다른 법률상 감경 사유가 없으므로 법률상 감경은 할 수가 없고, 초범이고 자백하므로 합의가 된다면 정상참작이 되어 작량 감경하면 법정형이 7년 이상이어서 하한이 3년 6월로 감경될 것이나 집행유예는 불가능하고 3년 6월의 형을 살 수 밖에 없다. 많은 법조인들이 강도상해죄의 법정형이 너무 높다고 강하게 비판하지만 개정이 되지 않은 이상 어쩔 수 없다. 피의자가 심하게 폭행은 하였지만 이 정도의 사안으로 3년 6월의 실형을 살아야 한다면 너무나 가혹하고 사리에 맞지 않는 것 같았다. 강도의 고의가 없었다는 사실이 증명되어 강도죄가 성립되지 않는다면 모르지만 강도가 인정된다면 강도상해죄가 명백하므로 다른 대책이 없다. 집행유예를 받거나 적은 형을 받기 위해서는 이 사건도 사건을 쪼개어 법률적용을 달리 할 수밖에 없다. 강도죄와 폭력행위 등 처벌에 관한 법률위반(상해)죄로 나누면 강도죄의 법정 최저형이 3년 이상이므로 집행유예가 가능한 것이다. 담당검사를 찾아가 '강도의 고의가 있었는지 의문은 있으나 이 사건을 강도상해죄를 적용해도 법리상 무리는 없으나 이 정도의 사안으로 피의자가 3년 6월의 실형을 살아야 한다는 것은 너무나 가혹한 것 아닌가. 강도사실과 상해사실을 자백할 것이니 강도죄와 폭력행위 등 처벌에 관한 법률위반(상해)죄로 나누어 기소해 달라' 고 요청하였다. 담당검사는 '자신도 이 사안으로 3년 6월의 실형을 살아야 한다는 것은 너무나 가혹하다고 생각하나 형법이 그렇게 되어있고 강도상해죄가 명백히 성립되는데 강도죄와 폭력행위 등 처벌에 관한 법률위반(상해)죄로 나누어 기소하라는 것은 말이 되지 않는다' 며 난색을 표했다. 검사의 표정을 보니 그렇게 비관적이지만은 않은 것 같았다. 1차는 성공적이었으므로 한, 두차례 설득하면 될 것 같았다. 이틀 뒤에 담당검사를 다시 찾아갔다. 또 다시 3년6월은 너무 가혹하다는 이야기를 반복하면서 '검사님이나 저도 부인이 바람을 피웠고 바람피우는 남자를 보았다면 홧김에 그 남자에게 폭행을 가했을 지도 모릅니다. 피의자는 좀 과하기는 했지만 범행동기에 참작할 점이 많고 그런 피의자에게 강도 상해죄를 적용하여 3년 6월의 형을 살리는 것은 너무 가혹하지 않습니까' 라고 인간적으로 호소를 하였다. 그러자 검사가 '나도 그렇게 생각한다. 3년 6월은 너무 가혹하다. 그런데 강도상해죄를 위 두 죄로 나누어 기소하는 경우 부장님이 결제를 해 줄지 모르겠다' 면서 자신은 강도상해죄를 적용하지 않을 의사를 내비치어 내가 '그럼, 제가 부장님께 말씀 드려보겠다' 고 말하고 검사 실을 나와 부장검사를 찾아갔다.

예상대로 부장검사도 '명백히 강도상해죄가 성립되는데 법정형이 높다고 하여 2개의 다른 죄로 기소한다는 것은 너무도 이상하지 않느냐' 면서 거절하였으나 한 두 차례 더 설득하여 긍정적인 답변을 들었다. 감사하다는 말을 건넨 뒤 곧 바로 담당검사를 찾아가 부장님이 어렵사리 승낙한 사실을 전하였고 담당검사는 강도죄와 폭력행위 등 처벌에 관한 법률위반(상해)죄로 나누어 기소하였다. 재판부는 피고인에게 징역 2년, 집행유예 3년을 선고하여 피고인을 석방하였다.

영장 실질심사의 변론준비를 위해 휴일 날 경찰서 유치장 접견을 갔고 이렇게 고생하여 강도상해죄를 배제하고 다른 죄로 기소하게 하여 집행유예로 석방되었지만 약정한 200만원의 사례금을 끝내 지급하지 않았다. 피고인과 그 가족들이 변론 도중에는 3년 6월 살게 되면 폐인 다 되어버린다면서 집행유예로만 석방되게 해 주면 그 은혜 있지 않겠으며 접대비가 필요하면 접대비도 주겠다고 하여 호통을 치고 거절하기도 하였다. 화장실 가기 전과 후가 다르다더니 막상 석방되자 약정한 200만원 중 1원도 지급하지 않았으니 인간의 야누스적인 두 얼굴과 탐욕을 보게 되어 뒷맛이 씁쓸한 사건이었다.

초록빛 아프리카

아! 꿈에 그리던 백두산

얼마나 오래 바라왔던 일인가, 백두산 천지 등정!

꿈에 그리던 민족의 영산 백두산 천지 등정을 목적으로 하는 법조인 중국 방문단의 일원으로 법조인 26명(주최측 법정신문사 직원 3명 포함)과 함께 지난 1993년 7. 28일부터 8. 5일까지 8박 9일 동안 천진 · 북경 · 길림 · 연길 · 백두산 · 심양 · 서안 · 계림 · 상해 등 중국 북 · 서쪽의 주요 도시 7,000㎞를 여행하게 되었다. 백두산 천지와 만리장성 등 중국 문화의 현장을 일부나마 보고 싶은 마음은 오래 전부터 간절했으나 과연 그러한 기회가 올 것인가 정말 막연했는데, 백두산을 등정할 수 있는 기회를 갖게 된 것이 정말 다행스럽다. 주마간산 격이나마 중국을 일람한 후 느낀 소감을 아래에 적어보고자 한다.

광활한 국토, 거대한 인구, 오랜 역사를 지닌 중국은 한족이 대부분이지만 50개의 소수민족으로 구성된 13억의 인구가 하나의 나라를 이루어 일사분란하게 움직이고, 몇 십년이 걸리더라도 몇 대 왕에 걸쳐서 추구하는 사업은 꼭 완성하고 마는 끈기와, 열악한 기후조건, 뒤떨어진 문명 속에서도 여유를 가지는 모습 등은 특히 인상적이었다.

그러나 중국을 여행하는 동안 산업화 과정에서의 약간의 병폐에도 불구하고, '삼천리 금수강산 대한민국, 우리나라 좋은 나라' 라는 것을 뼈저리게 느끼게 되었다. 여행자의 시각, 여행의 목적, 여러 가지 사정에 따라 관점이 다르겠지만 필자는 과거 중국의 통치자가 너무도 권위주의적이고 국민의 복리에는 아랑곳하지 않고 자신의 부귀영화에만 집착했으며, 또한 현재의 중국은 여러 가지 장해요인이 있겠지만 현대사회에 너무도 뒤떨어진 것을 느낄 수 있었다.

① 방대한 건축물과 민중의 착취

중국인들은 7대 불가사의로 여겨지는 북경의 만리장성, 서안의 병마용, 북경의 지하 13릉, 자금성 등 많은 유적지를 자랑하고, 이들은 당시 세계 어느 나라도 감히 따를 수 없는 기술 수준의 건축물이라고 뽐내고 있다. 대부분의 여행객들은 이러한 건축물을 보면서 1000년, 2000여년 전의 건축물로서는 그 웅장함과 화려함, 축조술 등에 감탄을 자아내고 있는 것이 사실이며 필자 또한 마찬가지이다. 그러나 한편으로는 이러한 건축물을 축조하면서 얼마나 많은 국민을 동원하였고, 얼마나 많은 재정을 낭비하였을 것이며, 당시의 건축 기술수준으로 이러한 훌륭한 건축물을 축조할 때 얼마나 많은 국민들의 목숨을 앗아갔을까 하는 생각이 뇌리를 떠나지 않았다.

지하 13릉의 경우 이 능을 축조하는 데 명대(明代) 중국 전 국민의 2년간의 GNP가 소비되었다고 하니 한심하기 짝이 없다. 몇몇 왕의 권위, 부귀영화, 사후세계까지 부귀영화를 연장하려는 욕심 때문에 그렇게 많은 인력 · 재정을 낭비하였다니 분노가 치밀고, 이러한 인력과 재정을 도로를 개설하고 주택을 건설하고 경제 개발에 투자하였더라면 풍부한 노동력, 광대한 자원, 훌륭한 기술수준 등으로 지금쯤은 세계의 1등 국가가 되지 않았을까 생각해 본다.

② 중국인 특유의 만만디(漫漫的)

또 하나는 중국인 특유의 만만디(漫漫的)로서, 필자가 보기에 그들은 너무도 게으르고 준비성이 부족하기 짝이 없었다. 공산주의 사회로서 열심히 일을 한다고 하여 자신에게 돌아오는 몫이 더 많아지는 것도 아니니 굳이 준비성 있게 부지런히 일을 하지 않겠지 하고 이해하려고 했지만, 그 정도가 너무 심한 것 같다. 우리 일행이 심양 공항에서 서안으로 출발하는 비행기가 17시 15분경 출발 예정인데 1시간, 2시간이 지나도 안내방송 한 번 없고 출발할 기미가 보이지 않아 일행의 독촉으로 가이드가 공항 직원에게 문의하였다. 우리가 타고 가려는 비행기의 조종사와 승무원들이 17시 30분경 식사하러 갔는데 아직 돌아오지 않고 어느 식당에 갔는지도 모른다는 것이며, 한참을 기다리다가 3시간 15분이 경과한 20시 30분에 출발하였다. 공항에서 기다리는 중국인들은 너무도 흔한 일이어서인지 지루한 표정이나 불평 한마디 없이 느긋하게 기다리면서 대화나 포카 놀이 등에 열중하고 있었다.

가이드의 말을 들으니 중국에서는 비행기가 두세 시간 늦게 출발하는 것은 흔한 일이고 정시에 출발하는 것이 이상할 정도라고 한다. 계림 공항에서 상해로 출발할 때는 출발 예정시간보다 15분 일찍 출발해 버렸으니 종잡을 수가 없는 노릇이다. 백두산 근처의 도문에서 심양까지 600킬로미터의 거리를 기차로 꼬박 18시간이 걸렸다. 3층으로 된 좁고 불결하고 시끄러운 침대에서 18시간을 보내자니 여간 고역이 아니었다. 기차가 좋지 않은 탓도 있지만 정거장마다 별 필요도 없이 20분 내지 30분을 지체하고 운행하다가 걸핏하면 몇 분씩 정차하는 그들의 만만디는 이해하기가 힘들었다.

③ 천차만별의 환율과 가격

또 하나의 특이한 현상은 천차만별인 환율과 가격이다. 중국 정부의 공식 환율은 1달러당 인민폐(중국의 화폐명임)로 5.6원인데, 환전하는 장소와 환전하는 사람에 따라 1달러당 7.5~10원의 비율로 환전이 된다. 여행기간 내내 일행들은 안내원에게서 1달러에 7.5원으로 환전하여 사용하였는데 몇몇 민첩한 일행들은 1달러 9원의 비율로 환전하여 쓴 사람도 있었다. 또한 가게에서 물건에 표시된 값의 50 내지 60%를 깎는 것은 보통이고, 심한 경우 90%까지 깎는 경우도 있었다. 안내원도 중국에서 물건을 살 때 50 내지 60%를 깎는 것은 기본이고 그 이상을 깎는 것은 매수자의 능력에 달려 있다고 일러주었다. 일행 중 어떤 사람은 계림에서 그림을 사는데 가격이 9,900원(인민폐)으로 표시되어 있는데 최대한의 능력을 발휘하여 800원에 산 적이 있었다. 중국인의 대국적 기질 때문이려니 하고 웃어넘기려고도 했지만 그 나라의 경제수준, 국민들의 생활수준, 경제발전 가능성을 가늠해 볼 수 있었다. 화폐와 가격이 통일되고 안정되지 않은 사회에 경제발전이 있을 수 없다는 것은 경제원론에 수없이 언급되지 않았던가.

④ 불결한 환경

중국인들은 옷이 대체로 남루하고 몸도 청결치 못한 듯했다. 식당의 음식이나 그릇 등도 지저분하기 짝이 없고 화장실을 가면 불결함은 극에 달

했다. 안내원에 의하면 일반 가정에 샤워시설이 되어 있지 않아 대중목욕탕을 이용해야 하니 한 달에 한번 목욕을 할까 말까 하고, 어느 소수 민족은 일년에 한번 목욕을 한다고 한다.

우리나라의 경우도 지금이야 조그만 아파트나 주택의 경우도 세면장이 설치되어 있어 몸을 씻기에 편하게 되었지만 20~30년 전의 우리 국민의 일반 가정에 샤워시설이 설치된 가정이 거의 없었으며 대부분 공중 목욕탕을 이용치 않았던가. 그런 상황에서도 우리 민족은 예로부터 조상 대대로 흰옷을 즐겨 입고 건전한 신체에 건전한 정신이 깃든다는 생각으로 몸과 음식을 항시 청결히 하지 않았는가. 환경 탓만은 아닌 것 같다. 우리 민족이 주변 국가로부터 백의민족이라고 숭상 받은 이유를 알 만했다.

⑤ 중국 거주 조선족의 자긍심

중국에서는 우리 민족을 조선족이라고 하는데, 관광 안내원은 전부 조선족이 하였고 여행 중 만난 조선족들은 조선족이라는 데 대단한 자긍심을 가지고 있었고, 한결같이 하루 빨리 남북통일이 되기를 기원한다고 하였다. 또한 조선족들은 영특하고 부지런하며 열심히 일하여 다른 민족에 비해 대학 진학률이 높고 경제적 여유가 훨씬 높다고 하였다. 중국남자들은 조선족 처녀가 부지런하고 살림 잘하고 남편을 잘 모시므로 조선족 처녀와 결혼하려는 사람들이 많지만, 조선족 처녀의 부모들이 조선족 남자와 결혼하여 혈통을 유지해야 한다며 적극적으로 반대한다고 한다. 연변자치주에는 반드시 간판이나 문서 등에 한글을 먼저 쓰고 한자를 병용하여 한글을 유지하려는 노력이 엿보였다. 타국에서 소수 이민족으로서 여러 가지 악조건이 많을 텐데도 한민족으로서의 자긍심을 가지고 열심히 살아가는 모습을 볼 때 가슴 뿌듯하였다.

⑥ 다시 보고 싶은 백두산

신비한 천지의 절경, 장엄하면서도 칼로 깎아지른 듯, 병풍을 펼쳐놓은 듯한 백두산의 전경은 탄성을 자아내기에 부족함이 없었다. 하루 빨리 남북통일을 앞당겨 우리 대한민국 국민들이 아름다운 백두산의 모습을 구경할 수 있는 날을 기대해 본다. 지역감정, 부동산 투기, 교통사고율 세계 1위 등 부정적인 면도 있지만, 4계절이 뚜렷하고 삼천리가 금수강산이요, 국민들은 검소하고 부지런하게 깨끗한 모습을 간직하며 일하는 모습을 볼 때, 이번 기회에 '우리나라 좋은나라' 라는 것을 다시 한번 되새겨 보게 되었다.

중국과 정상적인 교역을 시작한 지가 얼마 안 되었는데, 우리나라의 3번째 교역국이 되었다고 한다. 중국이 아직은 문제점이 많고 발전이 뒤떨어져 있지만 광대한 자원, 풍부한 노동력, 개혁되고 있는 의식과 정책 등으로 머지않아 상당히 발전된 모습을 보일 것 같으니, 중국과의 교역시 교차점이 되는 우리 인천 시민은 중국을 올바로 인식하고 이에 대비하여야겠다는 생각이 든다. (인천 목요마당 1993. 9. 1. 제 4호)

오끼나와를 다녀와서

오키나와로의 출발

광주로 이전 개업한 뒤에 오랫동안 민변 모임에 나가지 못하였기 때문에 회원들도 만나고 싶고 이번 기회가 아니면 오키나와 여행이 쉽지 않을 것 같아 처와 함께 오키나와에서 개최되는 한일 법률가대회에 1999. 3. 25부터 28.까지 3박4일 동안 참석하기로 했다. 출발 전날 저녁에 김포공항에 도착하여 부근의 화곡동 모텔에서 잤는데 잠을 설친 데다 아침 식사는 기내에서 제공한다기에 전날 저녁 6시에 저녁을 먹고 다음날 10시 30분 경에야 아침을 먹었으니 17시간 동안 아무것도 먹지 않아 몸 컨디션이 너무 좋지 않은 상태로 오키나와에 도착하였다.

첫째 날 (3월 25일)

일정이 빠듯하여 호텔에서 간단히 점심을 먹고 슈리성 공원과 천연 기념물인 옥천동 동굴을 구경하게 되었다. 슈리성은 유쿠 왕국의 궁전으로서 2차 대전 때 거의 파괴되었으나 오키나와 본토 복귀 20주년인 1992년에 복건되어 일반 대중에게 공개되었는데 깨끗한 것 외에는 별다른 특징이 없는 것 같았다.

정전을 들어갈 때 신발을 벗고 가도록 하는 게 이채로웠고 납골당 구경을 하고 있을 때 모 회원이 납골당의 모양이 여성의 성기모양을 하고 있는데 사람은 죽어서 태어난 곳으로 다시 돌아간다는 의미로 그런 모양을 띄고 있다고 설명했을 때 설득력이 있었으며 어쩔 수 없는 본능회귀 현상인 것 같았다. 옥천동 동굴을 갈 때 대절한 버스 안에서 간단한 자기소개 시간을 가졌는데 최봉태 회원 사모님의 자기 소개와 함께 자진해서 소양강 처녀를 부른 적극적인 모습이 인상적이었고, 외부인으로 오신 명노근 전 전남대 교수님과 탤런트 겸 성우이신 최병학님의 민변에 대한 느낌을 이야기할 때 민변회원으로서의 뿌듯함과 민변에 대한 외부인의 기대를 생각케 해 주었다.

천연 기념물인 옥천동의 석회동굴은 총 길이가 890미터로 꽤 긴 동굴이었고 종유석이 아주 촘촘하였고 자연 그대로의 모습을 드러내 보이고 있었으나, 미국의 여러 동굴들과 같은 조명의 배치나 음향시설 등으로 인한 자연과 인공과의 조화가 아쉬웠다. 蛇酒를 상품화하고 출구를 향해 갈 때 반드시 가게를 들러서 나가도록 하는 것은 일본인의 상술을 그대로 엿보게 하였다.

여행 안내자가 통역도중 오키나와를 '우리 나라' 라고 곧잘 표현하고 곧 '독립할 것' 이라는 농담을 하곤 했는데 한 개인의 생각인지는 모르나 일본 본토에 대한 반감이나 곧 독립하고 싶은 마음이 배어있는 모습이 역력하였다. 저녁에는 일본 법률가들이 우리 일행을 위한 환영만찬이 있었는데 그곳에는 도쿄, 오사카, 교토 등에서 온 변호사뿐 아니라 사법 연수원생, 법무사, 교수, 고교선생, 변호사의 가족 등도 상당수 참여한 게 이채로웠는데 사법 연수원생은 51기 내지 53기생 중 오키나와, 한국 및 동북아

문제 등에 관심이 있는 청년법률가 협회 회원들이었다.

공식행사 끝 무렵에 어느 고교 선생님은 교장 선생님을 상대로 소송중인데 그 내용은 그 선생님이 쓴 말레이지아 여행기 중 말레이지아에 진출한 일본기업의 공해문제와 대동아 전쟁 때 말레이지아인이 많이 죽은 문제 등에 관한 대목을 그 교장 선생님이 일방적으로 삭제한 것에 대한 것이라며 일본의 교육 현장에서의 문제점을 피력하고 법률가의 조언을 구한다는 진솔한 부탁을 하였다.

또 어떤 할머니는 서울의 3회 대회 때 변호사인 아들과 함께 참석했었는데 한국과 일본의 역사를 공부하고 많은 사람에게 그것을 전달하고 싶어서 그때부터 한국어를 공부하기 시작했는데 잘 되지 않으나 얼마 남지 않은 인생을 한국과 일본의 우호 증진에 이바지하고 싶다며 자신감 넘치고 희망에 찬 자신의 소망을 피력했다.

과연 우리나라에서 내한한 일본의 변호사 단체를 환영하는 공식행사가 있는 경우 제소중인 사건 당사자인 고교 선생님이나 변호사의 어머니가 참여하여 과연 발언할 수 있는 기회가 부여될 수 있을 것인가를 생각해 보았다. 형식에 얽매이지 않고 모든 사람들이 참여하여 자신의 느낌이나 소망 등을 표현하는 참민주적인 모임 문화가 부러웠다.

둘째 날 (3월 26일)

2차대전 당시의 전적지와 평화의 초석을 견학하는 날이다. 먼저 1975. 8.에 건립된 한국인 위령탑을 참배하였다. 다음으론 오키나와 전쟁에서 전사한 20만 명의 모든 사람들을 추도하고 그 영혼을 위로하기 위해 1995년에 건설된 평화의 초석을 견학하였는데 평화의 초석에는 오키나와 전쟁에서 전사한 사람들의 이름이 모국어로 국적별, 도시별로 표기되어 있었다.

안내자의 말에 따르면 한국사람은 12,000여명 가량이 전사하였는데 명단이 파악된 사람은 580여명이며 유족들이 반대하여 그 중 280여명만이 이름이 조각되어 있다 한다. 유족들이 반대한 이유는 일본이 보관한 명단은 창씨개명한 이름인데 이를 공개하고 조각하는 것은 후손에 창피하다는 것이고 또 하나는 근처에 가해자가 새겨져 있는데 그들과 동렬로 새겨지는 것은 용서할 수 없기 때문이라는 것이다. 그러나 언젠가는 새겨지기를 바라는 마음에서 이름이 조각된 비석 옆에 상당히 많은 부분이 공백으로 남아 있었다. 역사적인 사실이나 교훈보다 체면과 형식을 중시 여기는 우리 국민들의 정서의 일면을 보는 것 같아 몹시 씁쓸하였다.

또한 그 옆에 위치한 평화기념 자료관에는 2차대전의 종전 무렵 집단자살의 현장, 집단자결의 도구, 찢긴 옷, 깨어진 그릇 등이 생생히 보관되어 있고 동굴에서의 처참한 생활, 학도대 관계서류, 비밀관계 서류, 포탄, 물통 등을 그대로 보관하여 전쟁의 참혹함을 일깨워 주었고 수용소 현황, 지역별 전몰자수 등도 기재되어 있었다. 糸數壕라는 동굴은 자연적인 석회동굴을 이용해서 보급소, 치료실, 사체안치소, 위안부 대기소등이 있었던 곳인데 당시의 처참한 생활을 실감할 수 있었다. 다음으로 간 곳이 浦添城跡이라는 언덕에 갔는데 미군이 수리성을 공격하기 위해 확보하려한 언덕으로 미, 일군이 치열한 전투를 벌여 일 병사 15,000명이 전사한 곳이라고 한다.

마지막으로 방문한 곳은 1997. 4. 1. 건립된 요미탄촌 청사, 의회 건물과

쇼베 통신소(elefant's cage) 등이었다. 미군기지 반환운동, 미국에 대한 임대기간 만료로 인한 토지 소유자의 임대기간 연장 불승낙 등으로 인한 주민과 미군과의 마찰 등 오키나와 민중운동과 관련한 중요한 의미가 있는 것이라고 안내자가 열심히 설명하였으나 오후에는 너무도 피곤하여 집중력이 떨어지고 메모도 하지 않아 자세한 내용은 모르겠다. 당시 우리의 안내자는 유쿠대학 강사인데 다른 안내자와는 달리 열정적으로 설명하는 모습이 너무도 인상적이었다.

피곤한 몸을 이끌고 호텔로 돌아와 저녁은 제공치 않으니 각자 해결하라고 하여 처와 혼자 참가한 김 동균, 차 홍권 회원과 시내 중심가의 바닷가재 전문 음식점에 가서 맛있는 저녁을 먹고 조용한 카페 같은 곳에 가서 술 한잔하려고 가장 번화가로 가서 여러 가게를 들러보았다. 그러나 우리나라의 조용한 카페와 같은 곳은 없고 은밀하고 조그마한 이상한 술집만 있었으며 그곳에도 삐끼가 있어 이상한 곳을 소개하려 했으나 너무도 비싸서 결국 갈만한 곳을 찾지 못하고 호텔로 돌아왔다.

처는 방으로 들어가고 셋이서 호텔 지하에 있는 빠에 가서 웨이터에게 오키나와 고유의 술을 주문하자 40도의 독한 큰 병의 술을 내놓아 피곤해서인지 조금 마셨는데도 금방 취하게 되었는데, 얼마 후 천 낙붕 회원을 비롯한 다른 회원 3, 4명이 합석하여 여러 가지 정담을 나누며 즐거운 시간을 보내다가 헤어졌다.

셋째 날 (3월 27일)

유쿠대학에서 이번 모임의 주 목적인 주제발표와 토론회가 있었다.

한국 측에서는 노정희 회원의「주한미군 기지사용의 실태와 문제점」, 일본측에서는 가토히로시 변호사의「오키나와의 미군기지의 현상과 문제점」의 주제발표가 있었다.

나는 10여 년의 변호사 생활동안 하루 종일 계속되는 주제 발표와 토론회 참가는 처음이어서 하루를 어떻게 보낼까 무척 걱정했는데 양측 모두 성실하게 준비하였고 내용이 너무도 유익하여 모두들 진지하게 피곤한 줄 모르고 열심히 경청하였다. 예정시간보다 1시간 이상을 초과하여 오후 6시가 조금 지나 끝나게 되었다. 주제발표가 있은 뒤 질의 · 응답 시간을 가졌는데 양측 다 상당히 예민하고 예상하지 못한 질문이 많은 것 같았는데, 노정희 회원도 훌륭히 대처하였고 박찬운, 장주영 회원의 보충답변도 명쾌했으며 민변 회원들이 다양한 분야에 대한 깊은 전문지식을 갖고 있는 것에 대해 놀라지 않을 수 없었다.

주제발표와 질의 · 응답 시간이 끝나고 마지막으로 20여분간(양측 10분씩) 토론 총정리 시간을 갖게 되었는데 한국 측에서는 고영구 전 회장님이 하게 되었다. 나는 내용도 너무 공감하였을 뿐 아니라 그렇게 논리 정연하고 조사하나까지 놓치고 싶지 않을 정도의 너무도 세련된 화술에 경탄하였는데 다른 참석자들도 이구동성으로 감탄하였단다. 혹시 녹음이 되었다면 참석치 못한 회원들을 위해 당시 발표 · 토론한 주제에 대한 문제점의 정확한 파악과 뛰어난 화술을 엿볼 수 있도록 있는 그대로 정확히 전달해 주었으면 좋겠다.

저녁에는 나하 시내 연회장에서 일본 변호사들과 식사와 술, 노래 등으로 흥겨운 시간을 가졌고 끝난 뒤에는 민변 회원들끼리 2차로 가라오케에 가서 술과 노래로 즐거운 시간을 가졌다. 변호사 모임이어서 인지 일반 단체 여행 때 흔하게 볼 수 있는 아침 출발시간에 늦는다거나 낙오자가 생긴다거나 충동구매 등을 하는 모습은 보이지 않았다.

출발 이틀 전 이유정 회원으로부터 여행에 대한 보고서(기행문)를 작성해 달라는 부탁을 받고 승낙을 한 뒤로부터 여행 동안 내내 기행문에 대한 부담이 컸다. 많은 민변 회원과 친교의 시간을 가질 수 있었고 토론회 내용도 참 유익하였으며 기억에 남는 여행이었다. (민변, 1999년 5월호)

오오사카 지방 노동위원회 방문기

민주사회를 위한 변호사모임(민변) 노동위원회 소속 변호사 13명(그중 5명은 노동위원회 공익위원으로 활동 중임)이 2000. 10월 13일부터 16일까지 일본 오오사카 노동자 변호사단 교류회에 참석하였다. 14일에는 외국인 노동자의 인권에 대한 주제로 토론회를 가졌고 노동자 변호사단 총회에 참석하였으며, 15일(일)에는 교토, 나라 관광을 하였다. 16일 오전 변호사단 소속 변호사들의 안내로 오오사카 지방노동위원회를 방문하였는데 월요일 오전은 심문을 하지 않아 심문과정을 보지는 못하고 심문실만 구경하였으며 사무국장과 직원들로부터 오오사카 지방노동위원회의 조직, 구성, 운영현황에 대해 설명을 듣고 오랜 시간 질의 응답 시간을 가졌다.

한국과 일본의 지방노동위원회 제도의 조직, 구성, 심문방식 등 큰 줄거리에서는 유사한 점이 많았지만 세부적인 내용 면에서는 많은 차이가 있었는데 오오사카 지노위의 방문소감을 간단히 피력해 보고자 한다.

① 일본의 경우는 부당해고 등 개인간의 노사문제는 전혀 다루지 않고 집단적 노사관계만 다루는 것이 크게 다른 점이었다.

② 노동위원회의 구성

공익위원, 사용자위원, 노동자위원으로 구성되는 점은 같았으나 공익위원이 조정, 심판 담당으로 구분되지 않고 모든 공익위원이 조정, 심판업무를 담당하였다. 공익위원은 추천제도는 없으나 사용자위원, 노동자위원의 동의를 받아서 지사가 임명하는데, 오오사카 지노위의 경우 공익위원이 11명인데 변호사 5명, 대학교수 4명, 신문사 논설위원 1명, 전 행정 공무원 1명으로 구성되어 있었다. 전남 지방노동위원회의 경우 23명의 공익위원 중 변호사는 2명에 불과한데 공익위원에 경력 있는 법률전문가의 숫자를 더 늘리는 게 좋지 않을까 생각해 본다.

일본에서 공익위원 선정 등에 대해서 당사자들의 불만은 없다고 하였으나 우리나라의 경우 2년 전부터 공익위원도 사용자, 노동자 단체의 추천을 받아 선정한 뒤부터 당사자들의 신뢰도가 무척 향상되었다고 하므로 일본에서도 이를 도입해 보는 게 바람직하다고 생각된다. 노동자 위원은 노동단체, 사용자 위원은 사용자 단체의 추천을 받아 지사가 임명하는데 노동자 위원의 경우 노동 단체인 전노련(全勞連) 소속의 경우는 지금까지 전국에서 오오사카 지노위의 경우만 단 1명 있을 뿐이며 연합(聯合)소속이 거의 전부라고 한다. 조합원은 연합계 노동조합이 압도적으로 많은 것이 사실이나 연합계 노동조합의 경우에는 집단 노동사건이 별로 없기 때문에 오오사카 지노위의 경우 연합계에서 제기한 사건보다 전노련 소속 노조에서 제기한 사건이 훨씬 많다고 한다.

공익위원에 대한 사건 배당은 순서대로 배당하고 기피제도는 없고 사건 배당에 대한 불신은 없는 것 같다고 했다. 오오사카 지노위 공익위원들은 평균 6, 7건 정도를 담당하고 있는데 공익위원에 대한 보수는 참석 시마다 지급하는 것이 아니고 매월 지급하는데 일년에 600만엔(우리나라 화폐로

6,000만원 가량) 정도 상당히 많은 금액을 지급하였다. 공익위원의 년간 보수가 매우 높다는 것이 인상적이었는데 공익위원 혼자서 사건을 조사, 심리하고 결정문까지 작성하며 1명의 공익위원이 진행하는 사건이 보통 7, 8건이고 1건당 심문기일이 1,000일이 걸린다 하므로 이해가 간다.

③ 심문과정

부당노동행위 구제신청이 있는 경우 심사관이 사실관계를 조사, 정리한 뒤 공익위원 등이 심사기일에 조사, 심리를 하고 합의를 하여 최종 판정을 하는 방식은 같았으나 구체적인 면에서는 매우 달랐다. 우리나라의 경우 노동위원회 사건의 대리인으로 참석하는 변호사가 거의 없는데 일본은 사용자측은 거의 100%, 노동자측의 경우에도 약 70% 정도가 변호사가 선임되는데 노동자측의 변호사는 노동자 변호사단 소속의 변호사가 거의 대부분인데 아주 저렴한 가격으로 수임을 한다는 것이다.

심문기일 때 공익위원 1명이 조사, 심리를 하고 심사가 끝나면 매 사건마다 심사를 담당한 공익위원으로부터 결과를 보고 받은 뒤 공익위원 전원이 합의를 하여 판정을 하는 것이 특이하였으며 결정문은 심사에 직접 관여한 공익위원이 작성한다는 것이다. 오오사카 지노위의 경우 매 사건마다 심문기일이 1개월에 한번씩 진행되는데 1건당 최종 판정 일까지 심리기일이 평균 1,000일이나 걸린다는 것이 도저히 이해가 되지 않았다. 일본 관계자의말에 의하면 심문이 1개월에 한번씩 열리고 부당 노동행위의 배경 등 당사자의 주장, 입증이 소홀하고 어려우며 승급, 승격차별 등 사건내용에 따라 판정 곤란한 사건이 많은 것이 주된 이유라고 한다. 최종 결정과정까지 3년이나 걸리면 신청인 등 당사자의 지위가 너무나 장기간 불안한 위치에 있으며 3년 동안 노동자 등은 어떻게 지내느냐고 필자가 질문하자 노동자들은 실업보험을 받고 있으며 다른 회사에 취업을 하지 못하기 때문에 아르바이트 등을 하면서 생계를 어렵게 유지한다고 했다.

④ **노동자위원 및 사용자위원의 역할**

일본의 경우 노동자위원 및 사용자위원의 출석율이 아주 저조하고 출석하더라도 심문하는 경우는 거의 없다고 한다. 이는 양당사자의 거의 대부분이 변호사가 선임되어 있어 주장, 입증을 충분히 하고 또한 신청근로자의 대부분이 전노련계 소속인데 노동자 위원의 거의 전부가 연합계 소속이어서 참석할 필요성을 별로 느끼지 않고 참석하더라도 심문을 하는 경우가 거의 없다고 한다. 공익위원 1명이 심문을 진행하여서인지 노동자위원, 사용자위원의 자리가 공익위원 옆자리에 배치되어 있고 쌍방 당사자석이 서로 마주보고 있었으며 일반 법정과 같이 증인석이 따로 마련되어 있었다.

⑤ 또 다른 특색은 3년이나 걸려서 최종결정이 나오더라도 불복율이 매우 높다고 하는데 그 이유는 알선, 조정, 중재 실패 후 지노위의 심문까지 오는 사건은 심각한 사연이 많은 경우가 대부분이며 지노위의 결정 후에 재심을 신청해 놓은 뒤 지노위의 결정내용이 일정한 기준이 되어 다시 화해, 조정, 중재를 진행하기 때문이라고 하였다.

⑥ **높은 부당노동행위 구제율**

또한 오오사카 지노위에서의 1999년 한해동안 부당노동행위에 대한 전부 또는 일부 구제율이 66.7%(21건 중 14건)이고, 최근 3년간 약 60~70%이며, 한국은 7~8%(210건 중 15건)인데 부당노동행위의 구제율이 매우 높은 것이 이채로웠고, 일본의 지방노동위원회의 경우 화해로 해결되는 것이 50% 정도 된다는 말을 듣고 매우 놀랐다. 한국의 경우 다른 이유도 있겠지만 부당노동행위가 인정되는 경우 형사처벌 법규가 있어서 근로자들이 형사고소를 하여 사용자가 형사처벌을 받는 게 대부분이어서 부당노동행위의 여부를 판정할 때 그 점까지 상당히 고려하여 부당노동행위의 범위를 좁게 인정하려는 경향이 있는 것 같다. 그러나 일본의 경우는 부당노동행위가 인정되더라도 처벌 법규가 없다고 하는데 우리 나라도 부당노동행위의 경우 반드시 형사처벌을 할 것이 아니라 민사적으로 강력한 손해배상 책임을 묻는 방향으로 나아가고 형사처벌 조항의 존속여부는 고려해 봄직하다.

⑦ 전체 부당노동행위 구제 신청 사건 중 절반이 화해로 종결되고 나머지 절반의 사건 중 약 4분의 1은 취하나 각하로 종결되며, 나머지 4분의 1만 최종판정에 이른다고 한다. 이와 같이 화해비율이 높은 것은 제도의 차이라기 보다는 국민 정서, 특히 양 당사자들의 화해에 대한 인식 차이에서 비롯된 것이 아닐까 생각해 본다.

⑧ 우리나라의 경우 최근에 노동위원회의 위상도 높아지고 역할이 증대되었는데 일본의 경우 지노위의 처리건수가 과거에 비해 전국적으로는 3분의 1, 오오사카 지노위의 경우 2분의 1로 줄어들었다고 한다. 우리나라 노동위원회의 경우 위상도 높아져 가고 있고 국민들의 기대도 큰 만큼 위원선정에 좀 더 신중을 기하고 전문성을 확보하는 등 내실을 기하여 올바른 노동환경을 조성하는데 일조해 보자. (중앙노동위원회, 조정과 심판 2000년 12월호)

바이칼, 러시아 기행

글머리에

여러 가지 사정으로 3년 동안 여름휴가를 가지 못하다가 4년 만에 가족과 함께 여름휴가를 가게 되었다. 한민족의 시원이고 온 세상물의 20%를 담고 있는 세계의 유일한 청정호수로 남아 있다는 바이칼 호수, 광활한 시베리아 영토와 사회주의 국가의 심장부인 모스크바, 역사와 예술의 도시인 상트 페쩨르부르크를 오래 전부터 가고 싶었다. 초등학교 6년인 아들은 오지여행 전문가와 함께 16박 17일 동안 실크로드 여행을 떠나 함께 가지 못하고 2003. 8. 2부터 9일 까지 7박 8일 동안 처와 초등학교 5학년인 딸과 함께 다녀오게 되었다.

첫째 날(8월 2일, 토)

인천공항에서 저녁 6시10분에 러시아 항공편으로 이르쿠츠크로 출발하기 때문에 약속시간인 오후 4시에 인천공항에서 여행가이드와 동행할 여행 팀을 만나게 되었다. 팀원이 모두 17명인데 원래부터 알고 있는 부천의 B변호사 가족을 만나서 무척 반가웠고, 같은 등산모임인 사업가 부부 3쌍, 부천에서 세무사를 하고 있는 70대의 노인 어른들 5명(많은 여행을 하였는데 힘든 코스라며 연로한 사모님들이 모두 동행을 거부했다고 한다.)이었다. 팀원 모두 여행 내내 약속시간도 잘 지키고 너무도 점잖은 분들이어서 팀원으로 인한 마찰이나 피곤함은 전혀 없었고 70대의 노인들이 어찌나 건강한지 정말 부러울 뿐이었다.

러시아 비행기가 좁은 데다 낡았고 서비스도 엉망이어서 무척 피곤하였고 4시간의 비행 끝에 이르쿠츠크 공항에 도착했다. 호텔로 타고 갈 버스가 한시간 가량이나 늦게 도착하여 추운 날씨에 공항 밖에서 한시간 가량을 기다리다가 원래 예약된 바이칼 호텔이 아니라 앙카라 호텔에 머물게 되었다. 여행 첫날은 항시 잠이 잘 오지 않는데 이날도 역시 잠이 잘 오지 않아 피곤한데도 늦게야 잠이 들었다.

둘째 날(8월 3일, 일)

호텔에서 아침식사를 하고 있던 중 식당에서 대학 교수로 있는 고교동창인 J군을 우연히 만났다. 두 가족과 함께 몽고 울란바트로에서 이르쿠츠크로 트럭여행을 하는 중이라고 하였는데 멀리 이국 땅에서 고교동창을 만나니 무척 반가웠다. 식사 후 환 바이칼호 기차를 탑승하기 위해 버스를 2시간 가량 타고 슬루지안카로 갔는데 점심시간이 되어 인근의 예약된 식당에 갔는데 주방장이 일요일이라 출근을 안해서 식사를 할 수 없다고 하여 한국 여행단 3팀이 예약을 하여 그곳에 왔다가 모두 헛탕을 치고 식사를 못하고 돌아가게 되었다. 아무리 후진 지역이라고는 하지만 예약된 팀이 3팀이나 있는데도 주방장이 안나오고 주방장이 출근을 안 했다고 약속을 지키지 못하여 많은 사람들이 식사를 하지 못하게 되는 등 너무도 한심스러운 모습이었다. 할 수 없이 기차역 근처의 노상에서 할머니들이 파는 과일과 빵으로 점심을 떼우고 환 바이칼호 기차를 탑승하게 되었다.

기차를 타기 전까지는 우리나라의 기차를 연상하면서 기차를 타고 맥주 한잔 하면서 바이칼호 주변을 관광하는 것도 상당히 낭만적일 것이라는 기대감을 가지고 있었다. 막상 기차를 타보니 좌석도 제대로 없고 불결하기 이를 데 없는 만원이 된 피난 가는 화물차를 연상케 하여 낭만적인 생각은 싹 가시고 정말 고통의 순간이었다. 매 역마다 정차하면서 시속 20 킬로미터도 되지 않은 속도로 달리는 화물 열차로서 그곳 주민들에게 과일이나 식량을 운송하는 것이 주목적이며 그 화물차에 여객 칸 두 칸을 달아 운행하는 기차로서 90 킬로미터의 거리를 6시간 가량 달리는데 정말 미칠 지경이었다. 한국에서 출발 할 때부터 약간 배탈이 났는데 점심때 먹은 것이 안 좋았는지 배탈이 나서 정말 힘들었고 너무나 실망스러웠다. 기차에서 내린 뒤 일행들이 이구동성으로 한국에 가면 안티 환 바이칼호 탑승 운동을 벌여야겠다고 말하면서 일생 동안 이런 기차 언제 타보겠느냐고 위안을 삼자고 말하였다. 나중에 들으니 한국 관광객 한 팀은 기차를 타고 목적지에 도착한 뒤에 가이드가 사전에 기차가 이렇게 험악하고 불결하다는 것을 설명해 주었더라면 아무도 타지 않았을 텐데 이 기차에 대해서 전혀 설명을 해주지 않아 그 고생을 하였다면서 팀원 중 대표가 현지 가이드의 뺨을 때렸다고 할 정도로 힘든 기차 여행이었다. 기차에서 고생을 하고 한국 식당에서 저녁식사를 한 뒤 호텔에 돌아와 곧바로 잠을 잤으나 정말 무의미하고 고생만 한 하루였다.

원래의 일정이 8월 8일 귀국 예정이었는데 비행기 사정으로 귀국 일정이 8월9일 오전 11시 인천공항 도착으로 하루 늦춰졌다. 여행사에서 바뀐 일정을 공항에서 출발 직전에야 가르쳐 주었다는데 우리에게는 출발 직전에도 가르쳐 주지 않고 여행 이틀째에 다른 일행을 통해 우연히 알게 되었다. 부랴부랴 한국으로 어렵게 전화하여 광주행 비행기를 8월 9일 오후 3시로 변경하였는데, 이번에는 귀국 이틀 전에 인천공항 도착시간이 9일 오후 2시 30분이라고 하여 한국에 도착하여 어렵게 5시 반 비행기를 타고 광주에 내려왔다. 여행할 때마다 한국 여행사의 횡포와 부실한 서비스는 우리 나라에서 가장 개선되어야 할 부분의 하나라는 것을 느끼게 된다.

셋째 날(8월 4일, 월)

숙소를 나와 꿈에 그리던 바이칼 호수를 보러갔다. 세계 담수량의 20%가 담겨있고 시베리아의 진주라 불리우는 바이칼은 타타르어로 '풍요로운 호수' 이고, 몽골어로는 바이갈(Baigal) 즉 '순수한 자연' 이라는 뜻인데 옛날에는 몽골에 속한 땅이었다고 한다. 바이칼 호수의 유람선을 타고 2시간 가량 유람을 하였는데 끝없이 펼쳐지는 수평선과 수평선 위에 피어있는 흰 구름은 한 폭의 그림 같았고 수평선과 파도가 치는 드넓은 호수는 도저히 호수라고 믿기지 않았고 넓은 바다 같았다. 일행들과 유람선 위에서 시원한 바람을 쐬며 넓은 호수를 바라보며 보드카 한 잔 할 때는 기분이 너무도 상쾌하였다. 유람선에서 잠시 내려 호수가에 발을 담그고 있으니 너무도 차가워 2,3분도 있기가 어려웠다. 돌 팔매 등을 하면서 재미있게 보내다가 다시 승선하여 호수 위를 구경하다가 선착장의 고급 레스토랑에서 오물 고기 훈제를 먹었는데 맛이 독특하였다. 오물은 오직 바이칼에만 살고 있는데 청어처럼 생겼지만 잔가시가 없고 맛은 담백하였다. 바이칼 호수 근처에서는 화덕에서 자작나무 톱밥을 태워 연기를 내 화덕 위에 있는 나무 상자에 담긴 오물을 훈제하여 팔고 관광객들은 맨손으로 오물을 뜯어먹는 모습을 흔하게 볼 수 있다.

버스를 타고 돌아오던 중 샤만바위를 구경하였는데 샤만바위가 바이칼 호수와 바이칼호의 물이 빠져나가는 유일한 강인 앙카라 강과의 경계라고 하는데 샤만 바위에는 전설이 있었다.

아주 먼 옛날 바이칼리아라는 신에게 앙카라라는 예쁜 딸이 있었는데 바이칼리아가 딸에게 멋있는 이르쿠츠크라는 남자를 소개하며 결혼을 하라고 하였다. 앙카라는 거절하며 호수를 몰래 빠져나와 모든 여성들의 우상인 예닌세이라는 남자와 결혼을 하려 하자 바이칼리아는 앙카라가 예닌세이를 만나지 못하도록 그 길을 막으려고 거대한 바위를 던졌는데 그것이 샤만바위라는 것이다. 또 다른 전설은 옛날 왕이 어떤 죄인의 유, 무죄를 가리기 위해 죄인을 샤만바위에 걸터앉게 하여 하루가 지나도록 수장되지 않으면 무죄가 되고 수장되어 버리면 유죄로 판정하였다는 전설이 있다고 한다. 되돌아오는 길에 브라야트 소수민족 마을을 방문하였으나 별다른 특징은 없었고 밋밋하였다. 그 날 묵었던 곳은 앙가라강 가까이에 있는 자작나무 숲 속에 원목으로 지은 통나무 냄새가 물씬 풍기는 통나무 집이었는데 상당히 운치가 있었다. 식사 후에 일행들이 모두 거실에 모여 소주잔을 기울이며 담소를 나누고 즐거운 시간을 가졌다.

넷째 날(8월 5일, 화)

아침에 일찍 일어나 자작나무 숲을 산책하면서 맑은 공기를 마시니 기분이 몹시 상쾌하고 컨디션이 무척 좋았으며 현지 식의 아침식사도 상당히 맛이 있어 출발이 좋았다. 오늘은 이르쿠츠크 시내를 구경하는 날이다. 1825년 12월(데카브리스트)14일 짜르의 부패와 전횡에 대항해 3000명의 장교와 병사들이 혁명을 일으켰으나 실패하였다.

데카브리스트 난 이후 처형당한 데카브리스트당의 주동자 5명을 제외한 120 여 명의 장교들이 시베리아로 유배되었는데 남편을 버리면 재가

해 자유롭게 살게 하겠다는 정부의 회유를 뿌리친 일부 장교 부인들이 가족과 함께 시베리아로 내려와 이르쿠츠크에 정착하게 된다. 그들은 비록 군인이었지만 프랑스 문화에 정통한 지식인들로서 자신들의 지식과 경험을 토대로 도시를 재건축했으며 유럽문화를 소개하였고, 60만의 인구 중 약 10만이 학생이라고 하니 이르쿠츠크가 문화의 도시이자 교육의 도시이고 시베리아의 파리라고 불리운 이유를 알만하였다.

데카브리스트들과 그 가족의 묘가 있는 즈나멘스키 수도원을 방문하였는데 1762년에 건설되어 현재도 미사가 행해지고 있다고 한다. 성당내부에는 그 성당의 역대 주교들의 시체가 미이라로 보존되어 있었는데, 가이드가 외국인에게는 초대 주교의 시체를 보여주지 않는데 외국인으로서는 우리 일행에게 처음으로 초대주교의 시체를 보여주는 특혜를 베풀었다고 하는데 사실인지는 모르겠다. 이르쿠츠크에는 데카브리스트 박물관이 두 군데 있는데 한군데는 데카브리스트 난 후 귀족들이 이르쿠츠크로 유배되었는데 유배된 128명 전사들의 유배생활의 모습들이 담겨있는 곳과 데카브리스트 난의 최고 지도자인 투르베츠코와 그 부인이 살던 집의 모습을 기린 곳인데 전자는 휴관일이라고 하여 후자를 방문하였다.

다음에 방문하였던 곳이 영원한 불(베치니 아콘)인데 이는 제 2차 세계대전당시 시베리아 지역에서 20만 명이 참전하였는데 그중 5만 명이 전사하였으며 전사한 세계 각국의 무명용사들의 영혼을 기리기 위해 광장 중앙에 설치되어 있었다. 일 년 내내 꺼지지 않는 불길이 솟아오르고 있는데 이러한 영혼의 불길이 모스크바, 이르쿠츠크, 블라디볼스톡, 하바로브스크 등에 있다고 한다. 결혼식을 마친 신혼부부들이 신혼여행을 떠나기 전 이곳에 와 감사를 드린다고 하는데 이것이 사회주의의 전체주의 사고의 유물인지 아니면 진심으로 당신들의 희생으로 우리들이 이렇게 잘 살고 있고 우리부부가 결혼까지 하게 된 것에 대해 진심으로 감사를 드리러 온 것인지는 알 수가 없다. 앙가라강을 한눈에 바라볼 수 있는 소공원 주변에 조성된 첨탑비인 오벨리스크는 시베리아 개척과 시베리아 철도 건설을 기념하는 조형물인데 러시아 휘장과 황제의 철도건설 명령서, 시베리아 개척에 공헌한 3명의 영웅 이름 등이 새겨져 있는데, 시베리아 철도는 블라디볼스톡에서 모스크바까지 장장 9,297킬로미터로서 1891년에 시작하여 1916년에 전 구간이 완성되었다고 한다.

모스크바로 출발하는 비행시간까지는 많은 시간이 남아 중앙시장과 벼룩시장을 구경하게 되었다. 여행 중 쇼핑을 즐기는 사람도 많이 있겠지만 나는 여행 중 여행사에서 여행객의 의사에 반해서 황금 같은 시간에 쇼핑을 하게 하는 것이 가장 짜증스러운 일이다. 쇼핑시간을 1시간 30분이나 주었는데 20분 가량 간단히 들러보고 거리의 벤치에 앉아 지나가는 러시아 사람들의 모습을 관찰하는 것도 참 재미있었다. 저녁 7시 40분 이르쿠츠크 공항을 출발하여 5시간 비행 끝에 모스크바에 도착했으나 시차가 있어 모스크바에 오후 8시 40분 경에 도착하여 한시간 가량 버스를 타고 우리의 숙소인 1750개의 객실이 있다는 코스모스 호텔에서 일찍 잠을 청하게 되었다.

다섯째 날(8월 6일, 수)

하루동안 모스크바 시내와 관광명소를 관람해야 하는데 아침 식사때부터 비가 많이 내려 기분이 안 좋았지만 자연 현상이라 어쩔 수 없었다. 처음으로 간 곳이 칼 막스 동상에 갔는데 동상에 '만국의 노동자여 단결하라' 는 문구가 새겨져 있었는데 공산주의 이론을 창시한 사람다운 문구였다. 근처의 극장 광장에는 예술의 도시답게 1778년에 지어진 볼쇼이 극장을 비롯한 말리죠네, 말리 극장 등 많은 극장이 있었다. 모스크바 시내에는 곳곳에 전쟁 영웅들이나 러시아의 대문호인 토스토예프스키, 체홉, 푸시킨 등 위대한 인물들에 대한 동상이 많이 세워져 있었는데 이들의 업적을 기리는 뜻도 있겠지만 국민들에게 자긍심과 애국심을 고취하기 위한 전략적인 목적도 있지 않는가라는 생각이 들었다.

러시아는 한때 미국과 세계 양강으로서 많은 위성국가를 거느리고 있었고 국제질서를 좌우할 정도로 막강하였으나 공산주의의 한계로 인해 소비에트연방이 해체되고 몇 년 전 모라토리움을 선언하기까지 하여 국제적인 신용도는 크게 하락한 종이 호랑이가 되어 있었다. 화폐가치의 하락과 은행의 잦은 도산으로 국민들이 불안하여 은행에 예금을 하지 못하고 대부분 집에 달러화로 소지하고 있다고 한다. 4000만 명의 연금 생활자인 노인들은 화폐가치의 하락으로 150만원의 연금이 20만원의 연금으로 되어버려 생활이 몹시 어렵고 옛 사회주의로의 회귀를 갈망하는 사람이 매우 많고 공산당 지지자가 30%나 된다고 하니 역사의 무상을 느끼게 된다. 스탈린이 2차 대전 승리 후 많은 전쟁 영웅들을 숙청하였는데 스탈린의 오른팔이자 1945. 5. 8. 독일로부터 항복서명을 받은 말라시아추코프 장군은 전쟁에서 승리하고 온 뒤 고향으로 직행하여 숙청을 면하였고, 후루시초프 정권 때 국방장관으로 등용되었는데 위 장군이 말을 타고 이무기를 짓밟고 있는 장군의 동상이 시내 한복판에 있었다.

최근의 체첸 공화국 사람들의 자살 테러로 인하여 붉은 광장의 일부가 폐쇄되었으며 경비가 삼엄하였다. 아직도 살아 있을 때의 모습 그대로 누워있는 레닌의 묘가 인상적이었는데 세계에는 레닌, 모택동, 김일성, 호

치민 등 4인이 미이라 상태로 시체를 그대로 보존하고 있는데 이를 보존하는데 각 400만불이 들었다고 한다. 레닌묘와 크레믈린 궁전사이로 스탈린을 비롯한 역대 서기장 중 임기 중 사망한 사람들의 묘가 있었는데 무척 인상적이었다. 붉은 광장 주변에는 모양과 색깔이 각기 다른 9개의 종파를 통합한다는 의미의 9개의 양파머리 모양으로 된 화려한 바실리 사원과 1887년 개관한 바로크 양식과 로코코 양식이 혼합되어 매우 화려한 굼 백화점이 퍽 인상적이었다.

크레믈린궁전은 푸틴 대통령의 집무실에서 얼마 떨어지지 않은 곳까지 개방하는 것이 특이하였다. 크레믈린궁전 안에 나폴레옹이 1812년 크레믈린까지 침공하였다가 혹한으로 퇴각하면서 놔두고 간 1,875개의 대포 등이 그대로 진열되어 있었고, 이반 대제가 왕의 위엄을 나타내기 위해 만들었다는 5미터 길이의 실제 사용할 수 없는 대포와 임나 여제가 1737년 국력을 과시하기 위해 만들었다는 200톤으로 된 종 등이 인상적이었다. 크레믈린궁전에는 5개의 문이 있는데 모든 문의 제일 꼭대기에는 황금 빛 별이 있는데 사회주의가 세상의 빛을 밝히는 뜻이라는데 결국은 사회주의가 세상의 빛을 밝히지 못하고 어둠의 저편으로 거의 사라져 가고 있는 것이다. 티타늄으로 만들어져 공중으로 우뚝 솟은 사람의 동상은 1961년 세계 최초의 인간 우주선인 소프트니크에 탑승한 유리 가가린의 동상으로서 러시아 사람들이 자부심을 가질만한 동상이었다.

4계절 다양하게 바뀌면서 계속 LG 광고가 이어져 LG다리라는 별명이 붙은 다리를 지나게 되었고, 눈에 가장 잘 띄는 시내 한복판의 큰 건물에 삼성 광고 간판이 커다랗게 붙어 있다. 러시아에서 LG 에어컨의 판매량이 3위, 삼성 휴대폰의 판매량은 1위라는 사실을 듣고는 우리 나라의 국력이 많이 신장되었음을 알 수 있었고 가슴 뿌듯하였다. 1395년에 건립된 성모승천 사원인 우스벤스키 사원은 왕의 대관식 및 장례식 등에 사용되었는데 자작나무에 송진, 석화 등으로 그린 러시아 성상화가 예술적인 가치가 있다고 하며 성상화의 모습이 인간과 가깝고 온화한 모습이 인상적이었다. 100여년 전에 건설된 지하 100미터 깊이에 있는 지하철을 한 정거장만 타 보았는데 우리나라는 그 시절 마차를 타고 다녔을 것인데, 100여년 전의 건축기술로 그러한 지하철을 건설했다는 것이 놀라웠다. 젊음의 거리라는 아르바트의 거리를 잠깐 구경하고, 그곳에 있는 러시아의 말을 가장 잘 살려 러시아의 국민들의 칭송을 받고 있는 우리나라의 김소월 시인과 같은 위치에 있는 푸쉬킨의 생가와 동상을 둘러보았다.

1524년 스몰렌스크 공국의 바실리 3세가 폴란드를 침공하여 승리한 후 세운 노보데비치 수도원(일명 성 동정녀 수도원)은 귀족, 왕의 자녀들이 교육을 받은 곳으로서 후르시초프의 무덤이 있는 곳이라는 데 시간이 없어 그곳은 입장하지 못하고, 차이코프스키가 백조의 호수의 영감을 얻었다는 수도원 주변의 호수만 잠깐 관람한 것이 아쉬웠다. 엘친 대통령이 1995년에 2차 대전 당시 러시아가 승리한 것을 기념하기 위해 전승기념관을 세웠는데, 러시아가 전쟁에 가담한 날수가 1941년부터 1945년까지 1,417일이어서 그 기념관의 높이를 141.7미터로 하였고 그 탑 모양은 총검을 상징하며, 그 탑에 붙어있는 천사 모양의 새는 NIKE(니카, 승리의 신을 상징함)이고 성게오르규 장군의 동상이 그곳에 세워져 있는데, 국민들로 하여금 자부심과 애국심을 고취시키기 위해 세우지 않았냐는 생각이 들었다. 러시아인들에게는 1941년부터 1945년까지의 2차 대전의 참가와 승리가 매우 역사적으로 의미가 있는 것인지, 전쟁의 참상을 일깨우기 위한 것인지 아니면 다른 의미가 있는 지는 몰라도 여러 곳에 1941-1945 라는 문구가 많이 새겨져 있다.

마지막으로 로모노소프가 1755년에 건축한 모스크바 대학은 법학, 의학, 철학분야로 출발하였으나 스탈린이 1949년부터 1953년까지 독일군 포로들을 이용하여 스탈린식 건물로 지은 새로운 건물로서 재학생이 3만명이고 세계 6대 대학중의 하나이며 입구에는 이 대학이 배출한 세계적인 석학들의 흉상이 있는 것이 참 멋있어 보였다. 세계적으로 유명한 볼쇼이 국립극장은 개관을 하지 않고 볼쇼이 발레단도 여름철에는 공연을 하지 않는다고 하여, 저녁을 먹고 볼쇼이 국립극장 근처에 있는 말라조지느 극장에서 러시아 국립 발레단이 공연하는 '신데렐라'를 2시간 동안 관람하였다. 재미있었지만 하루 종일 모스크바 시내의 여러 명소를 관람하느라 몹시 피곤하여 졸음을 참고 발레를 감상하느라 애를 먹었다. 피곤한 몸으로 호텔로 돌아오자 마자 골아 떨어지게 되었다.

여섯째 날(8월 7일, 목)

조식 후 모스크바 공항에서 2시간의 비행 끝에 모스크바로부터 700 킬로미터 가량 떨어진 러시아의 제 2의 도시인 성 페쩨르 부르크에 도착하였다. 성 페테스부르크는 1703년 로마노프 왕조의 5 대왕인 피요트르 1세가 레나강 델타지역에 건설한 운하와 다리가 많은 요새형 도시이다. 1703년부터 1917년까지 로마노프 왕조의 수도로서, 그 명칭이 처음에 '피터스버그', 러시아 혁명 당시는 '페트로 그라드', 소비에트 시절엔 '레닌그라드', 소련 해체 후 '성 피터스버그'로 회귀하는 등 많은 동란과 혁명으로 굴절 많은 역사의 장이고 문화의 도시로서 많은 바로크 양식의 우아한 건물로 유명한 북쪽의 베니스라고 한다.

특히 2차 세계대전 당시 900일 동안 포위 당하였으나 끝내 함락되지 않고 승리하였으나 인구의 1/3인 80만 명이 죽게 됐으며 1941-1945가 새겨진 2차 대전 승리 전승탑이 있었다.

버스를 타고 넵스키 대로를 통과하여 한국 식당에서 점심을 늦게 먹고 겨울 궁전과 에르미타쥐 국립박물관에 가게 되었다. 4시까지만 입장이 가능한데 비가 오는 데다 교통체증이 극심하여 겨우 5분전에야 도착하게 되어 긴 행렬 뒤에서 차례를 기다린다면 마감 시간 내에 입장할 수 없을 것 같았는데 가이드가 뇌물을 주면 해결된다면서 차례를 기다리지 않고 그냥 입장하였다. 모스크바에서도 전승기념관을 갈 때 버스 주차장에서 기념탑까지 가려면 한참을 걸어 올라가야 되는데 가이드가 러시아는 뇌물을 주면 모든 것이 쉽게 해결된다면서 뇌물을 주고 기념탑 바로 밑에 버스를 주차하였던 적이 있다. 우리나라에서도 뇌물을 주면 안 통하는 것이 있을까라는 생각을 잠시 해 보았다.

피의 일요일 사건이 일어난 궁전 광장의 남쪽에 겨울 궁전이 있는데 그곳에 있는 에르미타쥐 박물관은 1762년 라스트렐리에 의해 건축된 세계 3대 박물관의 하나라고 한다. 총 1056 개의 방으로 이루어져 있고 약 300만점의 전시품이 소장되어 있어 작품 한 점당 1분씩만 봐도 5년이 걸린다고 한다. 우리는 세계 유명 화가들의 작품들이 전시되어 있는 서유럽 미술관과 피요트르 대제와 피요트르 3세를 죽이고 즉위한 러시아의 여제 에카테리나 2세 등 러시와 황제와 왕실의 생활 모습 등을 보여주는 전시관만을 관람하였다. 서유럽 미술관에서는 피카소, 고갱, 마티스 등 세계적인 거장들의 명화를 직접 볼 수 있어 좋았지만 짧은 시간이어서 너무나 아쉬웠다. 별 볼 일 없는 다른 일정을 생략하고 2, 3시간이라도 더 할애하여 거장들의 명화를 더 보았더라면 하는 아쉬움이 많이 남았고 일행 중 여러 사람이 가이드에게 다른 관광객들에게는 오전 일찍 충분한 시간을 가지고 위 박물관을 관람하는 일정을 짜라는 강력한 항의를 하였다. 거대한 황금과 고급 대리석등으로 장식한 황제와 왕실의 생활관은 사치와 화려함의 극치를 이루었다. 그런 만큼 러시아 민중들은 얼마나 힘들었을까 하는 마음과 이러한 궁정의 사치로 인해 모든 사람의 평등을 외치고 노동자가 주인 되고 잘 살자는 사회주의 혁명이 러시아에서 일어날 수밖에 없었던 것 같다. 그 곳에서 1905년 피의 일요일 사건이 일어났으나 실패하였고 뒤이어 1917년 2월 혁명, 10월 혁명 등 사회주의 혁명이 성공한 것은 역사적 필연이었던 것 같다.

특이한 것은 시내 곳곳의 건물이 크게 연이어져 있으며 필요에 따라 1, 2, 3차 운하가 건설되어서인지 운하를 건넘에 따라 건물의 구조나 양식이 달라졌고 바로크, 로코코, 코린트식의 건물이 혼재되어 있고 건물의 층과 층 사이에 사람, 나뭇잎, 동물 등의 여러 형태의 무늬가 새겨져 있는데 그 모양은 신분의 차이를 나타냈다고 한다. 박물관 관람을 마친 뒤에 비가 많이 내렸으나 해전기념 원주인 뱃머리 등대와 피터폴 성당을 관람한 뒤 한국 식당에서 저녁을 먹고 호텔로 돌아왔다.

러시아에서의 마지막 밤이라고 생각하니 잠도 오지 않고 술 한잔하고 싶어 1층 카페에 갔더니 마침 B변호사와 부천에서 오신 세무사 두 분도 서성거리고 계셔서 러시아 토종 생맥주를 마시면서 즐거운 담소를 나누었다. 건너편에 앉아 있는 러시아 여성이 매혹적인 모습으로 우리에게 계속 추파를 던지고 있었으나 관심이 없었다. 다음에 아프리카 여행도 같이 하자면서 헤어진 뒤에 숙소로 돌아와 잠을 청하였다.

일곱째 날(8월 8일, 금)

조식 후 버스를 타고 여름궁전에 가기 전에 이름이 기억나지 않는 성당과 재래식 시장을 방문하여 시장에서 미국 유학생활 때 정말 맛있게 먹었던 체리를 사서 맛있게 먹었고 다른 일행들에게 권하자 여러 사람들이 1㎏씩 사서 맛있게 먹고 여름 궁전에 도착하였다. 피요트르 대제 이후 러시아 황제들은 유럽진출을 위한 교두보로 발트해 장악과 영토확장을 위한 북방정책을 폈고 스웨덴과의 북방전쟁에서 승리를 거두었다. 핀란드만에 연접해있는 여름궁전은 왕들이 여름휴가를 즐기고 핀란드만을 바라보면서 발트해 진출의 꿈을 키우고 실현하려는 의지를 강화하고 호연지기를 기르는 곳이 아니었나 하는 생각이 든다. 정원도 멋있었지만 분수대도 참 특이하였다. 분수대 뒤에는 그리이스, 로마신화 영웅들의 동상이 있고 분수대 한가운데에는 북방전쟁 승리후 핀란드만을 바라보면서 사자의 입을 벌려 사자의 입 속에서 분수를 솟게 하는 아주 자극적인 모습의 분수대가 있었는데 관람자에 따라 느끼는 감회가 다를 것 같다.

여름궁전을 방문한 뒤에 여러 성당을 구경하게 되었는데 각 성당마다 특색이 있었다. 사회주의 시절에는 종교는 민중의 아편이라고 하여 대부분 폐쇄되었다고 한다. 니콜라이 성당에서는 성당 한가운데에 시신을 놔두고 장례식을 거행하고 있었고 밖에서는 결혼식을 올리고 있었다. 이어서 까잔 성당을 방문했는데, 이 성당은 농노출신 건축가 바로나킨에 의해 1801년부터 10년에 걸쳐 지어진 것이라고 한다. 러시아도 호국신앙으로서 사원 건축의 필요성이 대두되어 베드로 성당을 모델로 하여 빠른 시일내에 지어진 것이라는데 다른 성당에 비해 화려함은 덜 하지만 웅장하였다. 우리나라도 통일신라나 고려 때 국난을 극복하고 국민의 의사를 결집하기 위한 호국신앙으로서 거대한 사찰을 많이 지었는데 사람들 생각은 비슷한 것 같다. 이 성당이 완성된 후 러시아는 나폴레옹 전쟁에서 승리하였다고 생각하며 이 성당은 러시아군의 영광을 상징하고 있으며 러시아의 위대한 장군인 꾸뚜조프의 장례식이 거행되었다고 한다.

한식만 자주 먹다가 모처럼 현지 식으로 점심을 먹고 네바강의 유람선을 타기 위해 시내를 지나가면서 성 페테스부르크 박물관을 지나갔다. 손님들의 광장이라고 불려지는데 1층, 2층의 길이가 각 1.8킬로미터나 될 정도로 무척 컸으며, 러일전쟁 당시 쓰시마 해협에서 일본군에 대패하고 옮겨진 6,700톤의 발틱 함대였던 오로라 전함을 전시해두고 있었는데 이는 혁명의 시작을 알리는 계기가 되었다고 한다. 유람선을 타고 두 시간가량 네바강을 유람하였는데 비가 와서 밖으로 나가지는 못하고 안에서 러시아의 민속공연을 보았고 핀란드 사람들이 단체로 왔는데 보드카를 마시면서 그들과 어깨동무하고 춤을 추며 함께 놀았는데 세계적으로 흥을 돋으며 노는 분위기는 비슷하였다.

Mars(전쟁의 신을 뜻함)광장에는 러시아의 위대한 장군중의 한 명인 수보로프 장군의 동상이 있었고, 그 정면에는 거대한 황금빛 돔으로 된 이삭 성당이 있었다. 이 성당은 피요트르 대제를 기리기 위해 건립된 것인데, 지반이 약해 11,000개의 참나무를 땅속에 묻어 바닥을 다지고 지상은 화강암으로 지은 것이다. 돔의 크기가 세계에서 3번째로 큰 101.5m이고 길이 111.2m, 폭 97.6m로 총 만 4천명까지 수용할 수 있으며 1818년 설계된 후 40만 명의 인력이 동원되고 40년에 걸쳐 만들어진 매우 웅장한 규모의 성당이었다. 43m에 달하는 교회의 전망대에서는 페테스부르크의 아름다운 전경을 감상할 수 있다고 하는데 입장 시간이 지나서 전망대는 오르지 못했지만 그 거대한 규모에 넋을 잃었다.

이삭 성당 앞에는 에카테리나 2세 이후 러시아의 강한 전제군주였던 니콜라이 2세의 동상이 있는데, 위 동상에는 창(용맹),저울(평등),방패(국방력), 검(정의), 십자가(신앙력),성경(문화),거울(양심)이 새겨져 있었다. 청동 기마상은 다리 2개로 16톤의 청동상을 받치고 있는데 고도의 기하학이 적용된 것으로서 문화사적 가치가 매우 크다고 한다. 니콜라이 2세는 성격이 매우 포악하여, 아들에게도 전투심을 불어넣기 위해 에르미따쥐 박물관에 전시되어 있는 것처럼 하얀방과 금으로 된 방을 만들어 주고 방안의 그림들도 호전적인 모습의 어린이들로 채워 넣을 정도로 매우 호전적이었다고 한다. 니콜라이 2세의 청동 기마상은 농민들에 대한 적이라고 여겨져서 스탈린이 철거하려고 했으나 문화사적 가치 때문에 보존하였다고 한다.

부근에는 청년 귀족들이 혁명을 위해 집회를 한 원로원 광장이 있었고 원로원 광장 끝 네바강변 쪽에는 청동 기마상이 우뚝 서 있었다. 이는 쿠데타로 남편을 죽이고 왕위에 오른 에카테리나 2세가 피요트르 대제의 후계자임을 알리고 피요트르 대제의 찬양 작업의 일환으로 1766년 프랑스의 조각가 팔코네를 시켜 12년간에 걸쳐 만든 것이다. 피요트르 대제가 스웨덴과의 21년에 걸친 북방전쟁에서의 승리를 기념하기 위한 것인데 피요트르 대제가 탄 말이 스웨덴을 상징하는 구렁이를 밟고 있었다. 여름궁전에는 사자가 입을 벌리고 있고 벌린 입에서 물을 뿜고 있었는데 너무 호전적이며 상대방을 무시하는 것이 아닌가라는 생각이 든다. 피요트르 대제가 탄 말이 앞쪽 다리를 번쩍 들어올리고 있는 형상의 조각상을 받치고 있는 돌은 그 무게가 1,600톤이고 길이가 13.5미터, 폭 7미터, 높이가 8미터에 이르는 거대한 뇌석인데 400명의 장정들이 이 돌을 핀란드 만에서 이곳으로 옮겨오는 데도 4개월이 걸렸다고 한다. 2차 세계대전 당시 눈에 띄지 않기 위해 흙으로 덮어놓아 피해를 모면했다고 한다.

결혼식을 마친 젊은 신혼부부들이 자신들이 결혼을 할 수 있도록 이 도시를 건설하고 발전시킨 피요트르 대제에게 감사 드리기 위해서 꽃다발을 들고 이곳을 방문하고 기념사진을 많이 찍는 곳이라고 한다. 신혼부부에게 가이드가 가르쳐준 무슨 말(안좋은 말로 액땜을 하는 의미의 말인 것 같다.)을 하니까 신혼부부가 즉석에서 키스를 하는 것이 참 우스웠다.

드디어 관광을 마치고 한국식당에서 저녁을 먹게 되었는데 그 동안 컨디션이 좋지 않은 데다가 여행에 지장이 있을까 봐 술을 별로 마시지 않았다. 관광을 마치고 공항으로 가기만 하면 된다는 안도감으로 보드카를 여러 잔 마셨더니 상당히 취기가 올랐고 어느 사모님과 내가 노래 한 곡씩을 부르며 우리의 일정을 마치고 공항으로 향했다. 공항에 여유 있게 도착하였는데도 공항 여직원이 수속을 밟는데 너무도 늑장을 부려 몹시 시간이 걸려 짜증이 났다. 별로 자유시간도 갖지 못한 채 면세점에서 보드카만 몇 병 사 가지고 비행기에 탑승하여 중간 어느 공항에서 주유하느라 1시간 가량 쉬다가 10시간의 비행 끝에 인천공항에 도착하여 일행과 작별인사를 하고 헤어졌다.

처음에 여행사에서 8일 오후 2시쯤 귀국한다고 하여 한국에서 8일 오후 5시 광주행 비행기를 예약하였는데 귀국 일정이 9일 오후 11시40분으로 변경되었다고 하여 모스크바에서 사무실 직원에게 전화하여 9일 오후 3시 광주행 비행기를 예약해 두었는데, 또다시 9일 오후 2시40분경 인천공항에 도착하게 되어 예약해 둔 3시 비행기는 탈수가 없어서 휴가철 토요일 오후라 광주로 귀향하는 것이 걱정이 되었는데 5시 30분 비행기가 있어 피곤한 몸으로 공항에서 2시간 가량 기다리다가 비행기를 타고 귀향하게 되었다. 귀국 일까지 하루가 늦춰지고 귀국 시간도 바뀌는 등 우리나라 여행사의 횡포는 너무나 지나치다. 그러나 바이칼 호, 모스크바, 페테스 부르크의 여행은 기억에 남는 여행이었고 누구나 한 번 쯤은 꼭 가 볼 만한 곳이다.

초록빛 아프리카

1. 글머리에

여행을 무척 좋아하는 나는 건강이 좋은 편은 못 되어 50이 되기 전에 힘든 곳을 미리 여행하고 50대 이후에는 여행하기에 별로 어려움이 없는 유럽 등을 여행하려는 계획을 가지고 있다. 바이칼과 러시아, 인도 및 네팔, 실크로드, 중국 구채구와 황룡, 카리브해 쿠르즈 여행 등은 다녀왔고, 힘든 곳으로는 티벳, 아프리카와 남미 여행이 남아 있는 것같다. 티벳은 지난번 중국 구채구와 황룡여행 때 고산병으로 너무 고생하여 체질상 포기하였고, 남미는 1, 2년 후로 계획하고 있으며 이번 여름 휴가 때 아프리카를 가기로 계획하였다. 원래 처와 함께 가기로 하였으나 처가 아이들 문제로 갑자기 동행하지 못하게 되어 몇몇 지인들에게 함께 갈 것을 제의하였으나 기간, 비용, 갑작스러운 제의 등 때문에 동행자가 없어 혼자서 가게 되었다. 2004. 7. 28.부터 8. 11.까지 14박 15일간 남아프리카 공화국, 케냐, 탄자니아, 짐바브웨, 보츠와나 등 5 개국으로 상당히 긴 기간이고 비용도 상당히 소요되었다.

마침 7월말 8월초는 법원도 휴가중인지 재판이 없어 사건에는 아무런 지장이 없었다. 함께 간 일행으로는 50대 중반의 두 이비인후과 원장 부부, 60대 중반의 한의사 부부, 교장 등으로 정년퇴직 하거나 현직 교감으로 재직중인 50세, 68세, 72세 된 아주머니들 3분, 나 등 모두 10명이었는데 모두들 세계 여행을 매우 많이 한 사람들이었고 나는 여행사 사장과 룸메이트가 되었다.

2. 첫째 날(7월 28일) - 고통스러운 17시간의 비행

휴가 첫날인 28일에도 사무실에 출근하여 오전 근무를 마치고 오후 6시경 인천공항에 도착하여 서울에서 남아공까지의 직항이 없어 홍콩을 경유하여 가야만 했다. 저녁 8시 정각에 출발한 CX 419편은 현지시간 10시 50분(한국시간 밤 11시 50분) 홍콩에 도착하였고, 공항내에서 2시간 가량 머무른 뒤에 밤 12시경 SA 287편으로 요하네스 버어그로 향했고 짐은 자동으로 연결된다.

홍콩에서 요하네스 버어그까지는 12시간 30분이 걸렸는데 정말 고통이었다. 운이 없게도 좌석이 통로쪽이 아니고 안쪽이어서 고통이 가중되었다. 오랜 시간 비행기를 탈 때마다 다음에는 돈이 좀 들더라도 비즈니스석을 타야지 맘을 먹으면서도 막상 비행기 탈 때가 되면 요금 차이가 너무 많이 나서 고통을 감수하고 이코노미석을 타게 된다. 남미 가는 길이 멀다고 하는데 아프리카도 만만치 않았다.

3. 둘째 날(7월 29일) - 빅토리아폭포 관광

홍콩서 요하네스 버어그까지는 1만 687㎞로서 밤새 날아 이튿날 현지시간으로 오전 6시30분(남아공은 한국보다 7시간이 늦음)에 도착하였고, 요하네스 버어그 공항에서 다시 2시간 남짓 머무른 뒤에 9시10경 SA 040편으로 갈아타고 11시40경 짐바브웨의 빅토리아 공항에 도착하였다.

나는 광주서부터 따지면 비행시간 19시간(1시간+3시간+12시간 30분+2시간 30분), 기다리는 시간 6시간(서울 2시간+홍콩 2시간+요하네스 2시간)등 광주에서 목적지 공항까지 꼬박 하루가 더 걸린 셈이다. 비행기에서 잠을 잘 못 자는 체질이라 거의 잠을 못 잔데다 시차 때문에 몸의 컨디션이 별로 좋지 않았다. 한국에 짐바브웨 대사관이 없기 때문에 입국 심사대에서 짐바브웨 입국비자를 받았다. 한국 관광팀이 3팀 50명 가량 되었는데 검찰 고위직 출신 변호사님 5, 6분도 부부동반으로 같은 비행기로 왔는데 이국에서 만나니 반가웠다. 직원 1명이 심사대에 앉아 밑에다 먹지를 대고 원장에 기재하면서 비자를 발급하는데 너무나 원시적이었고 느려서 시간이 많이 걸렸다. 비자 발급비도 처음에 1인당 미화 45불을 요구하였다가 항의하자 30불로 할인되었으며 짐 통관절차는 간단하였다.

불과 몇년 전까지만 해도 요하네스 버어그에서 빅토리아 공항까지 직항노선이 없어 빅토리아 폭포에 가기 위해서는 짐바브웨의 수도인 하라레를 경유하여 하루를 더 묶고 빅토리아 폭포에 가곤 하였는데 지금은 직항이 생겨 하루가 단축되었다고 한다. 짐바브웨 농지의 90%는 영국과 프랑스인이 소유하고 짐바브웨 국민들은 소작인으로 경작하고 있는데 1, 2년 전 소작인들이 농지 찾기 위한 폭동을 벌려 외국자본이 모두 빠져나가 지금은 경제가 매우 힘든 상황이라고 한다. 공항에서 호텔까지 가는 도로는 자연 숲 사이로 난 편도 1차선의 포장도로인데 매우 한산하였고 초가을 단풍이 매우 아름다웠다. 빅토리아 폭포 근처의 시설이 상당히 좋은 킹돔 호텔에 여장을 풀고 호텔식 부페로 점심을 먹고 일행들 간에 서로 인사를 나누었다.

점심 식사 후에 브라질의 이과수 폭포, 미국의 나이아가라 폭포와 함께 세계 3대 폭포라는 빅토리아 폭포를 관광하게 되었는데 입구에 아프리카 오지와 1855년 빅토리아 폭포를 발견한 리빙스턴의 동상이 있었다. 리빙스턴이 이 폭포를 발견한 후 너무도 아름다워 자기 나라 여왕 이름을 따서 빅토리아 폭포라고 명명하였다고 한다. 빅토리아 폭포는 연이어진 폭이 1.8㎞이고 낙차가 98m이며 수량도 매우 풍부하였고 주위에 협곡이 있고 숲이 있어서 아주 자연 친화적인 모습으로 주위가 황량한 나이아가라 폭포와는 매우 대조적이었다. 협곡과 물보라와 물안개, 운이 좋게도 쌍무지개까지 떠있어 정말 환상적이었으며 여기까지 고생하여 온 보람이 있었고 피로가 싹 가시는 것 같았으며 여러 장의 사진을 찍었다.

빅토리아 폭포의 물은 이웃 잠비아에서 흘러나온 물인데 협곡 하나를 사이에 두고 짐바브웨는 위 폭포로 인하여 엄청난 관광수입을 얻고 있는데 잠비아는 관광수입이 전혀 없고 너무 못 산다고 한다. 일행들이 잠비아는 너무 불운한 것 같은데 잠비아가 물을 막아 버리면 빅토리아 폭포와 짐바브웨는 어떻게 되느냐는 얘기를 나누기도 하였다.

빅토리아 관광 후에 잠베지강에 서식하는 동물들과 일몰을 구경하기 위해 잠베지강으로 유람선을 타러가던 중 특이한 바우 봄(bow bomb)나무 한 그루를 보게 되었다. 위 나무는 높이 33m, 넓이 2.2m, 수령 1000년으로 아프리카에서 가장 오래된 나무인데 위가 뿌리이고 아래가 줄기인 것처럼 거꾸로 세워져 있는 듯한 모습으로 좀 특이하게 생겼는데, 낙서방지를 위해 경비원이 지키고 있었다.

나일강, 콩고강, 니제르강과 함께 아프리카의 4대 강의 하나이고 5개국을 걸쳐 흐르는 '큰 수로', '위대한 강' 이라는 뜻의 잠베지강의 유람선에 오르니 여러 종류의 술과 안주가 무료로 제공되었다. 와인을 마시면서 악어, 코끼리 등을 구경하고 일몰을 감상하는데 많은 외국인들이 환성을 질렀으나 서해안 안면도의 낙조보다도 더 멋있는 것 같지는 않았다. 호텔로 돌아와 민속춤을 보면서 저녁식사를 한 뒤에 피곤하여 일찍 잠자리에 들었으나 시차 때문인지 새벽 1시쯤 깨여 잠이 오지 않았다.

4. 셋째 날(7월 30일) - 쵸베 국립공원의 사파리 관광

2년 전 부터 한국인에게 입국이 허용되어 한국 관광객이 적고 관광 상품으로 잘 알려져 있지 않은 인구 200만의 조그만 나라인 보츠와나의 쵸베 국립공원에 가게 되었는데 빅토리아 폭포에서 70km가량 떨어진 곳이다.

국경에 거의 다 갔을 무렵 어느 한 부부가 여권을 가져오지 않아 버스가 호텔로 다시 되돌아갔다 오느라 1시간 이상 낭비하였다. 외국여행을 할 때는 여권은 신분증인만큼 어떤 일이 생길지 모르므로 항시 소지하여야 하고 분실이나 소매치기 등을 조심해야 한다. 보츠와나 입국시에도 짐바브웨 입국시와 마찬가지로 국경에서 입국비자를 발급 받느라 상당히 시간이 걸렸고 비자 수속비도 너무 많이 요구하여 홍정하여 상당히 깎았다고 한다.

케냐의 사파리용 차량과는 다른 10인승의 사다리형 사파리용 차량을 타고 쵸베 국립공원에 들어섰다. 코끼리가 한가로이 풀을 뜯고 기린이 물을 먹고 있는 모습, 사슴의 일종인 임팔라, 멧돼지, 공작, 하마가 일광욕을 하고 있는 모습 등 각종 동물들을 보니 매우 신기했다. 야생 상태에서 잘 먹고 자유롭게 뛰어 놀아서인지 모든 동물들이 색깔이 좋고 윤기가 흐르고, 코끼리가 나무 줄기나 껍질을 다 갉아먹어 말라죽은 나무들이 많이 있었다. 이 공원에만 코끼리가 5 만마리 가량 있다고 하는데 약간 과장이 아닌가 싶다.

사파리 도중 가장 보기 어려운 동물이 사자인데 사자를 발견하게 되면 그 차를 탄 관광객이 운전기사에게 1인당 1달러씩 갹출하여 운전기사에게 주는 것이 관행화 되어있어 운전기사들이 그 팁을 받기 위해 사자를 발견하려고 노력한다. 우리는 운 좋게도 첫날부터 사자를 보게 되었는데 어미사자 1마리와 새끼사자 2마리가 나무 그늘에서 자고 있었고, 근처에는 임팔라떼 수십 마리가 긴장된 모습으로 사자를 주시하고 있고, 50여미터 떨어진 곳에는 사자가 먹고 남은 찌꺼기를 먹기 위해 재갈 2, 3마리가 기회를 엿보고 있었다. 그런데 느닷없이 커다란 코끼리가 사자 있는 곳으로 와서 잠시 견제를 하더니 찌르렁 엄청나게 큰소리를 지르며 사자를 공격하자 사자가 도망을 갔다. 초원의 왕자인 사자가 도망을 간 것이 매우 의아했으나 원래 사자가 코끼리는 공격하지 못한다고 한다. 코끼리가 사자를 공격하는 장면을 보기는 매우 드문데 우리 일행은 너무 운이 좋았다고 하면서 모두 1불씩 갹출하여 기사에게 건네주자 매우 고마워했다.

점심 식사 후에 15인승 보트를 타고 호수유람을 하게 되었는데 호숫가에 큰 악어가 2, 3마리씩 누워있는데 바로 1, 2미터 가까이 가서 보자 매우 생동감이 있었다. 코끼리가 20, 30마리씩 떼를 지어 한가로이 풀을 먹거나 이동하는 모습들은 매우 멋이 있었고, 하마도 20, 30마리씩 떼를 지어 물 속이나 물가 육지에서 자거나 하품을 하고 있는 모습도 자주 눈에 띄었다.

가족으로 보이는 하마 4마리가 한가롭게 놀고 있었다. 보트가 가까이 접근하자 제일 큰 하마가 가족을 보호하기 위해서인지 일어나 경계를 하다가 몇 분 동안 아무런 조짐이 없자 경계를 풀고 다시 가족들과 한가로

이 놀게 되었는데 동물의 가장도 가족을 보호하기 위한 본능적인 모습은 사람과 비슷한 것 같았다. 2시간 30분 동안 보트를 타고 호수를 유람하면서 여러 가지 동물 떼 등을 많이 보게 되어 아프리카에 온 실감이 났다.

5시까지 보츠와나 국경을 통과해야 하므로 서둘러 5시 이전에 국경을 통과하여 호텔에 도착하였으며 약간 휴식을 취한 뒤에 짐바브웨 전통식당인 보마 식당에서 저녁 식사를 하게 되었다. 악어, 임팔라, 온갖 이름 모를 동물들의 바베큐를 와인에 곁들여 먹는데 처음에는 먹기가 거북하였으나 토속음식 체험도 큰 즐거움이라 생각하고 먹다보니 먹을 만하였다. 젊은 남녀 7, 8명이 전통악기로 빠른 음악을 연주하면서 이 나라 전통 민속춤을 매우 신나게 추면서 여흥을 돋구었다. 여행을 좋아하는 어느 선배가 여행은 볼거리, 먹거리, 놀거리 등 3 거리의 즐거움이라고 했는데 맞는 것 같다.호텔도착 후에 일행 중 한 부인이 호텔 안의 슬롯머신에서 잭팟을 터트렸는데 50불에 불과하였고 그것도 미화로는 환전을 해주지 않아 어쩔 수 없이 짐바브웨 화폐로 받아 다음날 가이드의 팁으로 대신하였다.

5. 넷째 날(7월 31일) - 요하네스버어그의 도착과 복합 레져단지 관광

아프리카의 도시간에는 직항 노선이 별로 없어 중심지인 요하네스 버어그로 갔다가 요하네스 버어그에서 대개 하루에 한번 출발하는 비행기로 다른 도시로 가야 하므로 엄청난 시간, 비용이 낭비되었으나 어쩔 수 없었다. 우리도 케냐의 사파리 관광을 위해 케냐의 나이로비 공항으로 가야하는데 빅토리아 공항에서 나이로비 공항의 직행노선이 없어 요하네스 버어그로 가는 비행기를 타야했다. 요하네스 버어그에서 나이로비로 가는 비행기가 하루에 한 번 밖에 없으므로 요하네스 버어그에서 하룻밤을 자야만 했다. 비행기 출발시간이 남아 있어 오전에 잠비아 국경을 넘어 잠비아 쪽에서 빅토리아 폭포를 보게 되었는데 아침안개 때문에 멋있는 모습은 보지 못했다. 그러나 빅토리아 폭포 가까운 곳에 높이 100미터 가량의 두 협곡이 있는데 한쪽은 짐바브웨이고 한쪽은 잠비아인데 두 협곡을 다리로 연결하여 놓았고 다리의 중간지점이 국경인데 별다른 표시도 없었고 잠비아로 넘어가는데 비자나 별다른 제지도 없었다. 다리의 가운데 지점쯤에 번지 점프하는 곳이 있는데 높이가 98미터로 자연적으로 형성된 번지점프 하는 곳으로는 세계에서 제일 높은 곳이며 그 밑에서는 세계적인 래프팅 대회가 개최된다고 한다.

10시쯤 빅토리아 공항에 도착하여 11시40분경 SA 041편으로 출발하여 13시25경 요하네스 버어그에 도착하였다. 공항에서 짐을 찾았는데 내 트렁크가 열려 있었는데 가방을 열고 대충 점검해보니 분실된 물건이 없는 것 같았는데 여행을 마치고 집에 돌아와서 보니 핸드폰이 없어졌다. 원래는 남아연방의 행정수도인 프레토리아를 방문하기로 되어 있는데 일정을 변경하여 지금은 폐광되었으나 복합 레저단지로 바뀐 광산도시인 Gold Reef City를 방문하게 되었다. 요하네스 버어그 시내는 휴일은 물론이고 평일에도 오후 4시 이후에는 사무실이나 상가가 철시하면 백인들은 모두 인근의 샌톤이라는 도시에서 거주하므로 백인들은 모두 요하네스 버어그 시내를 빠져나가고 흑인들만 요하네스 버어그 시내에 득실대어 치안도 불안하고 백인들 구경하기가 매우 어렵다고 했다. 공항에서 빠져 나와 광산도시로 가는 도중에 요하네스 시내 중심가를 통과하게 되었는데 토요일 오후여서 인지 역시 백인들은 거의 보이지 않았다.

광산도시의 광장에서는 옛날 금광에서 일하던 광부들의 애환을 담은 노래와 춤을 보여주었다. 이곳에는 지하 800미터까지 갱도가 있는데 우리는 엘리베이터를 타고 지하 200미터 아래의 갱도까지만 내려가 채굴 현장이나 기계 등 여러 가지를 체험하게 되었다. 지금도 광맥이 있는데 1톤의 광석에 4g의 금밖에 나오지 않기 때문에 채산성이 맞지 않아 중단하였다고 한다. 1톤의 광석에 4g의 금밖에 나오지 않는다는 것도 믿기 어려웠고 옛날에도 1톤의 광석을 캤는데 4g의 금밖에 나오지 않았다면 채굴에 소요된 비용, 시간, 인건비 등 도저히 수지가 맞지 않았을 것 같다. 이곳은 광산 체험, 카지노, 놀이동산 등 복합 레저단지로서 많은 사람들이 놀러왔는데 우리나라 강원랜드에서 이곳을 모델로 많이 배워갔다고 한다.

레저타운의 관광을 마치고 백인들만 함께 살기 위해 한국의 신도시처럼 최근에 새로 건설한 샌톤이라는 도시의 인터콘티넨탈 호텔에서 묵게 되었다. 이 호텔은 영국사람들이 지은 세계 100대 호텔에 드는 최고급 호텔로서 호텔 안에 명품이 즐비한 백화점 같은 상점들이 있었고 호텔내부는 매우 화려하였다. 저녁은 호텔 안의 일식당에서 샤브샤브 요리를 맛있게 먹었으며 서빙하는 아가씨가 한국인이어서 편리하였고 동포애가 느껴졌다.

6. 다섯째 날(8월 1일) - 나이로비 도착과 사파리 호텔에의 투숙

5시30분 기상하여 아침식사 후 7시30분경 공항에 도착하여 9시30분경 SA 182편으로 4시간의 비행 끝에 오후 1시30분 (케냐 시간으로는 2시30분) 케냐의 초대 대통령의 이름을 딴 나이로비 조모 케냐타 국제공항에 도착하였다. 비자는 한국에서 이미 받아두었으며 통관 절차 등이 의외로 간단하였다. 공항 밖으로 나오니 우리를 태울 사파리용 차량이 기다리고 있었는데 봉고차의 천장을 뚫어 바깥을 보일 수 있게 개조를 하였는데 6인승 차량이었다.

공항은 교외에 있었는데 나이로비 시내로 접어들자 낡은 차량에서 뿜어나오는 매연 때문에 숨쉬기가 힘들 정도였다. 케냐는 60년대까지만 해도 국민소득이 한국보다 높았고 나이로비는 아프리카 최대 도시로 요하네스버그보다 화려했으나 독립 직후 백인들을 모두 몰아내자 외국 자본이 모두 떠나버리는 등 정치, 경제가 불안하여 지금은 세계에서 가장 가난한 나라 중의 한 나라가 되었다. 케냐의 수도 나이로비는 마사이 종족의 언어로 '맛있는 물, 차가운 물'이라는 뜻을 가지고 있으며 아프리카 여행의 관문인 곳이다. 적도에서 남쪽으로 150㎞밖에 떨어져 있지 않으나 해발 1700m의 고원에 자리한 덕분에 연 평균기온이 18도 정도로 기후가 서늘한 편으로 더운 아프리카에서 그나마 생활하기가 좋은 편이다.

시내 중심가를 지날 때 세계 유명호텔, 시청, 법원, 무역회관 등 관공서와 거리를 보게 되었는데 찌든 모습의 흑인들, 불결함, 무질서 등 아프리카 본래의 모습을 보는 것 같았다. 몇 년 전 케냐 소재 미국 대사관이 폭파되어 2년 전까지 폭파된 모습을 그대로 방치하였으나 지금은 철거되었다. 9.11 테러 등으로 유럽이나 세계 여러 곳에서 나이로비의 직항로가 많이 폐쇄되어 관광객이 많이 감소하였다고 한다.

저녁에 묵을 호텔은 한국인 전낙원이 건설하여 운영하고 있는 그 유명한 사파리 파크 호텔이었다. 이 호텔은 원래 영국군 기마병들의 숙소였는데 불이 나서 전낙원이 인수하여 세계적으로 유명한 이탈리아 건축설계사가 설계하여 1974년경 호텔로 지었다고 한다. 넓이가 10 만평이고 객실이 204개, 잘 가꿔진 넓은 정원, 6개의 고급 레스토랑, 대형 카지노, 야외공연상, 1전명이 농시에 만잔을 슬길 수 있는 대회의장 등의 시설을 갖준 교외에 있는 최고급 호텔이었다. 그러나 최근에는 시설이 낙후된 데다

9.11 테러 후 나이로비 노선이 폐쇄되어 관광객이 급감하고 특히 승무원들이 투숙객의 1/3을 차지했으나 승무원들이 투숙을 하지 않게 되어 적자경영을 하게 되고 관리소홀 등으로 온수가 제대로 나오지 않을 정도의 호텔로 전락하여 씁슬하였다. 13년 전 국군 중사가 쿠데타를 일으켜 7일 천하에 그친 뒤 외국으로 추방되었다고 한다. 그 7일 동안 당시 케냐 상권을 쥐고 있던 중국인들에 대하여 평소 반감을 갖고 있던 케냐인들이 중국인들에 대한 무차별적인 약탈, 강간 등을 자행하였는데 한국 교민들은 위 호텔로 피신하여 아무런 피해가 없었다고 한다.

저녁식사는 호텔 안에서 아프리카 민속무용단의 사파리 캣츠의 공연을 구경하면서 진기한 아프리카의 야생동물의 숯불구이 전문식당에서 하였다. 악어, 임팔라, 소의 일종인 누, 가젤 등 7종류의 야생동물 고기들을 긴 쇠막대기에 끼어 구운 뒤에 막대기 채로 들고 다니면서 손님들에게 고기 종류를 설명해 주면서 적당량을 짤라주었는데 많은 외국 여행객들이 즐거워하였다. 고기마다 익숙치 못한 냄새가 났고 이상한 동물들의 고기여서 고기마다의 맛을 별로 구별할 수가 없었고 배가 불러 여러 종류의 고기를 다 먹을 수는 없었다. 모처럼 푹 자고 나니 다음날 컨디션이 매우 좋았다.

7. 여섯째 날(8월 2일) - 세계 최대의 홍학 서식지인 나쿠루 국립공원의 사파리 관광

호텔에서 아침을 먹고 8시30분경 호텔을 떠났다. 오늘부터 4일간의 본격적인 사파리 관광이 시작된다. 아프리카 여행에서 하이라이트는 역시 야생동물 사파리다. 사파리란 원래 스오히리어로 '여행' 이란 뜻인데, 창을 들고 동물들을 찾아 초원을 누비는 것을 사파리라 불렀으나 그 뒤에 동물사냥이나 동물관찰 여행을 사파리라 부르게 되었다. 지금은 동물사냥은 허가를 받아야 해서 아무나 못하므로 주로 동물을 구경하거나 사진찍는 동물관광을 사파리 여행이라고 하는데, '게임 드라이브' 라고도 한다. 국립공원의 야생동물 보호구역 내로 들어가 동물들이 자주 출현하는 몇 개의 코스를 따라 차를 몰고 가면서 야생동물이 나타나기를 기다린다. 그러나 아무리 동물의 종류가 다양하고 숫자가 많다고 하더라도 초원이 무척 넓기 때문에 생각하는 것처럼 야생동물이 떼를 지어 눈앞을 달려가는 장면을 보는 것은 흔하지 않다.

사파리 여행은 동물관광을 위해서 봉고차를 개조해서 뚜경을 열어 젖혀놓은 6인승 봉고 차량이고 비포장 길이나 초원을 누벼야 하므로 튼튼하게 생긴 일제 차량이 거의 대부분이었다. 사자 같은 육식동물들은 낮에는 덥기 때문에 휴식을 취하거나 잠을 자고 이른 아침이나 저녁 무렵에 활동을 하므로 사파리 관광도 대개 이른 아침이나 오후 4시경에 출발을 한다. 사파리 관광은 차량 운전자가 가이드를 겸하고 있고 운전사끼리 서로 정보를 교환하기 위해 모두 무전기를 소유하고 있는데 항상 무전기를 켜놓고 있어서 무전기 소리 때문에 매우 시끄럽다. 핸드폰을 사용한다면 소음도 줄이고 훨씬 편리할 것이고 삼성이 핸드폰을 팔아 외화를 벌 수도 있을 것이라는 생각을 해보았으나 케냐의 수준으로 볼 때 요원한 것 같다. 사자나 특이한 동물이 나타나면 서로 무전기로 연락하여 근처에 있는 여러 대의 차량이 한꺼번에 몰려들기 때문에 차량 위치가 좋지 않으면 사자 등을 제대로 볼 수가 없다. 사자들은 많은 차량들이 근처에 나타나도 적응이 되어서 인지 아니면 사람을 무시하여서 인지 미동도 하지 않는다.

케냐의 시골길은 비포장 도로도 상당히 많고 포장도로도 개, 보수를 하지 않아 움푹 패인 곳이 너무 많고 먼지가 많이 나서 차안에 오랜 시간 앉아 있는 것은 너무나 큰 고통이었다. 오전 8시에 사파리 호텔을 출발하여 오후 1시경 나쿠루 국립공원 내에 있는 나쿠루 롯지에 도착했다. 레이크 나쿠루 롯지는 멀리 호수가 내려다보이는 언덕 위에 있었고, 그 호수 주변이 온통 붉은 색으로 뒤덮여 있었는데 바로 홍학(훌라 멩고)떼들 때문이었다. 방에서 4, 5미터 떨어진 곳에 동물들의 접근을 막기 위해 전기선으로 철책을 만들어 놓아 동물들이 방까지 들어올 수는 없지만 방 가까이에서 원숭이, 사슴과 비슷하게 생긴 쿠두들이 풀을 뜯고 있는 모습을 보니 이곳이 아프리카라는 것을 실감할 수 있었다. 오후 4시에 사파리 여행을 떠나므로 4시까지 자유시간인데 롯지 주변을 구경하는데 롯지는 정원도 잘 가꾸어져 있었고 풀장도 있었으며 경치가 참 아름다웠다.

오후 4시 사파리 차량을 타고 사파리 관광을 나갔는데 원숭이, 코뿔소, 사슴 떼, 표범, 사자, 버팔로, 기린, 얼룩말 떼 등 각종 동물을 보게 되었는데 TV에서 보던 동물의 왕국 그 자체였다. 코뿔소와 표범은 그 수가 적어서 보기가 어려운 동물인데 멀리서 잠깐 보았을 뿐이고 아프리카 여행 중 처음이자 마지막이었다. 52만㎢의 나쿠루 호수엔 200만 마리의 홍학이 떼를 지어 호수가를 따라 빙 둘러 몰려 살므로 홍학 빛깔이 둘러쳐 있고 석양빛과 어우러질 때는 장관을 이루는데 이 홍학 무리를 구경하기 위해 세계의 관광객들은 이 나쿠루 국립공원을 찾는다. 옆에는 수백 마리의 펠리칸이 떼를 지어 놀고 있었는데 이 또한 볼만하였다. 나쿠루 호수는 소금기가 있어 많은 고기들이 살고 있어 플라멩고나 각종 새들이 서식하기에 최적지라고 한다. 나쿠루 호수는 홍학 이외에도 저어새, 도요새, 해오라기, 이름 모를 각종 새 등 4백종의 새들이 사는 새들의 천국이라고 한다. 저녁 식사 후 서커스를 관람한 후에 일찍 잠을 청하였다.

8. 일곱째 날(8월 3일) - 동물의 왕국인 마사이 마라 국립공원의 사파리 관광

케냐의 국립공원은 각각 다른 특징을 지니고 있는데 암보셀리 공원에는 얼룩말과 와일드 비스트(누, 소의 일종), 가젤이 많고 눈덮인 킬리만자로 산이 보이며, 애버대야 공원에는 코끼리와 물소가, 나쿠루 공원에는 홍학과 각종 새, 마사이 마라 공원에는 사자와, 얼룩말, 누 등이 많다. 킬리만자로 산이라고 하면 먼저 조용필의 노래 '킬리만자로의 표범' 이 떠오르며 이 노래가 발표된 이후 우리에게 킬리만자로는 친근한 대상이 되었다. 외국인들은 헤밍웨이의 소설 '킬리만자로의 눈' 과 이 소설을 바탕으로 만든 그레고리 팩 등 스타들이 출연했던 같은 이름의 영화를 먼저 떠올릴 것이다. 킬리만자로의 만년설과 아름다운 자연을 잘 표현한 것으로서 영화를 본 사람들이라면 그곳에 가고 싶다는 생각을 한 번쯤 해봤을 것이다. 케냐의 암보셀리는 헤밍웨이가 사냥을 즐기며 소설 '킬리만자로의 눈' 을 집필했던 도시로 킬리만자로 산자락에 위치해 있어 만년설 덮인 산의 장엄한 모습을 도시 어디에서나 감상할 수 있고 물론 영화도 이곳을 배경으로 촬영됐다.

암보셀리 주변은 모두 국립공원이자 동물보호구로 지정되어 있고, 케냐에 서식하는 대형동물 거의 대부분을 관찰할 수 있다고 한다. 국립공원 내의 사파리 관광 때 차에서 내리는 것을 금지하고 있지만 암보셀리 전망대만큼은 예외라고 한다. 전망대에서 초록으로 물든 대지와 동물들, 하얗게 빛나는 킬리만자로 산을 구경하면 환상적이라고 한다.

이번 일정에는 눈 덮인 킬리만자로 산을 못 보게 되었는데 일행 중 여러 명이 킬리만자로 산을 보는 것으로 알고 왔는데 여행사에서 충분한 설명이 없었다면서 매우 아쉬워했다.

마사이 마라 공원은 해발 1600m, 적도에서 남으로 170㎞, 면적이 1800㎢로서 제주도 넓이와 비슷하고 탄자니아의 대표적인 국립공원인 세렝게티 국립공원과 이어져 있다. 매년 6~7월경에 물과 먹이를 찾아 4만 마리의 얼룩말과 1300만 마리의 누 떼들이 풀을 찾아 500㎞에 이르는 마사이 마라와 세렝게티 공원을 이동하는데 지금은 얼룩말과 누 떼들이 세렝게티에서 마사이 마라 국립공원으로 모두 이동한 시기라고 한다. 그래서 TV 프로그램인 동물의 세계가 대부분 이곳에서 촬영된다. 사파리 여행의 절정은 사자를 보는 것인데 마사이 마라 공원에 사자가 많이 살고 있기 때문에 마사이 마라 국립공원의 사파리관광은 빼놓을 수 없는 것이며 케냐를 방문하는 외국 관광객들이 꼭 찾는 케냐의 제1국립공원이다.

5시30분 기상하여 아침식사를 하고 7시에 롯지를 출발하여 비포장도로가 대부분인 시골길을 엉덩이가 얼얼할 정도로 엉덩방아를 찧으며 7시간 가량을 달려 오후 2시경 마사이 마라 국립공원 내에 있는 키코록 롯지에 도착하였다. 롯지에 도착하기 얼마 전에 마사이족 마을을 관광하게 되었다. 마사이족은 동아프리카 쪽에 살고 있는 유목부족으로 UN의 원주민 보호대상이다. 마사이족 마을은 바로 도로 가에 있었는데 붉은 천을 두른 마사이족들이 마을 앞에 나와 관광객들의 환영행사를 해준다. 마사이 마을 방문 때는 입장요금을 내야하는데 15명 이상이면 1인당 입장료가 15불이지만 15명 이하인 경우 1인당 20불을 주고 들어간다. 촌장과 입장료 흥정이 끝나면 마사이 마을로 들어가는데 마을이라고 해봤자 엉성한 울타리가 있고 울타리에 마을로 들어가는 조그만 문 하나가 있을 뿐으로 마당을 사이에 두고 빙 둘러 25채 가량의 쇠똥을 말려 지은 집이 몰려 있는 것이다.

마당에서 관광객을 환영하는 간단한 춤과 노래를 불러주고 그들과 사진을 몇 장 찍은 뒤에 살림집을 구경하였다. 집으로 들어가는 입구는 한 사람이 겨우 들어갈 정도로 비좁고 집안은 창문이 없고 전기불도 없으니 매우 캄캄하였다. 중앙에 거실 겸 부엌이 있고 오른쪽에는 부부방 ,왼쪽에는 자녀들 방이 있었으며 안에서 불을 피우고 있는데 환기가 제대로 안되어 매우 덥고 답답하여 도저히 사람이 살 곳이 못 되었다. 마사이족들의 주식은 소의 피와 우유이고 쇠똥으로 집을 짓고 쇠똥을 말려 연료로 사용하므로 소가 생활의 전부였으며 소유하는 소의 수가 부의 척도가 된다. 마을 안에는 헐벗은 모습의 마사이족 여인들과 아이들이 몇 명씩 있으면서 입을 벌리고 있었는데, 입안에 파리들이 까맣게 앉아 있는데 파리를 쫓지 않고 있었다. 이는 케익이라고 부르는 파리의 똥을 먹기 위해 입을 일부러 벌리고 있는 것이라는데 파리의 똥이 정말 달콤하고 진짜로 파리의 똥을 먹을까 궁금하다.

점심 식사 후 4시에 사파리 관광을 떠난다고 하여 주위를 산책하는데 정원은 잘 가꾸어져 있고 울창한 나무들이 빽빽히 들어서 있으며 전망이 매우 좋았다. 나무 숲길을 따라 트래킹 코스가 있었는데 열대 밀림 속으로 들어온 기분이었다. 오후 4시경 세계 각국에서 몰려든 관광객들이 일제히 사파리 차량에 나누어 타고 동시에 동물을 찾아 사파리 관광을 떠나는데 차량이 20, 30대 가량 되는 것 같았다.

사자 떼를 보러간다는 기대감으로 출발하여 1시간 가량을 사자를 찾아 그 넓은 초원을 헤매었으나 사자는 볼 수 없었고 1시간 가량 후에 많은 차량들이 몰려 있는 곳으로 가게 되었다. 중간 크기의 사자 1마리가 수백 마리의 누 떼가 있는 곳으로 언제, 어떤 누를 공격할 것인가 탐색전을 벌이면서 조금씩 접근해 가고 있어서 수십 명의 관광객들이 모두 차량 안에서 숨을 죽이고 긴장감과 스릴을 맛보면서 사자가 누를 공격하는 장면을 보기 위해서 30분 가량을 기다렸다. 그러나 사자가 어떤 이유에서인지 공격을 하지 않아 우리 일행은 포기하고 실망감을 안은 채 다른 곳으로 이동하였으며 그 뒤 사자 3, 4마리를 보았을 뿐 별다른 소득은 없었다. 그러나 그 넓은 초원에서 수백 마리, 수천 마리의 얼룩말 떼와 누우 떼는 정말 장관이었다. 그날 저녁 모처럼 일행들이 우리 방에 모여 소주와 컵라면 파티를 하면서 온갖 Y담을 나누면서 즐거운 시간을 보내다가 헤어졌다. Y담은 남녀 노소, 시기, 장소 불문하고 항상 모두가 즐거운 것이었다.

9. 여덟째 날(8월 4일) - 마사이 마라 공원에서의 사자관광

한국을 떠나온 지 벌써 8일째가 되어 집이나 사무실 일이 궁금하였으나 전화가 없는 데다 시차가 있어 전화를 할 수가 없어 매우 궁금하였으나 어쩔 수가 없었다. 오전 8시 어제 못 본 사자 떼를 보기 위해 다시 사파리 관광을 떠났는데 초원에 들어선 지 얼마 되지 않아 숫사자를 포함한 사자 4마리가 나무 그늘 밑에서 쉬고 있는 모습을 보게 되었다. 윤기가 흐르고 용모가 준수하게 생겼으며 지금까지 본 사자 중에서는 제일 용맹스럽게 보였다. 여행사 사장이 최소한 사자를 30여 마리는 볼 수 있고 7, 8 마리 또는 10여 마리의 사자 떼를 자주 본다고 해서 무척 기대하였는데 그 뒤에 사자 2, 3 마리를 보았을 뿐 여러 마리가 있는 사자 떼를 보지 못해 매우 실망하였다.

케냐와 탄자니아 국경 근처에 악어와 하마 떼가 우글거리는 마라강으로 가던 중에 케냐의 마사이 마라 공원과 탄자니아의 세렝게티 공원의 국경지역에 도착하였다. 국경지역이었지만 아무도 없었고 건물 하나 없으며 국경표시로 내 키보다 약간 큰 콘크리트 기둥 하나가 서 있었는데 그 기둥에도 글자 하나 새겨져 있지 않았다. 안내자가 없다면 그 기둥이 국경표시인지 어느 쪽이 케냐이고 어느 쪽이 탄자니아인지 전혀 알 수가 없을 것 같다. 우리는 불법으로 탄자니아의 국경을 넘어 세렝케티 공원을 지나 마라강에 도착하였다. 마라강 유역의 관광은 위험지역이라 반드시 총을 소지하고 있는 케냐의 국경수비대의 안내를 받아 관광을 하여야 하는데 우리도 총을 지닌 군인의 안내에 따라 마라강 유역을 관광하였는데 악어 3, 4 마리를 보게 되었다. 이곳에서 본 악어는 쵸베 국립공원에서 본 악어들보다 훨씬 큰 악어였는데 운 좋게도 악어가 육지로 올라와 큰 이빨로 누우 머리를 먹고 있는 장면을 보게 되었고 커다란 하마 떼를 볼 수 있었다. 세렝게티 공원에서 마사이마라 공원으로 또는 그 반대로 얼룩말 떼나 누우 떼가 이동하게 될 때 반드시 이 마라강을 건너야 한다는데 이 강을 건너면서 악어 떼들에게 많이 잡혀 먹는데 어느 공항에선가 비행기를 기다릴 때 TV에서 그 장면을 보여주었다.

점심을 먹기 위해 롯지로 귀가하던 중 차량 운전사 겸 가이드인 피터가 무전기로 연락을 받고 2, 3㎞의 초원을 가로질러 차를 막 몰더니 치타 4마리가 나무그늘에서 휴식을 취하고 있는 곳으로 우리를 안내하여 아주 가까이서 치타 4마리를 볼 수 있었다. 또한 길에서 가까운 곳에 커다란 사자 1마리가 누를 절반쯤 먹고 태산 만한 배를 불룩거리며 포만감으로 다리 하나를 나무에 걸친 채 깊은 잠에 빠져 있었다. 옆 나무에는 먹다가 반쯤 남은 피가 흐르는 시뻘건 누를 다음 식사 때 먹을 요량으로 나무에 걸어놓고 말리고 있었는데 가까운 곳에서 시뻘건 누를 보니까 전율감이 약간 느껴졌다.

점심 후 4시까지 휴식을 취한 뒤에 마지막으로 마사이 마라 공원의 사파리 관광을 떠나게 되었다. 2, 3마리의 사자가 나무그늘이나 바위 위에서 쉬고 있는 모습을 4, 5차례 보았다. 사자는 야행성이어서 주로 밤이나 새벽에 동물사냥을 하고 움직이기 때문에 지금까지 20여 마리의 사자를 보았지만 누를 공격하려는 태세를 갖추다가 그만둔 사자를 한 번 보았을 뿐 먹이를 쫓아 전력 질주하는 용맹스럽고 초원의 왕자다운 사자 모습은 한 번도 보지 못하여 아쉬움이 많이 남았다. 2시간 동안 사자를 찾아 넓은 초원을 돌아다녔으나 사자 몇 마리와 치타 몇 마리를 더 보았고 수백 마리의 얼룩말 떼나 누떼는 자주 보았지만 나중에는 별다른 감홍이 생기지 않았다.7시 30분경 저녁식사를 마친 후 휴게소에서 커피를 마시며 환담을 나눴으나 이질적인 사람들이 모이다 보니 서로 간에 의견대립이 있었고 다양한 동물처럼 사람도 생각이나 행동이 다양하다는 것을 느낄 수 있었다.

10. 아홉째 날(8월 5일) - 나이바샤 호수의 보트관광

8시 롯지를 출발하여 상태가 매우 안좋은 도로를 6시간이나 달린 뒤 오후 2시경 나이바샤에 있는 인도인이 1년 전에 개장한 레이크 나이바샤 심바 롯지에 도착하였다. 개장한 지 1년 밖에 안되어 한국인에게는 잘 알려져 있지 않고 한국 관광객으로는 처음이라면서 지배인이 저녁 식사 때 케이크를 선물하면서 종업원들이 축하노래를 불러 주었다. 롯지의 정원이 너무 잘 가꾸어져 있고 수영장, 헬스 클럽, 맛사지실이 있을 정도로 휴양시설로는 아주 잘 되어 있었으며 5분 거리에 넓이가 150만㎢나 되는 넓은 나이바샤 호수가 있었다. 오후 4시경 보트를 타고 1시간 가량 보트관광을 하였는데 하마, 물소 등을 보았지만 별다른 감홍이 없었고 너무 추워서

고생을 하였으며 저녁식사를 잘못하였는지 배탈이 나서 밤새 고생을 하였다.

11. 열째 날(8월 6일) - '아웃 오브 아프리카' 의 저자 카렌 블릭센의 집 방문

8시경 롯지를 출발하여 10시경 나이로비 교외에 있는 '아웃 오브 아프리카' 의 저자 카렌 블릭센이 1914년부터 1931년까지 17년 동안 살았던 집을 방문하였다. 위 집은 1985년 시드니 폴락 감독이 위 소설을 영화화한 '아웃 오브 아프리카' 라는 목가적인 사랑영화 때문에 유명해지게 되었는데, 위 저자는 참 미인이었고 정원이나 숲이 너무 아름다웠다. 그 곳에서 케냐와 탄자니아를 배낭여행 온 한국 남녀대학생 10 여명을 만났는데 대학생들이 여기까지 배낭여행을 온 것을 보니 요즘 대학생들의 세계화와 모험심, 자신감이 부러울 뿐이다.

12시경 근처의 고급 민속식당인 카니보리 식당에서 점심식사를 하는데 사파리 호텔에서처럼 여러 가지 종류의 고기를 긴 쇠고챙이에 끼어 구운 뒤 돌아다니면서 손님들에게 칼로 썰어주는데 나는 배탈이 나서 고기 한 점 먹을 수 없어 안타까웠다. 일행 중 내가 나이가 제일 어린데도 여행기간 동안 내가 제일 힘들어했고 가장 연장자인 작가 선생님은 72세의 고령에도 어찌나 건강하신지 건강의 중요성을 다시 한 번 실감하였다.

오후 3시30분경 나이로비 공항을 SA 183편으로 출발하여 저녁 7시30분경 요하네스 버어그 공항에 도착하여 샌톤에 있는 그 화려한 인터콘티넨탈 호텔에 도착하여 식당에서 바다 가재, 새우 등 푸짐하게 저녁을 먹었다. 10여일 동안 연락을 못하여 사무실 일이 너무나 궁금하여 잠을 자다가 새벽 3시에 일어나 사무실로 전화를 하여 구속된 형사 피고인에 대한 선고 결과를 묻자 다행히도 집행유예로 석방되었다고 하였다.

작년 바이칼 여행 때는 변호사 개업이후 처음으로 예상과는 달리 불구속 피고인이 선고일에 법정 구속되어 많이 걱정되었으나 이번에는 퍽 다행이었다. 변호사는 업무가 단절되지 않고 계속 이어지기 때문에 여행 동안에도 마음놓고 푹 쉴 수 없는 직업이라는 생각이 들었지만 한편으론 변호사가 아니면 15일 사무실 비우는 것이 쉽지 않을 것이라고 자위를 해보았다.

12.열 하루째(8월 7일) - 케이프타운의 테이블 마운틴을 보지 못한 너무도 큰 아쉬움

아침 식사 후 8시에 호텔을 출발하여 요하네스 버어그 공항에 도착한 뒤에 10시경 SA 323편을 타고 12시경 케이프타운 공항에 도착하였다. 국내선인데도 점보 여객기로 엄청나게 큰 비행기였다. 공항에서 케이프타운 시내로 들어가는 길은 범죄를 짓고 들어가면 잡을 수가 없을 정도로 조그만 빈민가 판자촌이 지금은 많이 줄었다고 하지만 아직도 즐비하였는데, 공항에서 시내로 들어가는 길은 그 나라의 얼굴인데 좀 더 정비를 하면 좋을 것 같았다.

남아공은 극심한 흑백 인종차별 정책을 썼는데 유엔의 계속된 권고를 듣지 않자 나중에는 유엔에서 남아공을 축출해 버렸다. 한국도 유엔을 따라 남아공으로의 여행을 제재하자 남아공에서도 유엔 편을 든 한국이라고 한국인에게 비자를 내주지 않아 1980년대 후반까지만 해도 한국인은 입국할 수가 없었으며 방문하려면 공산권 국가처럼 중앙정보부의 허가를 받아야만 했다. 따라서 한국인이 남아공을 자유롭게 여행을 할 수 있게 된 것도 그리 오래되지 않았다고 한다.

남아공은 면적이 남한의 11배이고 인구는 4530만명인데 흑인이 78%,

백인이 12%, 혼혈이 8%, 중국, 인도 등 아시아계가 2%정도이고, 다이아몬드, 금, 석탄, 구리 등 천연자원이 풍부하고 영어가 주된 언어이며 기타 11개 어를 사용한다고 한다. 요하네스 버어그는 입법수도이고, 행정수도는 대통령 집무실이 있는 프레토리아, 사법수도는 블룸폰테인인 공식 수도가 3곳인 특이한 나라로서 1인당 GNP는 2820달러(2003년 기준)이고 화폐단위는 랜드로서 미화 1달러가 5. 8랜드(2004. 8.기준)인 나라이다. 아프리카 대륙의 제일 끝에 자리한 케이프타운은 지중해성 기후로서 경치 좋고 기후 좋으며 물가가 싸서 캐나다의 밴쿠버, 미국의 샌프란시스코 등과 함께 세계인들이 가장 살고 싶어하는 10대 도시중의 하나라고 한다.

케이프타운의 건너편에 있는 멋있는 바닷가에 있는 식당에서 점심을 먹었는데 마침 4년간 주한 남아공 대사관 직원으로 근무한 적이 있는 부인이 94세 된 노모와 여러 명의 가족들과 함께 식사를 하던 중 우리가 한국인이라는 것을 알고 매우 기뻐하였으며 친교를 나누었다. 점심식사 후 케이프타운의 상징이자 1068미터 높이의 산정상이 테이블처럼 평평하여 테이블 마운틴이라 명명된 산 정상을 85명이 탈수 있고 빙글빙글 돌면서 사방을 보면서 갈 수 있는 세계에서 가장 큰 케이블카를 타고 올라가는 테이블 마운틴 입구에 갔다. 그러나 케이블카가 한 달 전부터 수리 중이어서 탈 수가 없었고 날씨마저 흐리고 구름이 끼여 입구에서 육안으로도 테이블 마운틴을 볼 수 가 없어서 모두들 너무나 아쉬워했는데 이번 긴 일정 중에서 가장 아쉬운 부분이었다.

사진만 몇 장 찍고 근처의 사자머리 모양의 어마어마하게 큰 라이온 마운틴 근처에 올리시 만델라가 18년 동안 수감되있던 감옥이 있던 로번섬을 바라보며 테이블 마운틴에 못 오른 아쉬움을 달래야 했다.

로번섬 교도소는 만델라를 끝으로 수감자가 없어 비어 있는데 99년에 유네스코에 의해 세계 문화유산으로 지정되었으며, 케이프타운에서 배로 30분 정도의 거리에 있는데 알카포네 등 갱 두목들이 수감됐던 미국 샌프란시스코 앞의 알카트레즈 섬과 분위기가 비슷하였다. 넬슨 만델라는 흑인에 대한 인종 차별정책에 맞서 투쟁하다가 종신형을 선고받고 1962년 투옥되어 1990년 석방되었는데 27년 감옥생활 중 1964년 부터 1982년까지 18년간을 이 로번섬 감옥에서 보냈다고 한다.

만델라는 감옥에서 나온 뒤 첫 흑인 대통령이 되었는데 남아공을 지배해 왔던 많은 백인들이 흑인이 정권을 잡자 흑인들의 보복이 두려워 외국으로 떠났다. 그러나 만델라는 보복보다는 화해와 평화의 정책으로 백인들을 보호하자 백인들이 남아공으로 되돌아왔고 지금도 남아공의 경제를 유지하고 있는데 만델라는 이러한 흑인과 백인과의 진실된 화해와 평화 정책으로 노벨 평화상을 수상하였다.

2차 대전, 중동전쟁, 한국전쟁, 아프리카 전쟁 참전탑과 영국군 주둔지였던 성, 1834년경 말레이시아 모슬렘들이 노예를 사서 유럽에 팔던 노예상들의 집, 만델라와 함께 노벨 평화상을 탄 투더 추기경이 있는 대성당 등 다운타운을 관광하였다. 케이프타운 도심도 요하네스 버어그 도심과 같이 오후 4시 퇴근 시간과 함께 백인들은 도시 근교의 백인들만이 몰려 사는 곳으로 모두 빠져나가 4시 이후나 휴일에는 시내에서 백인들을 거의 찾아 볼 수가 없다고 한다. 이어서 빅토리와 왈프(Victoria Wharf)에 갔는데 위 빅토리아 왈프는 바다를 매립해 관광단지로 만든 곳으로서 하나의 큰 백화점이었으며 대형 쇼핑센타와 다양한 레스토랑들이 큰 건물 안에 있었다. 저녁 식사 때 일행 중 제일 연장자인 김 작가님의 71회째 생일을 맞이하여 호텔에서 케이크를 가져다주고 생일 축하 노래를 불러 주었는데 우리도 생일을 축하해 주었으며 모처럼 푹 잘 수 있었다.

13. 열 이틀째 (8월 8일) - 꿈에 그리던 희망봉 관광

아침 8시에 호텔을 출발하여 해변가의 도로를 따라가는데 왼쪽 산엔 유카리나무들로 울창한 숲을 이루고 있었고 대서양이 보이는 산언덕에 그림 같은 멋있는 집들이 많이 있었다. 케이프타운이나 유럽에 사는 백인들의 별장이라고 하는데 남아공의 집 값은 하와이의 1/3, 호주의 1/2, 한국의 1/5이라고 한다. 겹겹이 층을 이루어 밀려오는 파도와 수평선이 보이는 망망한 대서양은 아주 멋이 있었다. 밤새 비가 왔는데 우리를 위해서인지 아침에는 비가 멈추고 약간 바람이 불기는 했지만 겨울 날씨치고는 관광하기에 불편이 없었다.

40분 정도 차를 타고 가서 물개 섬에 가는 하우트만 선착장에 도착했는데 바람이 심하게 불어 파도가 매우 높았으나 파도의 높이가 그쪽 기준으로 한 단계만 높았으면 배가 출항을 할 수 없었는데 다행히도 배가 출항하였다. 4, 5미터의 높은 파도 때문에 몹시 흔들리는 배를 20분 정도 타고 가자 물개가 집단으로 서식하는 물개 섬이 나타났다. 물개 섬은 섬이라기보다는 큰 바위 몇 개가 물 밖으로 나와 있는 바위섬으로 그 바위섬은 온통 물개들로 뒤 덮혀 있다. 주변 바다엔 수백 마리의 물개들이 헤엄을 치거나 재롱을 부리며 놀고 있었는데 배가 매우 가까이 다가가는데도 물개들은 전혀 움식임이 없었다. 남아공에서는 계속해서 늘어나는 물개들을 관리하기 위해 일정한 시기를 정해 물개를 잡을 수 있도록 허가를 해 준다. 물개 잡는 비용을 절약하기 위해 중국사람들의 요청에 의해서 중국사람들에게 무료로 물개 잡을 수 있는 권리를 주었는데, 중국 상인들이 해구신을 독점하여 동남아로 수출하여 많은 돈을 번다고 한다. 또한 이곳 해변엔 커다란 다시마가 지천에 깔려 있는데 너무 많아서 골칫거리이고 남아공 사람들이나 유럽 사람들은 다시마를 먹지 않기 때문에 남아공에서는 1년에 몇 차례씩 청소원을 고용해 다시마를 걷어낸다고 한다. 중국인들이 무료로 걷어내겠다고 하니 당국에서는 다시마 수거비용을 절약할 수 있어 대환영을 하면서 중국 사람들에게 다시마 수거권한을 준 것이다. 중국상인들은 엄청나게 걷어낸 다시마를 동남아 특히 일본 우동의 재료에 많이 사용되므로 일본에 수출하여 많은 돈을 번다고 하는데 하여튼 중국 사람들의 상술은 놀라울 뿐이다.

희망봉을 가는 도중에 타조농장에 들러 타조를 구경하고 대부분의 일행들이 타조 알에 빅 파이브(코끼리, 사자, 코뿔소, 표범, 버팔로)가 새겨진 공예품을 기념품으로 하나씩 샀다. 드디어 희망봉 입구에 도착하였는데 케이프타운에서 이곳까지는 약 80㎞, 버스로 1시간30분 거리이며 희망봉으로 들어가는 입구엔 큰 아치가 세워져 있고 그곳엔 Cape Point라고 새겨져 있다. 케이프 포인트는 대서양과 인도양이 서로 만나는 곳이고, 포르투갈 선원들이 1488년 처음으로 아프리카에 발을 디딘 곳은 희망봉으로서 영문표기는 Cape of Good Hope이며, 희망봉은 케이프 포인트로부터 2㎞ 가량 떨어져 있는데 많은 사람들이 케이프 포인트를 희망봉으로 잘못 알고 있다. 그 오해의 원인은 케이프 포인트는 대륙의 끝으로 봉우리로 되어있고 희망봉은 평평한 바닷가의 해변이기 때문에 케이프 포인트를 희망봉으로 불렀던 것 같은데 Cape of Good Hope를 희망곶이라고 부르면 정확한 표현일 것 같다. 케이프 포인트는 입구에서 정상까지 2㎞ 정도 되는데 대부분 등산열차를 타고 오르지만 날씨가 좋으면 걸어 올라가도 좋을 것 같다. 등산열차를 타고 정상에 오르니 바람이 몹시 심했고 몸을 가누기가 힘들 정도였는데 한 눈에 대서양과 인도양이 보였고 등대가 그 기준이라고 하였으며, 정상으로부터 북경, 뉴욕, 런던까지의 거리가 적혀있고 꿈에 그리던 아프리카의 최남단 희망봉에 서있다고 생각하니 가슴이 뭉클하였다. 대서양의 한류와 인도양의 난류가 만나는 곳이 케이프 포인트이다. 케이프 포인트를 내려와 희망봉으로 갔는데 희망봉은 봉우리가 아니라 평범한 해변으로서 자연보호 구역답게 이 부근엔 2천여종의 식물들이 자생하며 많은 야생동물들이 살고 있다고 하는데 해변가에 많은 다시마를 뜯어 먹어 보니 맛이 괜찮았다. 희망봉은 1488년 포르투갈의 바르돌로뮤 디아즈가 포르투갈을 떠나 2개월 항해 끝에 육지를 발견하고 유럽인으로는 처음으로 이곳에 닿았는데 그 기쁨이 얼마나 컸을 것인가 상상이 간다. 그 뒤부터 1869년 수에즈 운하가 뚫릴 때까지 유럽에서 아시아로 가는 배는 아프리카 대륙을 한 바퀴 돌아 이곳에서 남은 항해에 필요한 물자를 조달하고 지친 몸과 마음을 쉴 수 있었으니 이름 그대로 희망의 땅이었던 것이다. 조그만 항구인 시몬스 타운에서 바닷가재에 와인을 곁들여 점심식사를 한 뒤에 수백 마리의 펭귄이 모여 사는 펭귄마을에 들렀다. 이곳의 펭귄은 남극의 엠파이어 펭귄이나 북극의 록펭귄처럼 크지가 않고 30㎝의 작은 펭귄들이 몰려 살고 있는데 낮은 나무 그늘아래 웅덩이나 구멍들을 파고 살고 있었고 펭귄을 보호하기 위해서 나무 울타리를 쳐놓았고 사람들은 안으로 들어가지 못하게 하였다. 3 ,4년전 근처에 유조선이 침몰하여 펭귄이 많이 죽어 지금은 다시 복구중이라고 하였다. 시내에 있는 수족관을 구경하였는데 미국 샌디에이고의 수

족관보다는 규모는 적었지만 특이한 구조로 되어 있는 것 같았다. 한때 케이프 타운에는 3개의 한국식당이 있었는데 IMF로 문을 닫고 지금은 고려정이라는 식당 한 개만 있는데 한식만 하는 것이 아니라 일식, 중국식도 함께 하여 외국 손님도 제법 있었다. 저녁 메뉴로는 생선회, 돼지고기 수육, 도미 찜, 잡채, 김치찌개, 김치, 깍두기, 된장국 등이었는데 12일 만에 한국 음식을 처음 먹게 되어 너무 맛있게 먹었다. 저녁식사 후 호텔로 돌아와 호텔로비에서 환담을 나누다 헤어졌고, 모처럼 호텔의 인터넷 룸에서 이 메일등을 점검하였는데 스팸메일이 너무 많이 쌓여 있어 짜증이 났다.

14. 열 사흘째(8월 9일) - 프레토리아 관광과 도박의 도시 선시티 도착

요하네스 버어그로 가기 위해 케이프 타운 공항에 가야 하는데 월요일 아침 출근길이라 막힐지 모른다면서 호텔에서 매우 일찍 출발하였으나 도로가 매우 한산하였는데 알고 보니 오늘이 Women's day로 공휴일이라고 한다. 공항에 너무 일찍 도착하여 공항에서 너무 많은 시간을 기다리다가 9시40분경 SA 322편으로 12시경 요하네스 버어그 공항에 도착하였다. 점심은 요하네스 버어그 시내 외곽에 있는 중국 식당에서 중국음식을 맛있게 먹고 오늘의 숙소가 있는 선씨티로 가는 길에 행정수도인 프레토리아를 방문하게 되었다.

남아공의 현재 대통령은 만델라에 이은 두번 째 흑인 대통령인 타보 음베키인데 대통령 궁은 시내에서 조금 높은 곳에 위치해 있어 이 곳에서 프레토리아 시내를 잘 내려다 볼 수 있었다. 행정 도시답게 시내는 잘 정비되어 있고 깨끗하고 조용했으며 공휴일이어서인지 거리나 대통령 궁 주변은 매우 한산했다. 대통령 궁 주변에 경비원은 눈에 띄질 않았고 관광객들은 건물 사진도 찍고 건물을 배경으로 기념사진도 찍었다. 미국 백악관 주변도 안이 훤히 들여다보이는 울타리로 되어 있고 매일 백악관 내부도 관광객들에게 보여주는 등 경비가 그다지 심하지 않는데 한국의 청와대는 왜 그렇게 삼엄한 경비를 펴는지 이해할 수가 없다. 대통령 집무실의 건너편 약간 떨어진 공원 같은 곳에서 수 백명이 모여 집회 및 노래를 하고 있었는데 Women's day라 여권신장을 위한 집회 같다고 했는데 집회내용은 알 수 가 없었다.

프레토리아 관광을 마치고 끝없는 황무지가 계속되는 도로를 2시간 가량 달려 5시 30분경 황무지에 건설한 도박의 도시 썬시티에 도착하였다. 썬시티는 1991년 태양의 계곡을 발견한 이래 아프리카 속의 라스베가스로 세계적인 도박꾼이 몰린다는 것이다. 고급호텔이 4개, 그 주위를 둘러싸고 있는 카지노 시설, 각종 오락시설, 그 밖에 각종 회의시설이 고루 갖추어져 있다고 하나 그 규모와 화려함에 있어서는 미국 라스베이가스와는 비교가 되지 않았다. 식사시간까지 1시간 가량이 남아 우리가 묵게된 화려한 팔레스호텔의 주변과 내부를 관광하였는데 정원과 산책길이 잘 가꾸어져 있고 수영장, 인공폭포, 숲 등이 정말 멋있었다. 호텔 내부의 벽에는 엄청나게 큰 상아와 얼룩말 가죽으로 만든 쇼파와 모자이크로 된 바닥, 그 밖에 호화스러운 장식품, 호화롭고 커다란 방 등이 세계 어느 호텔에 견주어도 손색이 없을 것 같았다. 위 호텔에서 미스 유니버스 대회를 2, 3회 개최할 정도로 호화스러운 호텔이었고 호텔 관계자들은 세계 10대 호텔 중의 하나라는 자부심이 대단했고 하루 저녁 숙박비가 90만원 가까이 된다고 하였다. 바로 옆에 밀리언 달러 챔피언 십이 매년 열리는 세계적인 골프장인 게리 플레이어 골프장과 13번 홀(파 3)에서 악어 떼가 나타나는 것으로 유명한 로스트 시티 골프장이 있었다. 저녁식사 후 일부는 룰렛게임을 하고 나는 40불만 환전하여 슬롯머신을 해보다가 금방 잃어버리고 호텔로 돌아와 호텔 바에서 일행 몇 명과 아프리카의 마지막 밤을 아쉬워하면서 12시까지 술을 마시다가 잠을 청하였다.

15. 열 나흘째 (8월 10일) - 아프리카에서 출발하여 홍콩 도착

9시 30분 경 호텔을 출발하여 레싸디 마을에서 민속 춤 공연을 보고 그 부족들이 사는 갈대로 만든 이글루 모양의 집안을 구경하고 그 곳 식당에서 점심을 먹었다.

점심 후 오후 5시 경 비행기가 요하네스버그 공항을 출발하는데 오후 2시 경 공항에 도착하여 3시간이나 지루하게 기다렸다. 남아공에서는 물건 구입시 14%의 세금을 부과하고 출국시 공항 등에서 세금을 환불해주는 데 세금환불과 남아공 화폐인 랜드 환전시 약 30%의 수수료를 떼는 등 폭리를 취했고 미국달러로 환전을 해주지 않아 얼마 안되지만 모두 랜드를 소비하느라 억지로 소비할 곳을 찾아다녔다. 8월 10일 오후 5시경 SA 286편으로 요하네스 버어그를 출발하여 홍콩까지 1만 700㎞, 13시간의 비행끝에 8월 11일 오후 1시 경 홍콩에 도착하였다. 원래는 홍콩에서 CX 항공이 2시 10분경 출발하여 인천 공항에 오후 6시 45경 도착 예정이어서 김포공항에서 오후 8시에 광주로 출발하는 아시아나 항공을 예약하여 놓았다. 비행기가 1시간 30분이나 지연된 3시 50분경 홍콩을 출발하여 인천공항에 오후 8시 경 도착하여 광주행 비행기를 놓치고 인천공항에서 우여곡절 끝에 마지막 광주행 우등 고속버스를 4시간 가량 타고 8월12일 새벽 1시 경 광주에 도착하였다.

하루 동안 모두 21시간 비행기와 버스를 타 몸이 녹초가 되었는데, 중국에서 비행기의 지연출발은 정말 알아주어야 한다. 93년 심양에서 계림 갈 때 4시간, 2004년 광주에서 북경 갈 때 3시간 비행기가 연발한 경험이 있다. 14박 15일간의 아프리카 여행은 이렇게 대단원의 막을 내렸다.

16. 글을 마치며

사람들은 아프리카를 흔히 검은 대륙, 상하(常夏)의 나라라고 한다. 끝없이 펼쳐지는 푸른 초원과 그 위를 자유롭게 뛰어 다니는 야생동물들을 보고 있으면 검은 대륙이라기보다는 초록빛 대륙이라고 하는 것이 더 나을 것 같다.또한 일부 지역은 무척 더운 상하의 나라이기도 하지만 나이로비, 케이프타운 등 여러 도시들은 높은 지대에 위치하고 있어 살기에 괜찮은 곳 같았다.

이번 여름에 대자연의 숭고한 아름다움이 살아 있는 남부 아프리카에서 자연과 인간의 본성을 느껴보는 보람있는 여행이었다. 앞으로 아프리카 여행 계획이 있는 분이라면 짐바브웨의 빅토리아 폭포, 남아공의 케이프타운과 희망봉, 케냐의 암보셀리 국립공원과 킬리만자로의 산, 마사이 마라 국립공원의 사파리 관광 등을 권하고 싶다. (광주 지방변호사 회지 '무등춘추' 2004 년 제 8호)

중국 염성 기아자동차 공장 방문기

1.기아 자동차의 자문위원 위촉

2003년 여름 기아자동차 광주공장에서는 기아차 광주공장의 실상과 지역사회의 기여도를 널리 알리고 직원들에 대한 교육을 위해 7명의 자문위원 제도를 두게 되었다. 7명의 자문위원은 전교조 초대 위원장이신 고 윤영규 선생님, 광주 YMCA 이사장인 윤장현 안과원장님, 광주 환경운동연합 의장인 정철웅 대표님, 민변 광주 · 전남지부 초대 지부장인 필자, 이민원 광주대 교수, 이강옥 조선대 교수, 박성수 전남대 교수로서 광주지역 주요 시민단체 대표와 경제학 교수들로 구성되었다. 자문위원이 되기 전에는 경제학 공부할 때 자동차 산업은 전 · 후방 연관산업 효과가 큰 산업으로서 지역에 미치는 영향이 크다는 정도로만 막연히 알았는데 자문위원이 된 뒤로 기아자동차 광주공장이 제조업이나 경제규모가 매우 열약한 광주에서 광주시 제조업체 고용인원의 30%, 제조업체 총생산액의 17%로서 광주 경제에서 차지하는 비중이 매우 크다는 것을 알고 깜짝 놀라게 되었다. 그 이후 로는 기아차 살리기 운동에 앞장서야 겠다는 생각이 들었고 주위사람들에게도 자동차를 사려거든 기아차를 사라고 권유하고 있다.

작년 가을 자문위원들이 소하리, 화성, 아산 등의 기아차 및 현대차 공장과 연구소등을 견학하였는데 거의 모든 제조공정의 완전 자동화와 철저한 품질 관리, 막대한 연구비 지출규모를 보고 놀라지 않을 수 없었고, 자동차 산업을 빼고는 현재의 경제와 기술을 논할 수가 없겠구나 라는 생각이 들었다.

2. 광주공장과 지역발전을 위한 중국연수

자문위원들의 공장견학의 일환으로 2004년 4월17일 부터 21일까지 중국 염성에 있는 기아차 공장과 북경에 있는 현대자동차 공장견학을 가게 되었다. 광주의 여론 주도층에게 기아차의 위상과 해외공장의 필요성 등을 널리 알리기 위해 7명의 자문위원 외에 신문사 경제부장, 방송사 차장, 시, 도의회 경제관련 분과 위원장, 시민단체 사무국장 등과 기아차의 인솔자인 인력관리팀장 등 14명이 함께 가게 되었다.

3. 첫째 날(4월 17일)

▶ 3시간 늦은 출발

중국 여행시 자주 경험한 일이지만 이날도 원래 상해로 가는 중국민항의 광주공항 출발 예정시간이 12시 30분이었으나 3시 20분경에 출발하였고, 국제선이라 2시간 먼저 수속을 밟아야 한다고 하여 10시30분에 공항에 도착하여 출발때까지 공항에서 5시간을 기다려 출발부터 너무 짜증이 났다.

10년 전 중국 심양에서 계림을 갈 때 4시간 늦게 출발하였는데 중국인들의 만만디는 10년이 지나도 달라진 것이 없었다.

▶ 중국 실업인과의 간담회

4시 30분(중국은 서울보다 1시간 느림, 이하 현지시간을 말함) 상해 포동 공항에 도착하여 5시 20분경 호텔에 도착하여 여장을 풀고 호텔에서 중국 실업인과 간담회를 가졌다. 당시 참석자는 상해시 사회과학원의 박사출신으로 경제관련 책자를 발간하고 기업가의 자문과 훈련을 담당하는 마소문 박사(53세)와 상해시 사회과학원 MBA과정을 졸업하고 상해에서 친구와 투자회사 및 공업용 전자제품 제조회사를 경영하는 시운갑 박사였는데 상해의 제조업 현황과 입지조건의 우수성, 중국정부의 외자유치에 대한 지원 혜택 등에 관해 설명한 뒤 우리들의 질문에 답변하는 순서를 가졌다.

중국 정부에서는 제조업에 관하여 적극적인 지원정책을 쓰는데 모든 제조업 품목을 지원하는 것이 아니고 상해에 9개 시군 공업구가 있는데 공업구별로 중점지원 품목이 있어서 그 중점품목만 정부에서 지원을 해준다고 했다. 공장 설립 등에 관한 규제는 2002년까지는 없었으나 2004년부터 규제가 시작되었으나 그렇게 심하지는 않고, 환경유해 업소 등도 공업용지의 주민들을 모두 이주시킨 뒤에 국유토지를 임대해주므로 주민들의 반발은 없다고 한다. 특히 상해는 우수한 인재가 많고 교통이 편리하며 중앙정부에서 주목 하고 지원이 많아 상품시장을 선도하고 있는 등 입지조건이 좋으므로 상해에 투자의 필요성을 역설하였다.

외국기업이 중국에 투자하는 경우 이윤이 발생하는 첫해와 둘째 해는 세금을 면제해주고 3년째부터 관세의 1/2, 소득세는 중국기업의 1/3만 납부하는 혜택을 주며 투자를 유치하고 있는데, 2003년도 중국(대만, 홍콩 포함)에 대한 해외투자는 530억 달러인데 2004년도 1/4분기 한국의 대중국 투자액은 18억 달러라고 하였다.

▶ 동방 명주탑의 관광

식사 후 상해의 야경을 보기 위해 동방명주탑을 갔는데 관람객은 많은데 오르내리는 엘리베이터의 대수나 승차 인원이 너무 적어 오르내리는데 너무 많이 기다려 지쳐 버린 데다 겨우 전망대에 올라가서 보니 상해의 야경은 기대보다 못하였다. 11시경 숙소에 돌아왔으나 룸메이트가 어찌나 코를 심하게 곯든지 거의 잠을 자지 못하고 첫날을 보냈다.

4. 둘째 날(4월 18일)

▶ 상해 임시정부 유적지 방문

아침부터 비가 내리기 시작했고 일요일이라 거리는 매우 한산했으며 상해시 로만구에 있는 상해 임시정부 유적지를 방문하였다. 대한민국 임시정부는 3.1운동 직후인 1919. 4. 창설되어 수차의 이전을 거쳐 1926년에 현 위치로 이전하였고 1932. 5. 홍구공원 폭발사건 후 대이동을 시작하여 1940년 중경에 안착하였는데 1990년부터 상해시 로만구 정부 및 관계부문의 지원을 받아 현 위치에 임시청사의 복원사업을 완료한 것이다. 역대 대통령의 방명록과 김구 선생님의 양심건국, 독립정신이라는 휘호가 대조를 이루고 있었다.

▶ 아담한 정원인 예원(豫園) 방문

명나라때 사천성 도지사를 지낸 관리가 관직을 버리고 고향에 돌아와 부모님을 평화롭고 아늑하게 지내도록 지은 예원을 방문하였는데 아담하고 아기자기한 정원이었는데 철사자 쌍과 관우 장비의 조각이 기억에 남았다.

▶ 소주(蘇洲)에 도착

원래는 상해의 한국 상공인과 오찬 세미나가 예정되어 있었는데 일요일이어서 일정에 차질이 생겨 세미나를 갖지 못하고 소주에 도착하였다. 중국에는 소주에서 태어나 항주에서 살면서 광주음식을 먹고 유주에서 죽으라는 말이 있다고 했으며, 하늘에는 천국이 있고 지상에는 소·항(소주, 항주)이 있다면서 소주와 항주를 비단이 많이 나고 과일 등 먹을 것이 풍부하고 물이 많아 정말 살기 좋은 도시라고 설명하나 소주, 항주를 방문해보면 기후나 토지 등이 별로 좋아 보이지 않고 제주도보다도 못한 것으로 보이고 중국인들의 허풍을 보는 것 같다.

▶ 졸정원(拙政園) 방문

졸정원이라는 의미에 대하여 여러 가지 설이 있지만 왕헌신이라는 명나라때 암행어사를 지낸 고위관료가 권력다툼에서 정적에게 패하여 사직을 강요당하고 고향인 소주에 내려와 지은 정원인데 시골에서 자연과 벗삼아 유유자적한 생활을 보내는 것이 너무도 즐거운데 자신이 왜 그리 더러운 정치판에 몸담았던 것에 대해 후회하면서 정치는 치졸한 세계이며 졸장부들이나 하는 것이라는 의미로 졸정원이라고 명명했다는 설이 가장 유력하였다. 여러 가지 꽃과 나무, 연못, 정자들이 그런대로 볼만하였다.

▶ 호구탑의 방문

소주는 가장 높은 산인 호구산(虎丘山)이 해발 36미터에 불과할 정도로 분지형 도시인데 호구산 위에 있는 호구탑이 인상적이었다. 높이는 47.7미터이고 약 15° 정도 기울어 있어 동양의 피사 사탑이라고 불리우는데 이전에는 내부계단을 통하여 꼭대기까지 올라갈 수 있었다는데 몇 년 전부터 붕괴위험이 있어 내부에 들어가지 못하도록 하여 아쉬웠다.

5. 셋째 날(4월 19일)

▶ 한산사(寒山寺)와 풍교(楓橋)

양 나라때 창건된 고찰로 처음에는 '묘리보명탑원' 이었는데 당나라 이후 '한산사' 로 바뀌 불렀다고 전해진다. 한산사의 전망대에 올라가 소주 시내의 전망을 보고 내려 온 뒤 한산사 들어가는 문 앞으로 운하가 흐르고 거기에 돌로 만든 다리인 풍교가 있다. 풍교는 운하의 밤 정취를 잘 묘사했다는 장계의 시 '풍교야박' 의 배경이 된 곳으로 유명한데 일행이 운하에서 유람산을 타게 되었는데 밤이 아니어서인지 아니면 장계 같은 시적 소양이 부족하여서인지 별다른 풍취는 느끼지 못하였다.

▶ 염성의 동풍 열달 기아 자동차 방문

소주시내에서 점심을 먹고 최근에 잘 닦아놓은 소주~남경간의 고속도로를 타고 2시간 가량 후에 국민당의 단속을 피해 공산당 집결지가 될 정도로 오지였던 염성시에 있는 동풍 열달 기아 자동차 공장을 방문하게 되었다. 염성시에서 기아자동차 공장을 위해 위 고속도로에서 공장까지 15㎞ 도로를 포장해주고 최근에는 주 2회 운행하는 염성과 인천간의 직항로를 개통할 정도로 염성시에서 기아차에게 많은 혜택을 주고 있었다. 인구 790만의 염성시의 세수의 35%를 차지하고 많은 중국 근로자를 채용하고 있으니 이 정도의 혜택은 당연하게 생각된다. 그곳에서 근무하는 근로자들은 대부분 공고를 졸업한지 얼마 안된 나이 어린 청년들이었고 급여는 중국에서는 상당히 높은 임금에 속하는 15만원 정도로 많은 사람들이 기아차에서 근무하기를 희망한다고 한다.

2002. 3. 합자계약을 체결하여 자본금 7000만불인데 판매를 담당하는 동풍이 25%, 인사관리를 담당하는 열달이 25%, 기술, 생산을 담당하는 기아가 50%의 지분을 가지고 있는데, 한국의 부품업체가 50개 가량 진출해 있고 2004년 부품 국산화율은 89%로서 국내기업이 해외에 공장을 세워도 국내 제조업체나 국내경제에도 상당한 도움을 주고 있는 것 같았다. 2002. 11.18. 1.6모델의 천리마를 양산하게 되었고 2003년에는 52,800대를 생산하여 중국 시장점유율 15위였다고 한다. 중국에 늦게 진출하였고 문화나 관습 차이가 크고 생각이 매우 다르며 오지여서 유명대학 출신의 우수한 인재들이 근무를 기피하고 주변에 전자, 기계 단지나 기술자가 없는 매우 어려운 입지조건 이라고 한다. 한국직원이 8명인데 근처에 맥주 한 잔 할 곳이 없을 정도의 열악한 환경 속에서 기아차가 기술력과 자신감을 가지고 상당한 정도의 자동화 시설과 자동차 생산을 보고 그곳 직원들의 노고와 사명감에 감사를 드리며 한국인으로서 자부심을 느꼈다. 공장견학을 마치고 오후 6시경 공장 근처에 있는 광주 출신 아줌마가 하는 한국관 식당에서 낙지전골 등을 맛있게 먹고 8시30분경 조그마한 비행기로 염성 공항을 출발하여 늦게 북경에 도착하였다.

6. 넷째 날 (4월 20일)

▶ 자금성과 천안문 광장의 관광

오전에 자금성과 천안문을 관광하였는데 10년전에 비하여 거리가 약간 깨끗해졌다는 것 이외에는 별다른 차이는 없었던 것 같으며 그 규모에 감탄할 뿐이다. 천안문 근처의 오리탕 전문식당에서 점심을 맛있게 먹고 오후에 북경 현대자동차를 방문하게 되었다.

▶ 북경 현대자동차 방문

중국정부와 현대 자동차가 50대 50 합작으로 설립한 북경 현대자동차는 2002. 2. 합자 의향서를 체결하고 2002. 10. 북경 현대기차 회사를 설립한 뒤 2개월 뒤인 2002.12. 생산을 개시하였다는 말을 듣고 모두가 깜짝 놀랐는데 중국사람들과 외국 사람들도 혀를 내두르며 이를 '현대 속도' 라 한다고 했다.

문 닫기 직전의 2.5톤 트럭공장을 인수하여 트럭 설비를 모두 승용차 설비로 개조하고 그 곳은 갈대밭이었는데 이를 개발하여 부지가 24만평에 이르며 2003년 EF소나타 5만대 (10억불)를 생산하였고, 2004년 15만대 (23억불), 2010년 100만대의 생산 판매 계획을 가지고 있다니 놀라울 뿐 아니라 대단하다는 생각이 든다. 국산화율은 70%정도이고 직수입 비율이 30%이지만 실제 수입비율은 54%이며, 완성차는 관세가 38%이고 부품 관세는 18%이며, 15만대의 생산 판매는 8만대의 완성차의 수출효과가 있다고 한다. 근로자들의 평균임금은 잔업, 연장, 휴일 근로수당을 포함하여 우리 돈으로 29 내지 35만원 정도 된다고 한다.

중국에는 법으로 종업원 25명 이상의 기업에서는 노동조합에 해당되는 공회를 조직하여야 하는데 공회에는 근로자뿐만 아니라 최고경영진도 가입하고 있는데 단체행동권은 인정되고 있지 않아 적대적 노사관계는 아닌 것 같았다.

▶ 북경 한인회 간부들과 사업가와의 간담회

공장견학을 마치고 북경 시내에 있는 한 식당에서 북경 한인회장, 총무, 사업을 하는 한국인등 세 사람과 저녁을 함께 하면서 간담회를 갖게 되었다.

총선 직후라 총선 이야기, 한인회의 분열과 어려움, 중국에서의 사업의 애로사항, 향후 중국의 무한한 발전 가능성 등 많은 유익한 이야기를 나누고 헤어져 호텔에 돌아와 다음날 새벽 5시에 일어나야 하므로 일찍 잠을 청하였다.

7. 마지막 날(4월 21일)

9시에 북경에서 인천으로 출발하는 비행기를 타기 위해서 국제선 수속과 출근길이 막힐 줄 모른다면서 9시 비행기를 타기 위해 5시에 일어났는데 너무 시간 낭비인 것 같았으나 어쩔 수 없었다.

이틀간 우리를 안내했던 가이드가 대학원에서 역사학을 전공한 유부녀인데 야사를 곁들인 중국 현대사를 어찌나 재미있게 설명을 해주던지 시간가는 줄 모르고 재미있게 들었다. 시간만 허락한다면 맥주 한잔하면서 더 많은 역사 이야기를 듣고 싶었으나 못내 아쉽게 헤어졌는데 기아차 직원들 연수때 그 가이드를 통해 역사 이야기를 듣는 것도 참 유익할 것 같다는 생각을 해 보았다. 2004년 중국의 자동차 시장규모는 세계 3위, 생산량은 4위이고, 2005년에는 시장규모 2위, 생산량 3위가 예상된다고 하며, 2010년에는 자동차수가 1000만대에 이를 정도로 거대시장인 만큼 중국진출에 많은 관심을 가져야 할 것이고 더 나아가 시장의 세계화에 중점을 두어야 할 것 같다. 최근에 다임러 크라슬러가 예고나 합리적 이유도 없이 현대차와 합작을 포기하고 북경에 합작을 제의하고, 북경은 더 이상 외국회사와 합작하지 않겠다고 발표해 놓고도 다임러가 얼마나 좋은 조건을 제시하였는지 합작을 한다고 할 정도로 중국 자동차 시장은 무한한 수요를 창출하고 있고 국제경제의 냉엄한 현실을 보여주고 있다.

짧은 기간이었지만 중국을 관광하고 중국에 진출해 있는 우리 자동차회사의 위상과 그곳에 근무하는 한국직원들의 열정과 자부심, 노고를 느낄 수 있었고 머지않아 기아, 현대자동차가 중국을 석권하는 날이 올 것 같은 예감을 가질 수 있었다. 우리 일행들에게 중국관광과 자동차 공장 견학기회를 준데 대하여 기아자동차 광주공장에 감사를 드리고 일행들이 어떻게 밥값(?)을 해야할지 모르겠다고 농담하면서 작별인사를 나누었다. (기아 자동차 소식지인 '기아 월드'에 게재하기로 하였는데 여러가지 사정상 게재하지 못하였다.)

삶의 편린들

(축시) 아가의 축복

태양이 작열하는 거치른 사막을 따라
희망의 오아시스를 찾아 나선 지 21개 성상.
때론 한줄기 햇살과 산뜻한 샘물이 함께 했지만
칠흙 같은 어둠 속을 천둥, 번개와 함께 하는 인고의 세월이었지.

지성이면 감천이고 하느님의 은총과 사랑이 충만하여
여기 고귀한 새 생명이 태어났다네.
얼씨구~ 좋다, 지화자~ 좋다.
어찌 우리 기쁘지 않을 쏘냐..

아헤야,
이땅의 어둠을 밝히는 찬란한 횃불이 되거라.

아이야,
가정과 인류에 희망과 사랑을 전해주는 파랑새가 되거라.

아가야,
너의 탄생과 성장을 축복하기 위해
기쁜 오늘, 우리 모두 모였다구나.

위 시는 동료 변호사가 결혼 21년 만에 득녀하였는데 그 딸의 돌잔치 때 필자가 축시로 낭독한 자작시로서 2004. 2. 15.자 광주지방변호사 회보에 실린 글입니다.

(추도사) 故 정웅태 변호사를 추모하며!

* 친구 정웅태 변호사가 지병으로 2004. 2. 28. 사망하여 친구의 죽음을 애도하며 지은 추도사로서 광주지방변호사 회보 2004년 3월호에 실린 것입니다.

나의 사랑하는 친구 정 변호사여!

천주교 공원묘지의 자네의 영원한 안식처에 흙을 붓고 따뜻하게 잘 지내라고 발로 밟으면서 흐르는 눈물을 주체 할 수가 없었네. 그 날 저녁 집에 돌아와 인생에 대하여 많은 생각을 하게 되었고 자네와 같이 보냈던 많은 시간들이 주마등처럼 스쳐가네.

우리가 처음 만난 때가 공포정치가 한창인 80년 12월 화순 만연사 밑에 있는 10여명이 공부하던 만연농장이었지. 우리는 고등학교 졸업연도가 같고 성격도 비슷하여 쉽게 친해지게 되었고 그 뒤로도 많은 시간을 함께 했었지. 광주지역 변호사들 중 나와 서로 말을 놓고 지내는 유일한 친구였는데 자네가 떠나고 나니 너무도 허전하고 많은 것을 생각하게 되네. 또한 자식들까지 인연이 있어 자네의 셋째 딸과 나의 아들이 초등학교 같은 반 짝꿍이 되어 '내 아들이 자네 딸을 귀찮게 하는데 계속 그러면 자네가 나를 가만두지 않겠다' 고 농담하기도 했었지.

만연 농장에서 공부할 때 근처 밀주 집에서 담근 막걸리를 바케스로 사와 돌아가면서 대접으로 퍼서 마시면서 노래 부르고 놀던 때가 그립네. 자네의 애창곡인 '고향 아줌마' 와 김태곤의 '망부석' 이 귓가를 스쳐오네. 대부분의 사람들은 술을 많이 마시면 그 날은 포기하고 다음날에 공부를 하는데 자네는 리듬이 끊긴다면서 술이 취한 상태에서 그 추운 겨울에 찬물로 세수를 하고 한 두시간 더 공부를 하다가 잘 정도로 자네는 의지가 굳고 계획적인 생활을 했었지.

자네는 정치에도 뜻이 많아 식사 후 산책할 때면 80년 서울의 봄 때 그 유명한 김대중 대통령의 동국 대학교에서의 연설테이프를 카세트로 들으면서 웅변연습을 하곤 했었지. 변호사가 된 뒤에 국회의원의 꿈을 실현하기 위해 많은 노력을 했지만 많은 공천헌금 요구와 건강 때문에 꿈을 접은 모습을 보고 매우 안타까웠다네. 자네가 사시에 합격하여 1986년 봄 변호사 개업을 하였고 내가 몇 달 뒤에 자네 사무실에 놀러갔었지. 그때는 변호사 환경이 상당히 좋던 시절인데 연수원을 바로 마치고 당시 광주에서 가장 어린 만 29세에 개업하였지. 사무장도 전혀 경험이 없는 사람을 채용하여 개업한 지 20여일 만에 첫 사건을 선임하여 선임료 전액을 아버님께 드렸더니 그렇게 좋아하셨는데 사건 선임이 잘 되지 않아 걱정된다고 하여 변호사가 기대와는 달리 생각보다 힘든 직업인가 보다고 생각했었지.

89년 내가 광주에서 시보하면서 자네를 만났을 때는 3년 여 동안 성실하게 열심히 하였더니 사건 수임이 괜찮게 되고 변호사 생활에 보람을 느낀다고 하였지. 옛 추억을 생각하며 몇 차례 학동에 있는 허름한 술집에 가서 막걸리를 마시며 서로가 노래를 더 잘 부른다면서 자네는 '고향 아줌마', 나는 '남원의 예수' 등을 불렀던 기억이 나네. 자네는 고시공부 할 때나 변호사가 된 뒤에도 80년 5월 역사의 현장에 함께 하지 못하고 당시 고시공부를 하고 있었던 것에 대해 항시 미안해하였지. 자네는 변호사 생활에 어느 정도 적응한 뒤인 90년대 초부터 5·18의 진상규명과 특별법 제정을 위해 많은 노력을 한 결과 전·노대통령 처벌과 특별법 제정에 일조를 하였고 5·18 인권상을 수상하기도 하였지. 법조인으로서 역사를 바로 세우고 정의를 실현하는데 앞장 선 자네가 자랑스러웠다네.

내가 97년 가을 광주로 이전 개업하여 처음에 사건도 별로 없고 외롭게 지내고 있을 때 자네는 따뜻한 마음으로 나에게 다가와 광주의 시민단체 사람들을 소개해 주었고, 자네가 가입해 있던 친목모임이나 카톨릭 법조인들의 성경공부 모임에도 권유하여 가입하게 되었고 술도 자주 마시게 되었지. 술 취한 일행들이 일탈한 모습을 보이려 하면 자네가 만류하여 일행들이 자네를 따라 몸을 추스리곤 할 정도로 자넨 생활이 참 건실하였지. 98년 초 의정부 법조비리사건 이후 대한변협에 변호사 비리를 감찰하는 감찰위원 제도가 생겼는데 당시 광주 지방변호사회 부회장으로 있던 자네가 내가 감찰위원 자격이 있다고 나를 추천하여 그 뒤 5년간 감찰위원을 하면서 나름대로 최선을 다했다고 생각하는데 자네의 기대에 어긋나지는 않았나 모르겠네.

99년 가을 민변회원으로 오래 활동했던 자네와 나, 신규 가입한 몇 명의 회원이 주도하여 민변 광주·전남지부를 결성하여 함께 활동하게 되었지. 2000년 가을 민변 지부 개소 1주년 자축연을 하면서 회원들이 밤늦게까지 만취하도록 술을 마셨는데 그때가 자네와 마지막 만찬이었네. 그로부터 몇 달 뒤인 2000년 12월 암 발병을 알게 되어 식이요법을 하고 민변을 비롯한 모든 모임에 거의 참석하지 않는 등 자네는 투병생활을 시작하였지. 잔존여명이 얼마 남지 않은 말기 암 환자로서 내적으로는 정신적, 육체적 고통이 얼마나 심했을까마는 떠나기 2주전까지 변론을 수행하고 나와 농담을 할 정도로 의연한 자네의 모습을 보고 경탄해 마지않았네.

나의 사랑하는 친구, 요한아! 인생은 생 · 노 · 병 · 사, 苦海라고 하지 않았는가. 신심이 돈독하였던 자네는 하늘 나라에서 하느님의 사랑을 듬뿍 받으면서 영생할 것이네.

하느님! 나의 사랑하는 친구 요한을 영생케 하시고 영원한 빛을 요한에게 비추어 주소서.

2004. 3.

암브로시오(민 경한)

(축사) 장 현 교수의 출판기념회

* 고교 친구인 장 현 교수가 2000. 1. 영광 군민회관에서 출판기념회를 할 때 친구 대표로서 낭독한 축사입니다.

저는 장 교수와 광주 고등학교 동기동창으로 고교 3학년 때 같은 반이었고 30년 가까이 사귀어온 친구인 민경한 변호사입니다. 저나 장교수나 시골출신으로 어렵게 학교를 다니면서 광고 근처에서 자취를 하면서 라면을 끓여먹으며 꿈을 키웠습니다. 장 교수는 1, 2학년 때는 반장을 하였고 특히 마라톤과 웅변을 잘했습니다.

교내에서 마라톤 대회를 하면 항상 1등이었고, 전국 웅변대회에서 수 차례 입상을 하곤 했습니다. 장교수가 고교시절 3가지 꿈이 있다고 했는데 첫째는 고려대학교에 진학하는 것, 둘째는 영광 학우회를 창설하는 것이고, 셋째는 자신의 체력과 의지력을 시험하기 위해 광주에서 서울까지 자전거로 왕복하는 것이었습니다.

첫째와 둘째 목표는 달성했고 세번째는 광주에서 서울까지는 자전거로 갔으나 엉덩이가 부르터서 내려올 때는 어쩔 수 없이 자전거를 기차에 싣고 왔습니다. 3가지의 목표 중 2가지 반을 달성한 셈이죠. 장교수는 어렸을 때부터 목표를 세워놓고 무섭게 추진하는 의지와 추진력이 있었습니다.

또한 대학에 진학해서는 저와 대학은 달랐지만 자주 만나서 술도 마시고 미팅도 하고 고스톱을 치며 밤새워 역사와 철학을 얘기하곤 했는데 3가지 목표를 세워놓고 열심히 노력하였습니다. 그 첫째는 고려대학교 총학생회장에 당선되는 것이고, 둘째는 외국에서 박사학위를 받는 것이고, 셋째는 고향인 영광에서 국회의원에 당선되는 것이었는데 첫 번째, 두 번째 목표는 달성했으므로 세 번째 목표도 달성할 수 있도록 힘찬 격려의 박수를 부탁드립니다.

저는 인천에서 변호사 생활을 오래하다가 미국 유학을 마치고 97년에 고향 광주로 왔는데, 장교수도 95년 고향 광주로 와서 다시 저와 함께 생활하게 되어 자주 만나고 있습니다.

세계는 지금 무섭게 변하고 있습니다. 저희들도 무섭게 변해야 합니다.

장교수는 몇 년 전까지도 활성화되지 못했던 사회복지 분야를 전공하여 많은 저서와 논문을 남기고 눈부신 활약을 하여 매스컴에 자주 보도되곤 하여 친구로써 아주 뿌듯하였습니다. 이렇게 참신하고 능력 있고 겸손한 장교수가 45여년 동안 쌓아온 지식과 경험을 살려 고향을 위해 봉사할 수 있는 기회를 가졌으면 하는 바람입니다.

(대표인사말) 민변 광주 · 전남지부 개소식

* 1999. 9. 3. 민주사회를 위한 변호사 모임(민변) 광주 · 전남지부 개소식 때 초대 지부장으로 하였던 인사말입니다.*

안녕하십니까! 저는 민변 광주 · 전남지부 대표를 맡고 있는 민경한 변호사 입니다. 금요일 저녁 여러 가지 약속도 많고 바쁘실 텐데도 저희 민변 광주 · 전남지부 개소식을 축하해 주시기 위해서 멀리 서울에서 참석해 주신 민변 최영도 회장님 및 집행부, 법원의 최 ㅇㅇ판사님 등 하객 여러분께 저희 회원들을 대표해서 진심으로 감사의 말씀드립니다.

작년까지는 광주 · 전남지역에 6명의 민변 회원이 있었는데 회원수도 적고 열의 부족과 여러 가지 어려움으로 활동이 미미했습니다. 그런데 금년에 신규회원 5명이 가입하여 회원수가 11명으로 늘고 또한 몇 차례 모임을 가졌는데 광주 · 전남지부를 결성하고 독자적인 사무실을 마련하여 좀더 적극적이고 체계적인 활동을 해보자는 데 의견이 합치되었습니다. 여러 가지 어려운 상황 속에서도 회원들이 십시일반으로 얼마씩 각출하여 사무실을 마련하고 상근 간사를 채용하여 오늘 개소식을 갖게 되었습니다.

민변이 변호사 단체로서 법률 전문가들인 만큼 우선은 광주 · 전남지역의 인권침해에 대한 변론, 상담이 주된 일이 될 것이고 중요한 사건이나 인권침해 사건에 대한 진상조사나 시민단체와의 연대활동, 개별적으로 수행하기에는 여러 가지 어려움이 있는 환경, 여성, 노동문제 등에 대한 집단소송, 기획소송 또는 작은 권리 찾기 운동 등도 펼쳐볼 생각입니다. 나아가서는 노조와 자문 계약을 체결한다거나 광주, 전남지역의 현안문제에 대한 성명서 발표, 소식지 발행 등을 생각해 보고 있습니다.

지부 개소식이 각종 언론기관에 보도되고 인터뷰 요청이 쇄도한 것을 보니 저희 민변에 대한 관심이 많고 기대가 너무나 큰 것 같아 기대에 얼마나 부응할 수 있을지 큰 부담이 됩니다. 저희들도 성실하게 열심히 활동하여 이 지역 시민들의 인권옹호와 권리 찾기에 일조를 할 수 있었으면 하는 소박한 마음뿐입니다. 앞으로도 계속하여 관심을 가져주시고 격려와 채찍을 보내주시기 바랍니다.

1999. 9. 3.

민주사회를 위한 변호사모임(민변) 광주 · 전남지부 대표 민경한

(인터뷰) 민변 광주 · 전남 지부 개소 1주년

* 민변 광주, 전남지부 개소 1주년을 맞이하여 지부장인 내가 CBS 광주방송 '시사 포커스' 와 2000. 9. 23. 인터뷰한 내용입니다.*

1. 개소 1주년을 맞이한 감회는 어떻습니까?

몇 년 전부터 시국사건의 현격한 감소로 인하여 광주 · 전남지역에 있는 민변회원들의 활동이 매우 미약하였습니다. 1년 전 회원들이 결속력을 강화하고 여러 회원이 분담하여 공권력으로부터의 부당한 침해에 대한 진상조사와 구제, 공익 관련 소송제기, 중소기업이나 시민단체들에 대한 법률자문 등 보다 적극적이고 생산적인 활동을 해보기 위해 지부를 결성하였습니다. 어느 정도는 성과는 있었다고 생각되지만 시민단체와의 연계활동이나 기획소송은 조금 미진했던 것 같습니다.

2. 1년 동안 주로 변론한 내용이나 실적은 무엇인가요.

1년 동안 504건의 법률상담을 했는데 유형별로 보면 민사 383건, 형사 60건, 노동 28건, 행정 20건, 상사 8건 등입니다. 변론내용은 남총련 의장 등 시국사건 3건, 금호시영아파트 하자청구(당사자 600명 가량), 정치개혁 시도민 연대와 연대하여 한00, 임00, 이00 등 국회의원 공천자를 상대로 한 공천효력정지 가처분 신청 2건, 경찰청의 존안카드 정보공개 거부처분취소(전북 시민단체), 미결수의 교도소 부당이감으로 인한 접견권 침해 손해배상, 보안관찰처분 취소청구, 낙선 · 낙천운동으로 인한 선거법 위반 사건 등의 변론, 교도소 재소자의 부당한 처우에 대한 진상조사 2건 등 상담, 변론이나 진상조사 등은 나름대로 성과를 거두었던 부분입니다.

3. 대개 어떤 사람들이 민변을 찾는가요.

사람들은 민변에 오면 모든 사건이 해결된다고 생각하는 것 같습니다. 민변을 찾는 사건의 유형을 보면 ①소가가 매우 적거나 간단한 절차적인 것이어서 다른 변호사들이 상담을 거절한 것, ②이미 다른 변호사를 선임해 놓고 그 변호사의 불친절, 불성실 등으로 불만이 많은 경우의 당해 사건에 대한 문의, ③민 · 형사상 이미 판결이 확정되었는데 너무도 억울하다면서 다른 구제방법을 문의하는 경우, 교도소의 부당한 대우, 교통사고의 피해자인데 가해자로 바뀌어 억울하다는 사건, 수사관의 가혹행위를 이유로 고소하였다가 오히려 무고죄로 구속된 사건의 변론, 일반 시국사건의 변론, 각종 시민단체들의 현안사건에 대한 민변단체 이름으로의 참가 요청 등 정말 다양하나 일반 변호사들이 골치 아프게 생각하고 취급하려고 하지 않는 사건이 거의 대부분입니다.

그러나 저희 지부에서는 개인간의 사사로운 분쟁에 대해서는 상담은 하되 민변 차원에서 변론을 하지 않고 공권력 및 재벌 등으로부터의 피해, 시국사건의 변론, 공익소송 등을 진행하기로 내부방침을 정하였습니다. 다른 변호사들이 꺼려하는 사건을 민변에서는 처리해 줄 것으로 믿고 민변을 신뢰하고 찾아온 것에 대하여는 고맙게 생각하지만 민변 소속 변호사들은 무에서 유를 창조하고 또는 모든 것을 무료로 처리해 주는 것으로 생각하는 사람들이 너무도 많아 안타까운 생각이 들 때가 많습니다.

4. 지부 회원들의 구성이나 참여도는 어떤가요.

저희 회원들이 목포, 순천에 각 1명, 광주에 11명 모두 13명입니다. 각자 업무에 종사하면서 활동을 하려다보니 시간적으로 한계가 있으며, 서울의 본부에는 회원수가 많고 회원수가 많다보니 각 분야별로 전문가가 있습니다. 그러나 저희 지부에서는 회원이 몇 명 되지 않아 각 분야별로 전문가가 많지 않아 특수한 분야에 대해서는 신속하게 적극적으로 도움을 주지 못하는 것이 아쉽습니다. 그러나 최대한 연구, 검토하여 응답해 드리고 있습니다. 회원들 대부분이 학생운동, 노동운동에 참여해 왔었고 여러 시민단체에서 활동하였고 인권 변호를 적극적으로 펼쳐왔던 사람들이라 쉽게 뜻을 합칠 수가 있었고 열심히 활동할 것이라 믿습니다.

6. 시민들은 법의 문턱이 높다고들 하는데 그 현실과 개선방향은 무엇이라고 생각하는가요.

과거에는 사실 변호사 수도 적고 의뢰인의 요구사항도 많거나 까다롭지 않았으며 변호사들도 권위적인 점이 많았던 것은 사실입니다. 또한 지금도 과다 수임료를 받고 불성실한 변론을 하고 변호사 얼굴 한번 보기 힘들고 사무장 선에서 그치는 그런 변호사도 일부 있을 것입니다.

그러나 지금은 과거와는 사정이 판이하게 다릅니다. 저렴한 비용으로 매우 성실하고 친절하게 상담에 응하고 변론을 하는 변호사도 매우 많습니다. 시민들은 변호사 선임료가 비싸다, 문턱이 높다고들 하는데 이는 일면만 보고 그런 것 같습니다. 당직변호사제, 전국에서 최초로 시행한 소액사건(소가 2,000만원 이하인 사건)은 선임료가 100만원으로 변론을 해주고 있습니다.

저는 시민들이 전관예우를 바라면서 현직에서 갓 개업한 변호사를 찾아가 비싼 선임료를 지불해놓고 선임료가 비싸다고 하는데 이는 잘못된 것입니다. 다른 변호사들에게 갔다면 저렴한 비용으로도 질 좋은 써비스를 받을 수 있었을 것입니다. 브로커 등에게 현혹되어 현직에서 갓 개업한 변호사만 집착하지 말고 3, 4명의 변호사와 직접 상담해 본 뒤 선임여부를 결정하면 많은 도움이 될 것입니다.

7. 변호사업계의 치열한 경쟁으로 인한 활동의 제약은 있지 않은 가요.

변호사 수가 급속히 증가하고 IMF 등으로 인하여 시민들의 경제사정이 안 좋아져 변호사 선임률이 현저히 떨어져 변호사 1인당 선임건수가 많이 줄었습니다. 보통 1달에 5건 정도를 손익 분기점으로 보는데 광주 120명의 변호사 중 30% 정도는 손익분기점 이하이며 민변 소속 변호사 중에서도 사무실 유지가 힘든 사람들도 있습니다. '내 코가 석자' 라는 말이 있듯이 솔직히 의욕이나 참여의식이 점차 떨어져가고 있습니다. 큰 걱정입니다.

8. 앞으로 보완해야 할 점은 무엇이라고 생각하는 가요.

1년 동안 시민단체와의 연계활동이 조금 부족했습니다. 예를 들면 상무 쓰레기 소각장 문제, 비정규직 노동자문제, 월드컵경기장 입찰하자문제 등 각종 시민단체에서 참여요청을 하는데 인적, 시간적 한계 때문에 적극적으로 참여를 못했는데 시민단체와의 연계활동을 강화하고 또한 기획소송을 보다 적극적으로 해볼까 합니다.

(연설문) '참여자치 21' 대표 수락

* 2003. 2. 광주지역 시민단체인 '참여자치 21'의 대표 수락 연설문입니다.*

안녕하십니까! '참여자치 21' 회원 및 임원진 여러분!

참여정부, 참여연대, 참여자치 21 등 요사이 참여라는 말이 아주 익숙하고 주목을 받고 있는 것 같습니다. 며칠 전 민형배 대표님을 비롯한 집행부 몇 분과 저녁식사를 하는 자리에서 공동대표 제의를 받았을 때 무척 망설였습니다. 제가 현재 민변 광주, 전남지부장과 반부패 국민연대 광주, 전남지부 공동대표를 맡고 있는데 위 두 단체를 맡기에도 능력이 부치는데 광주에서 활동이 가장 활발한 단체중 하나인 참여자치 21을 맡기에는 능력이나 시간상의 한계가 있어 참여자치 21의 대표 업무를 잘 수행할 수 있을까라는 생각으로 상당히 망설였습니다. 그러나 여러분들과 함께 균형감 있고 내실 있는 생활속의 개혁을 하여 참여자치 21이 많은 사람으로부터 호응을 받을 수 있는 시민단체가 되는데 일조를 하는 것도 의미가 있겠다는 생각으로 수락하게 되었는데 사실 무척 부담이 갑니다.

참여자치 21이 발족한지 5년이 되었습니다. 5년 동안 의미 있고 중요한 사업도 많이 하였지만 시행착오도 겪었고 주위로부터 약간의 비난을 받았던 것도 사실입니다. 잘했던 사업은 계속 이어가야 할 것이지만 주위의 비난이나 질책은 겸허하게 수용하고 반성해 나가야 할 것입니다. 참여자치 21의 집행부나 회원들을 보면 요즘 한창 잘 나가는 30대 후반, 40대 초반의 활동력이 왕성한 386세대가 주류를 이루고 있어 저는 기대가 되고 여러분들이 잘 할 수 있을 것이라 믿습니다.

NGO의 의의나 활동방향에 대해서는 여러 가지 의견이 있을 수 있지만 저는 시민단체의 존재의의는 권력이나 거대기업의 횡포나 인권침해에 대해 비판, 감시를 하고 대안을 제시하며 국민의 권리를 구제하는데 있다고 생각합니다. 거창한 구호나 사업보다는 참여연대의 소액주주 운동이나 재벌기업의 불법행위에 대한 고소, 고발행위 및 우리 참여자치 21에서 했던 보해소주에 대한 시정 조치등의 사업이 바람직한 시민운동의 방향이 아닌가 생각됩니다.

감사보고서에서도 지적되었지만 참여자치 21도 비대한 조직을 정비하고 사업내용도 여러 분야를 망라적으로 다룰 것이 아니라 설립취지에 맞는 중점사업을 선정하여 심도 있게 체계적으로 분석하고 비판하며 대안을 제시하는 등 효율적이고 집약적인 조직으로 나아가는 것이 바람직하다고 생각합니다. 조만간 운영위원들 및 회원 여러분들과 함께 조직, 구성, 사업 방향 등에 대한 논의의 장이 있어야 하지 않을까 생각해봅니다.

사실 걱정이 무척 앞섭니다. 조금 전의 결산, 예산보고서를 보니 이월금은 작년에는 1600만원인데 금년에는 300만원으로 1/7이고, 예산은 작년에는 3000만원인데 금년에는 2억 2200만원으로 7배나 됩니다. 위 예산을 확보할 수 있을지 의문이 가고 계획된 사업이 너무나 많아 잘 할 수 있을

지 걱정이 앞섭니다. 활동력 있고 능력 있는 여러분들이 열심히 일해 나가도록 앞에서 끌어주고 뒤에서 밀며 미력이나마 최선을 다해보고자 하오니 적극 협조해주시고 많은 지도 편달 바랍니다.

2003. 2.

참여자치 21 대표 민경한

'참여자치 21' 창립 6주년(2004년) 기념행사 대표연설

사랑하는 참여자치 21 회원 및 임원 여러분! 안녕하셨습니까. 작년에는 회원의 날 행사를 하지 않아 정말 오랫 만에 뵙게 되었습니다. 참여자치 21이 태어난 지 6년이 되었고 오늘이 7번째 정기총회일 입니다.

제가 공동대표를 맡은 지 1년이 되었고, 지난 1년 동안의 참여자치 21의 활동을 되돌아보면 약간의 미진한 점도 있었지만 정말 열심히 하였고 성과도 있었다고 말씀드릴 수 있겠습니다. 이렇게 할 수 있었던 것은 회원 여러분의 격려와 성원이 있었기에 가능했다고 생각하며 이 자리를 빌어 회원 여러분께 진심으로 감사를 드립니다.

몇몇 단체를 제외하고 대부분의 시민단체가 회비 내는 회원이 거의 없어 재정상태가 열약하고 소수 몇 명에 의해 단체가 꾸려져 가고 있으며, 구체적이고 합리적인 대안을 제시하지 않고 막연한 비판과 폭로에 그쳐 시민들로부터 사랑을 받지 못한 것 같습니다.

그러나 참여자치 21은 어려운 여건 속에서도 작년 후원회 때 5000만원의 기금이 마련되었고, 회비 내는 회원이 300여명에 이르며 회원도 꾸준한 증가 추세에 있습니다. 참여자치 21은 생산적 시민운동, 준비된 시민운동, 전문성을 기반으로 한 시민운동 구현을 위해 노력하였고, 지난 한 해 동안 5대 중점 추진과제를 중심으로 다양한 사업을 펼치며 매 사업마다 내외의 주목을 받았고, 나름대로 성과를 거두웠다고 자부해 봅니다. 작년 2003년 사업 중 도시디자인 사업, 장애인 야학, 정치인 DB 싸이트 개설, 사회복지캠프 등 4개 사업이 각종 공개경쟁 사업 공모에서 지원사업으로 선정된 것도 참여자치 21의 사업이 생산적이고, 준비되고, 전문성에 기반을 둔 것임을 외부에서도 인정받은 것이라 하겠습니다.

잠시 후에 자세한 설명이 있겠지만 지난 1년 간의 중요활동만 보더라도 이지역 최초로 장애인 야학을 실시하여 장애인들에게 검정고시 준비와 문화체험의 기회를 제공하였고, 또한 9개월 간의 작업을 거쳐 전국 최초로 이 지역의 정치인들에 대한 데이터 베이스를 구축하여 정치인 검증 시스템과 새 리더십 모델 개발을 위한 기반을 구축했고 이 자료들이 총선시민 연대에서 낙천, 낙선 대상자를 발표하는데 중요한 자료로 사용되기도 하였습니다.

또한 참여자치 21이 2003년 신규사업 과제의 하나로 '시민참여 도시 디지인 운동' 을 전개하였는데 특히 청풍동 주민총회 성사를 계기로 추진되고 있는 도시계획 주민입안 제안제도는 도시공동체 운동의 새로운 계기를 마련하였고, 사회복지시설 민간위탁 운영 조례제정 운동, 사회복지캠프 등의 사업을 통해 '시민과 함께 하는 사회복지운동' 을 펼쳐왔고, 또한 회보 발행과 홈페이지 활성화 등을 통해 회원서비스 강화에 주력하고 아우르기 답사 등 시민참여 대중사업도 매월 안정적으로 펼쳐왔습니다.

다만 아쉬운 것은 참여자치 21의 사업이 회원과 시민의 폭발적인 참여를 기반으로 이뤄지지 않고 있고, 회비 내는 회원들에 의한 재정 자립을 이루지 못하고 있다는 점인데, 참여자치 21이 반드시 극복해야 할 최대의 과제라고 할 수 있겠습니다.

저의 참여자치 21은 항상 회원 여러분들과 호흡을 함께 하면서 사업을 전개해 갈 것입니다. 금년 한해 동안도 회원 여러분들의 변함 없는 격려와 성원을 바라겠습니다.

2004. 2.

(대회사) 반부패 국민연대의 청백리상 시상식

* 반부패 국민연대 광주 · 전남본부 공동대표로서 2004. 12. 28. 제 5회 청백리상 시상과 부패추방 결의 대회 때 청백리상을 시상하고 낭독한 대회사입니다.*

오늘은 제 5회 청백리상 시상과 투명한 사회를 건설하기 위한 우리들의 다짐을 재확인하는 '부패추방 결의대회' 를 하고자 이렇게 모였습니다. 지난 12월 9일 유엔이 '국제 반부패의 날' 로 정한 오늘 위 대회를 개최하게 되어 더욱 뜻깊게 생각합니다. 바쁘신 가운데도 불구하고 참석하셔서 이 자리를 빛내 주신 여러분께 진심으로 감사의 말씀드립니다.

부정부패를 처벌하고 예방하여 투명한 사회를 건설하기 위하여 저희 반부패국민연대 광주 · 전남본부가 발족한지 벌써 6년이 됐습니다. 그동안 힘에 벅찼지만 부패 방지를 위해 나름대로 최선의 노력을 기울여왔습니다. 특히 이 시대가 요구하는 청백리상을 제정하여 5회 째 공직자들에게 수여함으로써 공직사회 투명성 유지와 공직자의 건전성 함양에 시금석으로 삼도록 표창했으며, 또한 우리 국민들이 생활습관을 개선하여 대충대충 살아가는 버릇을 쇄신시키고 경제의 흐름을 점검하고자 '영수증 모으기와 가계부 쓰기' 운동을 전개하고 있으나 그 성과는 아직 미약합니다. 지난 12월 9일 국제 투명성기구(TI)가 발표한 바와 같이 우리나라는 반부패지수가 최하위권에 속해 있고 우리나라 공직자들은 부패의 사슬에서 벗어나지 못하고 있습니다. 지방자치 단체장의 1/4이 구속되거나 형사처벌을 받을 정도로 우리 공직자들은 지위고하를 불문하고 부정부패에 만연되어 있습니다.

우리나라 사람들은 다른 사람의 비리나 부정에는 냉혹하게 비판하면서도 자신이 어려운 문제에 부딪히면 혈연, 지연, 학연 등 온갖 연줄을 동원하여 온갖 비리, 불법 등을 해결하려고 합니다. 소신 있는 공무원이나 학자가 불의와 타협하지 않고 소신껏 일하고 부패를 폭로하고 신고하면 왕따를 당하고 조직에서 퇴출당하는 사례가 너무나 많았습니다.

청탁을 받는 사람도 의리와 충성, 집단이기주의 문화가 뿌리깊은 우리 풍토에서 청탁을 거절하는 것이 쉬운 일은 아닐 것입니다. 하지만 혈연, 지연, 학연, 금전의 유혹에 빠지지 말고 법과 정당한 절차에 따라 소신껏 업무를 처리하면 부패한 이 사회의 빛과 소금이 되고 자신과 후손에게 떳떳할 것입니다.

이러한 온갖 청탁, 비리의 근본원인은 욕심을 버리지 못한 이기심과 명예와 자존심을 내팽개치고 법과 양심과 사회질서를 지키지 않으려는 준법의식과 도덕성의 마비에 있습니다.

비리를 저지르기 전이나 청탁을 하기 전에 다른 사람이야 어떻든 나부터라도 욕심을 조금만 줄이고 명예와 자존심을 지키며 물질적으로는 덜 풍요롭지만 정신적으로 풍요로운 삶을 살도록 우리 모두 노력해갑시다.

오늘 청백리로 선정되신 두 분(박 일식, 박 승주)과 또한 우리 경제생활 문화를 정착시키고자 금년 제 2회 영수증 모으기 경진대회를 개최하고 그 으뜸 가정으로 선발되신 최 ㅇㅇ, 김 ㅇㅇ씨를 진심으로 축하드리며 행운이 있기를 기원합니다. 또한 바쁜 시간에도 불구하고 반부패 강연을 위해 멀리 서울에서 여기까지 참석해 주신 반부패 국민연대 국제투명성기구 한국본부 사무총장이신 김 거성 선생님께 진심으로 감사를 드리며, 이번 대회를 위해 협찬해 주신 기아자동차 광주공장, 사랑방 신문에도 진심으로 감사의 말씀을 드립니다.

2004. 12. 28.

반부패 국민연대 광주, 전남지부 공동대표 민 경 한

(회원탐방)자존심과 명예를 지키는 변호사가 됩시다

* 광주 지방변호사 회보 2005. 9.월호 '회원 탐방' (7회) 코너에 실린 내용입니다. *

어느 사회나 조직에서든 옳지 않은 것을 옳지 않다고 분명하게 말해 주는 누군가는 꼭 필요하다. 점점 혼탁해지는 오늘의 변호사 업계에서 올바른 비판자의 역할을 해나가는 변호사가 있다. 불의와 타협하지 않고 소신을 지켜나가며 옳다고 믿는 것에 대해서는 대쪽같은 고집을 부릴 줄 아는 민경한 변호사(47).

그는 여러 가지 사회활동을 펼치며 하루하루 바쁜 일정을 보내고 있음에도 인터뷰를 위해 시간을 내어 주었다. 현재 본회 부회장으로도 활동하고 있는 민 변호사는 지난 1976년 광주 고등학교와 83년 성균관대 법과대학을 졸업한 뒤 87년 제 29회 사법시험에 합격해 90년부터 현재까지 15년간 변호사로 활동하고 있다.

변호사의 길을 걷게 된 배경이나 동기는 무엇인가요.

: 소신껏 일할 수 있고 다양한 활동을 할 수 있으며 또한 시간적, 경제적

으로 여유가 있고 어려운 처지에 놓인 사람을 도울 수 있다는 것이 큰 매력이라 생각하고 변호사의 길을 걷게 되었습니다.

변호사님은 그동안 법조비리 개혁에 적극 앞장서 오셨습니다. 무슨 특별한 소신을 갖고 계십니까.

: 90년 4월 인천에서 변호사 개업을 했는데 법을 전공하고 정의를 실현해야 할 변호사들이 양심과 명예를 저버리고 사무장을 경찰서와 병원에 파견하고, 사건소개비로 선임료의 30%를 지불하는 등 온갖 범법행위를 하면서 사건유치에 혈안이 되어있는 것을 보고 분노가 치솟았습니다. 90년 6월 인천에서 전국 최초로 젊은 변호사모임(당시 청법회)의 주도로 변호사 정화작업이 시작되어 그때부터 지금까지 15년여 동안 변호사 정화작업에 앞장서 왔습니다. 15년 동안 인천변협의 심사위원회 간사(3년), 광주로 이전한 뒤 감찰위원(5년)등으로 8년 동안 변호사에 대한 진정, 비리 등을 처리하고 감찰을 해왔으며 사법개혁을 외치는 글을 30여회 이상 기고하였습니다. 일부 변호사들이 법과 양심을 어기고 돈만 추구하는데 변호사로서의 자존심과 명예를 지켰으면 좋겠습니다.

최근 변호사수가 늘어나고 사건수임이 저조하여 법조비리가 증가하고 징계나 형사처벌을 받는 변호사가 늘어나고 있다는 보도가 있는데 변호사님의 생각은 어떠하신지요.

: 최근에 변호사들이 사건수임이 줄어서인지 수단 · 방법을 가리지 않고 사건을 유치하고 심지어는 집사 변호사까지 등장했는데 이런 변호사의 모습을 볼 때 정말 측은하고 안타까운 생각이 듭니다. 특히 현직에서 갓 개업한 변호사들이 개업하기 바로 전까지 범법행위를 한 사람을 구속하

고 처벌한 사람이 변호사가 되자마자 브로커 사무장을 채용하고 사건 소개인 등에게 소개비를 지급하며 전관예우를 악용 조장하고 엄청난 고액 수임료를 받는 등 법을 어기고 양심을 저버리는 행태를 보면 분노가 생기고 연민의 정을 느낍니다. 전관출신 변호사들이 제발 법과 자존심을 지켰으면 좋겠습니다. 또한 사무실 유지가 어렵다고 할지라도 비리행위가 절대로 정당화 될 수는 없는 것이고, 비리를 저지른 변호사는 제 식구 감싸기에 급급하지 말고 철저하게 징계나 형사처벌을 하여 법조계를 정화해 가야 할 것입니다.

변호사 활동을 하면서 가장 잊혀지지 않는 사건은 어떤 사건인가요.

: 1993. 후반 인천의 대단위 아파트 택지개발 토지에서 축산업을 하였던 사람들이 토지, 건물 등은 보상을 받았지만 폐업한 축산업에 대해 보상을 받을 수 있는지 상담을 해 왔다. 보상이 종료되었고 당시까지만 해도 폐업으로 인한 손실보상이 인정된 판례가 거의 없었던 상황이라 가능성이 희박한 것 같은데 좀더 검토해보고 연락을 주겠다고 말한 뒤 며칠동안 연구, 검토 끝에 법률적으로 가능하다는 결정을 내리고 소송에 착수하였는데 당사자가 24명(그 중 17명이 장애가 매우 심한 중상이 용사들임)이었습니다. 93년 후반에 소송이 시작되어 1심(인천지방법원, 28회), 2심(서울 고등법원, 12회), 대법원(18 개월)에서 파기 환송되어 다시 2심, 3심 등 5년여에 걸쳐 50여 회의 재판을 하여 98년 4월경 최종 승소판결이 확정되었는데 변호사로서 가장 보람을 느낀 사건이었지요.

또한 10여년 전 100만원의 뇌물을 받은 죄로 수사를 받고 있는 공무원인 후배 사건에서 담당검사를 5번 찾아가 딱한 사정을 이야기하고 기소유예를 받아 신분을 유지하여 지금은 그 후배가 유능한 공무원으로 근무하고 있습니다. 또 기억나는 사건으로는 1998. 경 대학생이 여고생을 꾀어내어 강간하였다는 미성년자 약취유인, 강간죄로 1, 2심에서 징역 5년을 선고받아 14개월 간의 복역 끝에 무죄를 받아낸 사건입니다.

개인변호사 사무실을 하면서 유학을 가기가 쉽지 않은데 변호사님은 미국으로 유학을 다녀오셨는데 유학을 가게된 경위와 유학기간 동안의 생활을 들려주시죠.

: 변호사 개업 후 6년 동안 골프도 배우지 않고 토요일에도 꼬박꼬박 출근하고 상담이나 서면작성도 사무장에게 시키지 않고 내가 직접 하면서 정말 열심히 했습니다. 어느 정도 경제적인 여유는 생겼으나 심신이 너무도 피곤하고 지쳐서 휴식을 취하고 재충전의 기회를 갖고 싶었습니다. 개인 사무실을 운영하면서 휴업하고 유학을 가는 것이 정말 어려운 일이었지만 큰 결단을 내리고 96년 5월 미국 시애틀로 유학을 떠났습니다. 그러나 미국에 도착한 뒤 그 동안 심신이 너무 지쳐 있는 데다 영어공부에 대한 충분한 준비가 되어있지 않아 공부가 잘되지 않고, 미국의 다양한 산수풍경에 흠뻑 빠져 여행만 자주 하게 되었습니다. 15개월 동안 시애틀 워싱턴대학교 로-스쿨 객원 연구원으로 있으면서 공부는 소홀히 한 채 워낙 여행을 좋아하는지라 미국 전역, 캐나다, 카리브해 등 여행만 실컷 다니고 말았습니다. 유학이라기보다는 안식년을 가진 것이었지요. 영어와 전공 공부는 계획대로 못했지만 많은 여행을 하면서 생생한 체험을 하고 많은 것을 배우기도 했지요.

변호사님은 지난 3월 반부패 유공자로 선정되어 부패방지 위원회로부터 법조인으로는 처음으로 대통령상을 받았는데 공적사항은 무엇인가요.

: 별로 한 것이 없는 것 같은데 큰 상을 받아 개인적으로는 영광이기도

하지만 부담이 앞섭니다. 주요 공적사항으로는 4년간 반부패 국민연대 광주 · 전남지부 공동대표로서 공무원들에게 수차에 걸친 반부패 강의 및 청백리상 시상 등으로 반부패 교육에 앞장서 왔고, 민변 광주 · 전남지부장, 대한변협 감찰위원으로 법조비리 감찰 활동 및 각종 글 기고로 사법개혁에 이바지하였으며, 전남 공무원 인사위원회 부위원장(4년)으로 비리 공무원의 철저한 징계와 인사위원회 활성화 등인 것으로 알고 있습니다.

변호사님은 시민단체 활동을 활발히 하고 계시는데 변호사들의 시민단체 활동에 대한 생각은 어떠하신지요.

: 시민단체의 활동도 법의 테두리 내에서 해야 하고 법과 제도의 개선 등 법률가의 도움이 많이 필요하고 법률가들이 해야할 영역이 많습니다. 변호사들이 관심 있는 분야의 좋은 시민단체를 1, 2개 선정하여 활동을 하게되면 사회정의 실현에 이바지할 수 있고 보람도 느끼게 됩니다. 저는 99년 9월 민변 광주 · 전남 지부를 결성하여 초대, 2대 지부장을 지냈고, 광주에서 386세대가 주축이 되어 가장 활발히 활동하고 있는 '참여자치21' 의 공동대표(2년), 반부패 국민연대 광주 · 전남지부 공동대표(5년)등을 지냈습니다.

변호사님은 여행을 좋아하신 것으로 알고 있는데 지금까지 여행을 다녀오신 곳과 여행을 즐겨 다닌 목적은 무엇인가요.

: 여행을 많이 다녔지만 실크로드, 아프리카, 바이칼과 러시아, 인도, 중국 구채구와 장가계, 카리브해 크루즈, 캐나다 로키 등이 기억에 남는 곳입니다. 세계 여러 곳의 수려한 산수 풍광을 보며 다양한 문화와 음식을 맛보고 다양한 사람들을 만나게 되면 시야가 넓어지고 인간과 자연의 소

중함을 알게 되고 삶의 활력을 찾게 됩니다.

마지막으로 광주 변호사님 들에게 하고 싶은 말이 있다면?

: 제대로 외국 유학을 다녀온 분도 거의 없고, 대전, 대구만 해도 등기, 경매를 취급하는 사무실이 10여 군데가 넘는 다는데 광주에는 사무실 유지가 힘들다고 하면서도 등기, 경매를 제대로 취급하는 사무실 한 군데 없는 것을 보면 광주 변호사들이 너무 소극적이고 현실에 안주하는 것 같은 느낌이 듭니다. 또한 지나친 온정주의나 연고 문화를 탈피하여 합리적이고 건설적인 사고를 가졌으면 하는 바램입니다.

각자의 특기와 적성을 살리자

민 경한 (민 형기 아빠)

* 동신중학교 1학년에 재학 중인 아들 담임 선생님의 요청에 의해 아들의 학급 문집(2004년)에 실린 글입니다.*

중학생은 초등학교를 졸업하고 갓 어린이를 벗어났으며 인생관을 정립해 가고 신체적으로 성인에 가까워져 가는 고등학생의 전 단계로서 아직은 미완성의 학생이다. 그러나 장차 정신적으로나 신체적으로 건강하고 풍요로운 삶을 영위하기 위해서 기초를 튼튼히 닦아야 할 시기이며 반드시 거쳐야 할 과정이다. 지금 신체발육이 약간 부족하고 공부가 뒤져 있으며 어려운 환경에 처해 있다 하더라도 미리 포기해서는 절대 안되며, 남은 시간이 너무나 많아 얼마든지 성장이나 회복이 가능한 것이며 또한 어려움을 극복해야 한다.

여러분의 아빠 세대들은 학창시절이 경제적으로 너무 힘들었고 지금같이 다양한 문화나 직업이 발달하지 못하여 공부 이외에는 별 다른 길이 없었다. 그래서 부모님들은 자식들에게만큼은 가난을 물려주지 않으려고 허리띠를 졸라매고 자식을 고등학교나 대학교에 진학시키는 것을 최고의 가치로 생각하였다.

당시 학생들은 지금같이 TV, 컴퓨터 게임, PC 방, 핸드폰 등 유혹물이 훨씬 적었고 향략적이고 퇴폐적인 문화가 발달하지 않아 유혹에 빠져들지 않았다. 또한 반강제적으로 과외학원 등에 다니지 않았으므로 방과후에 친구들과 함께 축구, 농구, 탁구 등을 하거나 산과 들로 돌아다니면서 자연과 호흡을 함께 하며 호연지기를 길러 나갔다. 그러나 지금의 아이들은 방과후에 여러 과외 학원들을 다니느라 시간적인 여유가 거의 없고, 시간이 있더라도 부모님의 눈을 피해가면서 컴퓨터 게임이나 밀폐된 PC 방에서 폭력적이고 자극적인 게임만 즐기려 한다. 중학생은 물론이고 초등학교 고학년만 되면 공부에 얽매여 정서가 메말라 가며 자기 중심적이고 예의범절이 부족한 학생들이 늘어간 것을 보면 현재의 입시제도와 치열하고 경쟁적인 교육환경에서 이를 거역하기가 쉽지는 않을 것이라고 이해하려 하지만 요즘 학생들이 불쌍해 보이고 안타까울 뿐이다.

과거에는 교사, 공무원, 은행원, 회사원, 공장 기술자 등이 많은 사람들이 종사하고 갖고 싶어하는 직장이었으며, 다양한 직업이 없어서 공부이외에 다른 적성이나 특기가 있다 하더라도 이를 개발하거나 이를 평생 직업으로 삼기에는 너무 어려움이 많았다. 그러나 지금은 야구, 농구, 축구, 골프, 테니스 등 각종 프로 운동선수, 프로게이머, 바둑기사, 디자이너, 만화가, 요리사, 여러 분야의 기술자 등등 매우 다양하고 안정적인 직업이 많이 있다.

많은 사람들은 태어나면서 한, 두 가지의 재능을 가지고 태어난다. 그림을 잘 그리거나 글짓기를 잘 하는 사람, 신체조건이 좋고 운동 신경이 뛰어난 사람, 노래를 잘 부르고 춤을 잘 추는 사람, 게임을 잘 하는 사람, 요리를 재미있이 하고 질 하는 사림, 무슨 기계든지 보면 분해했다가 조립해야 직성이 풀리고 이에 뛰어난 재능이 있는 사람, 암기력이나 수리력이 뛰어난 사람, 어학에 재능이 있는 사람 등 다양한 사람들이 다양한 재능을 가지고 태어난다.

이러한 특기나 재능을 가지고 태어난 사람은 어렸을 때부터 이러한 특기나 재능을 잘 살릴 수 있도록 노력을 하고 깊이 있게 공부를 하여야 한다. 물론 이러한 분야에 치중한다고 하여 기초 공부마저 소홀히 해서는 안 된다. 오래 전에 우리나라 국가대표 야구선수들이 해외 원정경기를 가기 위해 비행기를 탔는데 비행기 승객들의 인적사항을 적는 카드를 나누어주었는데 주소를 뜻하는 address라는 영어 단어를 아는 사람이 단 한 명 밖에 없어 카드를 기재하지 못하고 있더라는 신문기사를 본 적이 있었다. 국어, 영어, 수학 등 학과공부를 우수하게는 못할 망정 사회생활을 하는데 지장을 주지 않을 정도는 하여야 한다. 외국 유명선수나 스타들이 인터뷰를 하거나 토론을 하는 모습을 보면 얼마나 여유 있고 잘 하는가.

어떠한 특기나 재능을 가지고 태어난 사람은 그 재능이나 특기를 취미생활로 할 수도 있지만 지금은 얼마든지 재능을 살릴 수 있는 환경이 조성되어 있고 평생직업으로 삼을 정도의 다양한 직업과 여건이 되므로 억지로 학과 공부에만 꼭 매달릴 필요는 없다. 특기나 재능이 있는 분야에 관심을 가지고 그 분야의 전문가를 만나 좋은 얘기도 들어보고, 그 분야와 관련이 있는 전시회나 진열장 등도 다녀서 안목을 높이고, 그 분야와 관련 있는 인물 전기나 서적을 읽는 등 관심을 가지고 공부를 하여 자신의 특기나 재능을 살리는 것도 바람직한 것이라는 생각이 든다.

졸업을 앞둔 나의 사랑스러운 딸 소운에게!

민 경한(6 들- 민소운 아빠)

* 딸의 담임 선생님의 원고 청탁에 의하여 살레시오 초등학교 어린이 문집 '어깨동무' 2004년 호에 실린 글입니다.*

소운이가 아빠 손을 잡고 수줍은 모습으로 교문을 들어서던 때가 엊그제 같은데 벌써 졸업한다니 정말 세월이 빠르구나. 미국유학 시절인 1997년 부활절 아침에 여행간 호텔 수영장에 빠져 다 죽어간 네가 하느님의 사랑과 은혜로 극적으로 구조되어 다시 부활하게 되었지. 귀국하여 우리 가족 모두가 하느님께 감사하며 영세를 받았고 살레시오 초등학교에 입학하게 되었지. 너의 초등학교 시절을 회상해보면 1, 2학년은 정말로 부모님과 선생님 말씀 잘 듣고 재롱을 부리는 귀여운 어린이였고, 3, 4학년 때는 부모님과 의사소통도 되고 일기도 열심히 쓰며 독서도 많이 하는 모범적인 어린이였는데, 5, 6학년때는 부모님과 선생님 말씀도 잘 듣지 않고 고집을 부리고 컴퓨터 게임이나 버디버디, 최신가요 듣기 등 숙제나 공부를 약간 소홀히 하는 사춘기 어린이가 되었지.

또한 6학년 1학기 때 전교 어린이 회장에 당선되어 무척 즐거워하던 때도 있었지만, 선거공약을 지키기 위해 축구 · 발야구 · 농구대회 주관 · 양로원 방문 · 깨등협 활동 등에 대해 머리를 싸매고 고민을 하면서 회장이 이렇게 힘든 줄 몰랐다고 넋두리 할 때면 안타깝기도 했지만 지도력과 책임감을 기를 수 있는 좋은 기회라고 격려해 주기도 했었지.

초등학생은 아직 모든 것이 미숙한 어린이인 만큼 주위 사람들의 보호가 필요하고 해야 할 공부도 많지 않은 정말 좋은 시절이지. 그러나 너를 비롯한 많은 어린이들이 초등학교 5, 6학년이 되면 영어, 수학, 논술 등 학원을 다니느라 무거운 가방을 들고 늦은 시간에 귀가하는 것을 보면 너무나 불쌍하다는 생각이 들더구나. 이렇게 된 것이 너희들 잘못이라기보다는 우리 나라의 잘못된 입시제도와 우리 어른들 때문이지만 아빠도 이를 거역하지 못하고 어쩔 수 없이 이런 분위기를 따라가게 되어 정말 미안한 생각이 든단다. 그러나 내가 자주 말했던 것처럼 이왕 할 것이라면 억지로 마지못해 하지말고 즐거운 마음으로 최선을 다해서 공부하고, 틈틈히 일기 쓰고 독서하는 습관을 가지라는 것이다. 중학생이 되면 학과 공부나 숙제의 내용도 훨씬 어려워지고 양도 많아지며, 자신의 말과 행동에 대해 스스로 책임을 저야 하는 등 초등학교와는 여러 가지 면에서 많이 달라지므로 서서히 준비해 나가고 초등학교 시절을 잘 마무리하기 바란다.

광주 고등학교 총동문회 홈페이지에 올린 글

자랑스런 25회 동문 민 경준

경준아(2-7,3-11반)! 진심으로 축하한다.

지난 2001. 6, 25 광주 동창회 모임에 갔더니 좀 뒤늦은 감은 있지만 포스코 신문 기획특집(2000.11.16자 5면) 기사로 네가 실린 신문을 모 친구가 보여주더구나.(이 기사를 못 보신 동문은 포스코 신문 지난 기사보기에 있습니다.)

신문을 읽으면서 네가 정말 열심히 생활하여 우리 나라 굴지의 기업인 포항제철의 2열연 공장장이 되었고 포철내의 최고의 엔지니어를 찾아 탐방하는 기획특집 기사의 첫 번째 주자로 보도된 것을 보고 친구로써 너무나 기분이 좋았고 대견하다는 생각이 들더구나.

27년 전 고 2 때 처음 만나 종씨라고 하여 무척 친하게 지냈고 추억거리도 많이 있었지. 10여 년 전 내가 인천에 있을 때 네가 출장 와서 술 한잔하고 몇 년 전 네가 동경에 근무할 때 나에게 전화 주어 그때 통화를 하였던 것 같구나. 고교시절 네가 공부는 약간 소홀히 하였으나 유머가 넘치고 명랑하며 항상 즐겁게 학교 생활을 하였던 기억이 나구나.

그 기사를 보니 고교졸업 후 얼마나 열심히 생활하였기에 영어, 일어에 능통하고 여러 편의 철강 논문 제출, 20 여건 이상의 국내, 외 특허 출원, 포철에서 최고의 능력 맨, 정말 대단하구나, 다시 한번 진심으로 축하한다. 앞으로도 계속 정진하여 포철의 최고 경영자, 아니 세계 최고의 철강맨이 되어다오. 광주에 오거든 꼭 연락 한번 해라, 내가 축하주 한 잔 살테니까. 그럼, 안녕 2001,07,04 경한이가 (2001, 7, 4, 총동문회 홈페이지 25회 자유게시판)

서 기남 선생님(10회)과 선후배의 정을

서 기남 (10회) 선생님은 지난 12월 나주 금천중 겸 호남 원예고 교장에서 화순 교육장으로 영전하셨다. 서기남 선생님은 광고 10회 선배님이시자 광고 21회부터 26회까지 국어를 담당하셨던 은사님이시기도 하다. 나는 선생님이 담임 선생님은 아니셨지만 고 3때부터 지금까지 가까이 지내며 선생님 댁을 방문하여 밥 먹고 술 마시면서 많은 애기를 나누곤 하였다. 내가 인천에 개업하였을 때 선생님 부부가 인천까지 놀러 오셔서 인천 연안부두에서 유람선 타면서 소주 먹고 노래방 가서 노래 부르고 흥겹게 놀기도 하는 등 교류를 하여 온 각별한 사제간이다. 지난 화요일(8일) 화순 모 장어구이 집에서 화순 거주 및 화순에 직장이 있거나 화순 출신의 동문 중 22회부터 26회까지 25명 가량의 동문들이 모여 은사님의 영전을 축하드리고 학창시절의 얘기, 세상사는 이야기로 즐거운 시간을 보냈으며 15명 가량의 동문들은 2차로 노래방으로 옮겨 음주가무로 흥겨운 시간을 가졌다.

소탈하고 성실한 모습은 변함이 없었고 인자하신 교육자의 모습은 여전하셨으며 제자들에게 인기가 너무 좋았다. 지금 같이 혼탁한 세상에 참 스승님을 모시고 선후배가 함께 모여 즐거운 시간을 보낸 뒤 귀가하는 발걸음은 한결 가벼웠다. (2002. 1. 11. 광고 총동문 홈페이지 자유게시판)

23년만의 홍도여행

80년 8월, 5. 18.후 전국 대학이 휴교 중 일 때 고교동기 4명(문규관, 문충현, 이남규, 나)이 4시간 가량 배를 타고 홍도여행을 가서 그곳에서 우연히 만난 대전 모 병원 간호사 4명과 함께 술 마시고 노래하고 즐겁게 지냈던 기억이 난다. 그 때는 가게도 거의 없고 식수가 없어서 받아 놓은 빗물을 먹고 민박을 하면서 밥을 해먹었던 기억이 나구나. 밤새 술 마시면서 돈을 많이 써버려 돈이 부족하여 유람선도 타지 못하고 광고 앞 사진관에서 빌려갔던 카메라에 약간 손상이 생겨 주인 아저씨와 변상문제로 상당히 다투었던 기억이 나는 구나.

2003. 6. 6. 23 년만에 고교동기 5명(박남순, 박인규, 박현만, 김선채, 나)이 부부 동반하여 2시간 10분 가량 배를 타고 홍도여행을 갔다. 유람선을 타고 이번에는 젊은 아가씨가 아닌 40대의 아줌마들과 함께 6킬로그램의 자연산 농어에 폭탄주를 마신 뒤 야한 포즈를 취하며 홍겹게 놀다 돌아왔는데(그 날 한턱 쏜 박남순에게 감사) 컴퓨터에 조예가 깊은 현만이가 촬영한 사진을 편집하여 25회 게시판에 올렸다고 연락이 와서 소감을 적어본다.

규관, 충현, 남규야! 23년 전 추억을 생각하며 언제 한번 뭉치자꾸나. 이번 광복절 무렵이 어때. 그 간호사들(이름이 퀸니, 히야신스, 코스모스, 니머지 한 명은 생각이 나지 않는다.) 모두 결혼하여 잘 지내고 있겠지. 현만이가 올려놓은 사진의 홍도사진 보기 클릭하면 재미있는 사진 많이 있으므로 클릭하기 바란다. (2003. 6. 15. 광고 총동문회 홈페이지 25회 게시판에)

홈페이지에 있어서의 에티켓

정보화 시대를 맞이하여 이-메일 송부와 확인, 홈페이지의 접속은 하루 생활의 일부가 되었습니다. 직장에서, 전철에서, 식당에서 각자 필요한 에티켓이 있듯이 이 메일이나 홈페이지 이용시도 지켜야 할 예절이 있습니다.

동기 동창의 애경사는 애경사 게시판이나 회별 게시판을 이용하고 사업소개나 개업안내는 Biz 게시판이 마련되어 있으니 그 난을 이용하면 될 것입니다. 정치적인 문제에 대한 자신의 의견이나 토론의 장은 각종 정당이나 공공기관, 시민단체, 언론사, 의원 개인의 홈페이지 등등에 수없이 마련되어 있으므로 그곳을 이용하는 것이 기본 예의라 생각합니다.

광고 동창회 홈페이지는 광주고등학교나 광고인과 관련한 동정, 의견, 각종 행사, 광고사항, 기타(좋은 글, 건강상식 등)등 여러 동문과 관련되고 동문에게 유익한 글이나 의견을 올리는 장으로 만들어 가고 가급적 개인적인 의견이나 사업소개는 삼가며 특히 정치에 관한 장황한 자신의 의견을 이야기하는 것은 타인을 몹시 짜증나게 하는 일입니다. (2003. 7. 9. 광고 총동문회 홈페이지 자유게시판에)

재인천 광주고 동문회의 부활을 진심으로 축하드립니다.

저는 1990년 인천에서 개업하여 1991년부터 미국 유학 가기 직전인

1996년 초까지 5년 동안 재인천 광고 동문회의 총무를 맡았었던 25회 민경한 변호사입니다. 당시 월례회를 2개월에 한번씩 가졌는데 제가 250여명에게 엽서를 보내면 50여명이 모여서 회합을 갖고 또 2차 가서 음주 가무를 가졌던 일, 마니산의 산행 등 여러 가지 즐겁게 보냈던 일이 생각납니다.

제가 1997. 9. 귀국하면서 고향인 광주로 이전 개업하였으나 만 6년간 인천에서 변호사 활동을 하는 동안 광고 동문들의 많은 도움과 사랑을 받았고 동문들과 즐거운 시간을 많이 보내어서 인천 광고 동문님들에 대한 관심을 계속 갖고 있었습니다. 그런데 부천 동문회가 분리되어 나가고 인천 동문회가 1년에 한번도 모임을 못 가질 정도로 침체되었다는 소식을 듣고 무척 마음이 아팠습니다. 그런데 이번에 새 회장으로 세무사로서 활발히 활동을 하고 계시는 최 효주 선배님(19회), 총무에 유 상근(28회)후배가 선임되었고, 제가 총무 때 회장을 지내셨고 언제나 젊게 사시면서 홈페이지에 부활을 축하하고 기대한다는 글을 올리신 김 석휘 산부인과 원장님(6회)을 뵈니 옛 추억이 떠오릅니다. 동문회의 부활을 진심으로 축하드립니다.

효주 형님, 오랬만입니다.

중책을 맡으셨는데 축하드리구요, 인천 동문회의 부활이 기대됩니다. 인천동문 여러분, 옛 생각을 하면서 저의 홈페이지 www.minnuri.com를 많이 이용해주십시오. 2004. 3. 광주에서 민경한 올림 (2004. 3. 19. 광고총동문회 홈페이지 자유게시판에)

대통령상 수상 공적조서

* 본인이 2005. 3. 2. 반부패 유공자로 부패방지 위원회로부터 대통령상을 수상하였는데 당시 대한 변호사협회에서 부패방지 위원회에 올린 공적조서입니다.*

공적조서

1. 민경한 변호사는 1987년 제 29회 사법시험에 합격하여 1990년 4월 인천에서 변호사를 개업한 후 1996년 미국 워싱턴대학교 로스쿨 객원 연구원 과정을 수료하고 1997년 광주 지방변호사회로 소속 변경하여 15년간 변호사로 활동하고 있습니다.

2. 반부패 국민연대 광주 · 전남지부 공동대표(2001년부터 ~현재)로서 부패조사 및 방지와 청렴 공무원 발굴, 반부패 교육 및 홍보사업 등을 하면서 5회째 청백리상 시상을 하는 등 부패방지를 위해 노력하였습니다. 또한 전라남도 공무원 교육원, 곡성군청, 화순경찰서 등에서 공무원들을 상대로 10여 회에 걸쳐 공무원 관련범죄와 부패방지 교육을 실시하였고, 광주대학교, 호남대학교 평생교육원에서 사법개혁 강의를 하였습니다.

3. 대한변호사협회 광주, 목포지역 감찰위원(1998~2002)으로서 무자격 사무원 채용과 과다 수임료 수령등 변호사 윤리에 위배되는 변호사 활동을 하는 변호사를 적발하여 징계를 신청하고 활발한 감찰활동으로 법조브로커 근절과 변호사 윤리확립에 크게 기여하였습니다. 1998년 법원 직원의 급행료 수수 등을 적발하여 법원 감사관 실에 신고하여 광주지역 법원의 급행료 근절에 일조 하였습니다.

4. 전라남도 공무원 인사위원회 부위원장(1999년~2002)으로서 4년 동안 50여회 개최된 부패공무원에 대한 인사위원회에서 법치주의에 대한 확고한 소신과 엄격한 법 적용으로 온정주의와 제 식구 감싸기의 분위기가 팽배해 있는 공무원 인사위원회의 실질화에 기여하였습니다.

5. 법률신문(1999년), 대한변협신문(2002~2003),전남일보(2001),광주일보(2004) 칼럼니스트로 법조개혁과 사회개혁을 위한 다수의 칼럼을 게재하여 법조개혁에 크게 공헌했습니다. 특히 반부패 관련 글을 많이 게재하였는데 대표적으로 「부패방지법의 제정이 시급하다」(1999. 11. 25.자 법률신문), 「부패방지법의 철저한 시행을」(2002. 3. 15. 광주지방변호사회보), 「법조인부터 청탁배격운동에 앞장서자」(2003. 5. 26자 대한변협신문)가 있으며 반부패 실현을 위해 앞장서왔습니다.

6. 광주 지방변호사회의 불합리한 제도와 법령의 개정을 발의하여 법조인 테니스대회 폐지와 회원공제사업 규칙을 개정하여 1000만원의 테니스대회 예산의 절감과 낭비적인 경조사 지원금을 년간 4000만원 가량 대폭 감소하여 광주 지방변호사회의 운영에 크게 공헌하였습니다.

7. 광주에서 가장 활발히 활동하고 있는 참여자치 21의 공동대표(2003~현재) 로서 예산감시 센터에서 다양한 예산감시 활동을 하면서 광주 북구청에서 전국 최초로 주민 참여예산 조례를 제정하게 하였고, 시민권리센터에서는 광주, 전남 정치인 DB 사이트 구축을 하여 지역 정치인에 대한 각종 정보와 정치활동 내용을 쉽게 접근하게 하고 일상적인 검증체제를 구축하게 하였습니다.

8. 민주사회를 위한 변호사 모임 광주 · 전남지부를 결성하여 초대, 2대 지부장(1999~2003)으로서 광주 · 전남지역의 소수자의 인권옹호와 공권력이나 거대 권력으로부터 피해를 당한 사람들의 구제에 노력하였습니다.

9. 민경한 변호사는 사회 각 분야에서 국민의 준법질서의식 고취에 힘쓰고, 법률제도의 개선과 공공기관의 법률자문 활동 등으로 부패방지와 국민법률 복지 향상에 크게 노력하였고 변호사로서 정도를 걸으며 모범적인 변호사 생활을 하여 왔습니다.

2004. 12. 30.

변호사도 전문화 · 특화해야 경쟁력 살아나

* '시사법률' 1999년 6월호의 '법조 · 법조인' 코너에 필자를 인터뷰하여 실린 글을 그대로 옮긴 것입니다.*

변호사의 직업에 대한 매력과 변호인의 길을 걷게 된 배경이나 동기가 있다면 들려주시고 현재 변호 업무는 어떻습니까.

: 어떤 틀에 얽매이지 않고 외부의 간섭이나 통제 없이 소신껏 일할 수 있고 다양한 활동을 할 수 있으며, 또한 법원, 검찰에 비해 시간적으로나 경제적으로 여유가 있고 어려운 처지에 놓인 사람을 도울 수 있다는 것이 큰 매력이라 생각하고 변호사의 길을 걷게 되었는데, 많은 법조비리를 접하고 특히 상당수의 변호사들이 양심과 법을 저버리고 돈벌이에만 혈안이 되어있는 것을 볼 때는 안타까움을 많이 느낍니다.

아직은 지방의 개인 변호사 사무실에서 특정분야를 전문화하기 위해서는 법률 수요 면이나 사무실 운영 면에서 시기상조인 것 같습니다. 의료사건이나 노동사건을 전문화하기 위해 자료도 많이 수집하고 공부도 했지만 아직 특화하지는 못했고 대부분의 변호사들과 같이 민사, 형사, 가사, 일반사건 등 백화점식 운영을 하고 있습니다.

현재 추진중인 활동에 비추어 국내 변호업무의 문제점과 보완점은 무엇이며 궁극적으로 변호 업무의 나아갈 방안은 무엇일까요.

: 얼마 전에 여러 신문에 보도가 되고 제가 광고를 한 바와 같이 여러 가지 사정으로 변호사를 선임하지 못하여 혼자서 소송을 수행하는 당사자를 위하여 법정출석을 제외하고 소송의 시작부터 종결시까지 상담, 서면작성, 증거신청, 소송절차 안내 등 모든 소송관련 업무를 저렴한 비용으로 보조하는 '변호사 도우미' 활동을 하고 싶습니다.

인천에서 변호사 활동을 할 때는 '민주사회를 위한 변호사모임(속칭 민변)' 회원으로 오랫동안 활동했는데 광주에는 민변회원이 적어 활동이 미미하였으나 최근에 개업한 변호사중 3명이나 민변에 가입하여 조만간 민변 광주 · 전남지부를 결성하여 다른 회원들과 상의하여 노동문제, 인권문제 등에 대한 상담, 변론, 구제활동 등을 해볼 생각입니다.

최근에 언론에 보도되었다시피 특히 형사사건의 경우 전관예우, 유전무죄 무전유죄, 소개비 지급, 브로커, 과다수임료 등 많은 문제점이 노출되었는데 국선변호료 등을 현실화하고 국선 변호의 범위 등을 확대하여 모든 형사사건을 국선화 하는 것도 법조비리를 줄이는 중요한 방법중의 하나라 할 것입니다. 국민들도 국선변호나 당직변호사 등을 잘 활용하면 큰 도움을 받을 수 있을 것입니다.

이젠 변호사도 한 변호사가 민사, 형사, 가사, 행정, 회사소송 등 모든 분야를 취급하는 백화점식 경영으론 경쟁력을 갖추기가 힘들 것이므로 의사들처럼 특정분야에 대해 전문화, 특화를 해야 다양한 법률수요에 부응

할 수 있고 고객들도 양질의 서비스를 받을 수 있으며 변호사도 경쟁력을 갖춰 생존할 수 있을 것입니다.

또한 분쟁을 사전에 예방하고 시민들과 가까이 한다는 면에서도 변호사들이 중요 계약서 작성 등을 대행하고 법률자문을 하며 중소기업이나 개인들도 '가정의' 처럼 고문변호사를 두어 총체적인 법률서비스를 받는 것도 큰 도움이 될 것이라 생각합니다.

민 변호사님은 법조비리 개혁에 적극 앞장서 오셨습니다. 무슨 특별한 소신을 갖고 계십니까.

: 90년 4월 인천에서 변호사 개업을 하였는데 사건브로커가 판을 치고 외근사무장을 경찰서와 병원 등에 파견하고 이들에게 사건소개비로 선임료의 30%를 지불하는 등 법을 전공하고 정의를 실현한다는 변호사들이 양심과 명예를 저버리고 온갖 범법행위를 하면서 사건유치에 혈안이 되어있는 것을 보고 분노가 치솟았습니다. 90년 6월 인천에서 전국 최초로 젊은 변호사모임(당시 청법회)의 주도로 인천지역의 변호사 정화작업이 시작되어 그 때부터 지금까지 변호사 정화 작업에 앞장서 왔습니다.

제가 93년 1월 인천 변호사협회지 창간호에 변호사들의 온갖 유형의 비리를 질타하고 뼈를 깎는 아픔으로 반성을 하고 법조인으로서의 윤리와 자긍심을 회복하자는 내용의 '변호사여, 부그러워 하자' 라는 시론을 쓴 적이 있는데 93년 4월 문민정부가 대대적인 사정작업을 하면서 유사이래 처음으로 변호사 2명이 선임비리로 구속된 적이 있었는데 위 협회지에 실린 글이 각종 신문, TV등에 보도되면서 큰 반향을 불러 일으켰던 것입니다. 그때 '앰브런스 변호사' 란 말이 처음 등장했는데 이는 교통사고나 산재사고 환자가 입원해 있는 병원으로 외근 사무장을 파견하여 손해배상 사건을 유치해오는 변호사를 말하는 것입니다. 그 뒤에도 96년 4월 미국 유학을 갈 때까지 인천변협의 심사위원회(변호사 정화위원회) 간사 등으로 오랫동안 활동해 왔는데 비리가 워낙 은밀히 이뤄지고 변호사들의 의식 전환이 되지 않아 큰 효과는 거두지 못했습니다.

최근에 광주지역에서 민 변호사님의 감찰활동이 활발하다는데 이에 대한 변호사님의 견해를 듣고 싶습니다.

: 98년 초 의정부 이순호 사건 이후 대한 변호사협회에서 변호사 비리를 감찰하고 적발되면 징계를 강화하기 위해서 대한변협에서 직접 지역 변호사회별로 윤리위원 1명과 감찰위원 1~2명을 두었는데 제가 작년에 광주 · 목포지역 감찰위원으로 위촉되었고 저의 강한 감찰활동에 반발하는 몇몇 변호사의 강력한 저항이 있었지만 우여곡절 끝에 금년에도 유임이 되었습니다. 학교, 고시 선후배, 혈연, 지연 등의 연고로 꽉 짜인 100여명 밖에 안된 지극히 폐쇄적이고 보수적인 소규모 집단에서 동료변호사들을 감찰하기가 여간 어려운 것이 아닙니다. 그러나 개업이래 지금까지 변호사 비리를 개혁한다는 강력한 신념아래 주위의 반발을 무릅쓰고 강도 높게 감찰활동을 하여 99년 2월 대한변협 정기총회 때 전국적으로 저를 포함한 4명의 변호사가 감찰활동을 열심히 한 공로로 공로상을 수상하였습니다.

최근에 이종기 사건 등으로 법조의 권위가 처참할 정도로 추락하고 법조인에 대한 불신이 극에 달해 있는데 아직도 정신을 못 차리고 과거의 비리를 답습하는 행태를 보이는 변호사가 있는 것 같아 주위의 많은 저항이 예상되지만 강도 높게 감찰활동을 해 볼 생각입니다.

최근 일련의 법조비리에 대한 민 변호사님의 시각은 어떠하며, 변호사 활동을 하면서 가정 잊혀지지 않는 사건은 어떤 사건인가요.

: 법조인들이 제대로 항변 한번 못해보고 언론의 왜곡, 과장보도로 인하여 매도된 부분도 상당히 있지만 법조인 스스로에게도 상당부분 그 책임이 있습니다. 변호사들의 경우 공익활동은 소홀히 하고 오직 돈벌이에만 혈안이 되어 법과 양심을 저버리고 수단 · 방법을 가리지 않고 사건을 유치하거나 변론활동을 하는 일부 변호사의 모습을 볼 때는 정말 측은하고 안타까운 생각이 들었습니다.

특히 현직에서 갓 개업한 변호사들의 비리정도가 훨씬 심한데 개업하기 며칠 전까지 법복을 입고 범법행위를 한 사람을 구속하고 처벌한 사람이 어떻게 하루아침에 돌변하여 브로커 사무장을 채용하고 사건 소개인 등에게 소개비를 지급하며 사건을 유치하는 등 범법행위를 하고 양심을 저버리는 행태를 보면 분노가 솟아오르고 매우 안타깝습니다.

인천에서 개업한지 3년 가량 되었을 때 대단위 아파트 택지개발 토지에서 축산업을 하였던 사람들이 토지, 건물 등은 보상을 받았지만 평생 천직으로 알고 해왔던 축산업을 할 땅을 잃어버리고 생계가 막연한데 폐업보상으로 인한 손실보상을 받을 수 있는 방법이 없느냐고 상담을 해왔는데 이전에 6명의 변호사에게 상담을 하였지만 보상이 종료되었고 당시까지만 해도 폐업보상으로 인한 손실보상이 인정된 판례가 거의 없었던 상황이라 모두들 힘들었다고 합니다.

저도 상담을 하면서 가능성이 희박한 것 같은데 좀더 검토해보고 연락을 주겠다고 말한 뒤 며칠동안 연구, 검토 끝에 법률적으로 가능하다는 결정을 내리고 소송에 착수하였는데 당사자가 24명(그 중 17명이 장애가 매우 심한 중 상이용사들 임)이었습니다.

93년 말에 소송이 시작되어 1심, 2심, 3심, 대법원에서 파기 환송되어 다시 2심, 3심 등 5년여에 걸쳐 50여 회의 재판을 하여 98년 4월경 최종 승소판결이 확정되었는데 변호사로서 가장 보람을 느낀 사건이었지요.

민 변호사님이 미국으로 연수를 가게된 경위와 연수기간 동안의 생활을 들려주시고 끝으로 의뢰인에 대한 당부 말씀이 있다면요.

: 변호사 개업하고 6년 동안 골프도 배우지 않고 토요일에도 꼬박꼬박 출근하고 상담이나 서면작성도 사무장에게 시키지 않고 거의 대부분 내가 직접 하였으며, 정말 열심히 발로 뛰어다녔고 변론을 성실히 하는 등 모범적인 변호사 생활을 했습니다.

그리하여 어느 정도 경제적인 여유는 생겼으나 심신이 너무도 피곤하고 지쳐있어서 약간의 휴식을 취하고 재충전의 기회를 갖고자 개인 사무실을 운영하면서 휴업하고 유학을 가는 것이 정말 어려운 일이었지만 큰 결단을 내리고 1년은 어학공부, 1년은 로스쿨에서 전공공부를 하여 미국변호사 자격을 취득하기 위해 2년 계획으로 96년 5월 미국 시애틀로 유학을 떠났습니다.

원래는 관심 있는 노동법 및 의료소송 등을 공부하고 미국 변호사 자격을 취득하고자 유학기간으로 2년 계획을 세웠었지요. 그러나 미국에 도착한 뒤 그 동안 심신이 너무 지쳐 있는 데다 영어공부에 대한 충분한 준비가 되어있지 않아 공부가 잘되지 않고, 미국의 다양한 산수풍경에 흠뻑 빠져 여행만 자주 하게 되어 계획을 변경하고 기간을 15개월로 단축하고 로-스쿨 입학이나 변호사 자격시험은 포기하고 로-스쿨 객원 연구원으로 지위를 변경하여 공부는 소홀히 한 채 워낙 여행을 좋아하는지라 미국 전역, 캐나다, 카리브해 등 여행만 실컷 다니고 말았습니다. 전공 공부는 계획대로 못했지만 많은 여행을 하면서 생생한 체험을 하고 많은 것을 배우기도 했지요.

법률지식이 부족하고 궁박한 상태에 있는 의뢰인들로부터 과다수임료를 받는 변호사가 근본적으로 나쁘지만 의뢰인에게도 상당부분 책임이 있다고 봅니다. 30~40만원의 옷 한 벌 사기 위해서도 백화점에서 3, 4군데 가게를 들러서 품질과 가격을 비교해 본 뒤 결정하면서 300만원 이상의 거금을 주고 변호사를 선임하면서 브로커나 사무장의 말에 현혹되어 한군데 가서 덜컥 선임한 것도 큰 잘못이지요. 3, 4군데 사무실에 들러 직접 변호사를 만나보고 상담한 뒤 가장 신뢰할 수 있고 저렴한 비용으로 변론할 수 있는 변호사를 선임하는 것이 양질의 법률 서비스를 받을 수 있을 것입니다.